深圳证券交易所三十年研究成果精选丛书

上市公司信息披露

——发展实践与制度建设

陈华敏　陈　政　廖涵平　孙　烨　◎著

中国财经出版传媒集团
中国财政经济出版社

图书在版编目（CIP）数据

上市公司信息披露：发展实践与制度建设／陈华敏等著．--北京：中国财政经济出版社，2022.8（2024.7 重印）
（深圳证券交易所三十年研究成果精选丛书）
ISBN 978-7-5223-1459-4

Ⅰ.①上… Ⅱ.①陈… Ⅲ.①上市公司-会计信息-研究-中国 Ⅳ.①F279.246

中国版本图书馆 CIP 数据核字（2022）第 094203 号

责任编辑：翁晓红　　责任校对：张　凡
封面设计：陈宇琰　　责任印制：刘春年

上市公司信息披露——发展实践与制度建设
SHANGSHI GONGSI XINXI PILU——FAZHAN SHIJIAN YU ZHIDU JIANSHE

中国财政经济出版社 出版
URL：http：//www.cfeph.cn
E-mail：cfeph@cfeph.cn

社址：北京市海淀区阜成路甲 28 号　邮政编码：100142
营销中心电话：010-88191522
天猫网店：中国财政经济出版社旗舰店
网址：https：//zgczjjcbs.tmall.com
中煤（北京）印务有限公司印刷　各地新华书店经销
成品尺寸：170mm×240mm　16 开　22.25 印张　314 000 字
2022 年 8 月第 1 版　2024 年 7 月北京第 2 次印刷
定价：68.00 元
ISBN 978-7-5223-1459-4
（图书出现印装问题，本社负责调换，电话：010-88190548）
本社质量投诉电话：010-88190744
打击盗版举报热线：010-88191661　QQ：2242791300

序　言

党的十九届五中全会指出，当今世界正经历百年未有之大变局，新一轮科技革命和产业变革深入发展，人们习以为常的全球化遭遇逆风，民粹主义、保护主义等思潮在全球范围内掀起“回头浪”，全球发展的不稳定不确定性明显增加。面对国内国际环境的复杂变化，党中央审时度势提出构建“双循环”发展格局，是事关全局的系统性深层次变革。从科技周期和经济规律“长镜头”出发，聚焦金融体系和资本市场，构建新发展格局需要深刻把握和思考以下问题：

第一，国际分工与合作格局面临重大调整，通过创新突破低增长困局是未来时代发展的主旋律。科技创新推动要素生产率持续提升，是驱动经济增长的“第一动力”。众多经济指标表明，上一轮科技革命的增长动力逐渐衰减，要素生产率即将达到顶部均衡点。需求侧或供给侧调控手段，只能做到局部性经济复苏，难以避免整体性衰退。科技创新成为经济发展的核心，科技自立自强成为国家发展的战略支撑。

第二，当前正处在新一轮科技革命导入期的探索阶段，最先形成新发展范式者将掌握先机。技术扩散理论将科技革命划分为导入期和拓展期，每个阶段可能持续30至40年。尽管人工智能、生命科学、太空探索等突破性成果不断涌现，但科技革命仍停留在多点突破阶段，集群式创新仍未来临。据此判断，当前科技革命还处在导入期的探索阶段，这种状态也许会持续10至20年。在这个阶段，产业组织模式的变化尚未触及本质，固有的社会经济范式仍起主导作用，率先建立促进“新技术＋新经济”耦合的新范式，将是发展的关键。

第三，创新资本兼具引领性、前瞻性和高波动性特征，亟须更加完善的金融监管体系保驾护航。历史规律表明，在科技、资本和实体经济循环发展的链条中，金融资本的嗅觉异常灵敏，发展也往往领先于产业，但是“忠诚度”也往往较低，在引领发展的同时，会产生混乱甚至暂时的衰退，处理好发展与稳定这个矛盾统一体，是发挥资本市场枢纽功能的核心要义所在。

中国特色社会主义市场经济历经40余载披荆斩棘，资本市场也经历了30年风雨，取得了从无到有的突破，从单一板块到多层次市场体系的发展。近年来，以注册制改革为龙头的一系列资本市场关键制度的创新，有力地支持了科技创新与实体经济的融合发展。与此同时，深交所积极把握发展契机，稳步推出一批先行先试改革举措，向着“优质创新资本中心和世界一流交易所”的目标不断奋进。但需要看到的是，资本市场的基础性制度仍不够健全，仍然存在较多的体制机制障碍。充分发挥资本市场枢纽功能，促进科技、资本与实体经济高水平循环，是当前及今后一段时期的工作核心。

一是坚定不移地推进市场化进程，推动提升直接融资比重。新一轮科技革命的广度和深度前所未有，对创新风险的市场化分担机制提出了更高要求。间接金融的低风险低收益本质，难以匹配高风险高收益的创新活动；间接金融的很多创新举措，实质是将风险转移或传导至直接金融市场，以实现风险共担、利益共享。针对我国直接融资占比不足30%的现状，要紧紧抓住注册制改革这个“牛鼻子”，持续健全多层次资本市场体系，集各方合力发展壮大直接金融市场。

二是加强投资端制度建设，打造有利于吸引中长期资金的市场环境。长期资金占比是影响资本市场稳定的重要因素，也是决定直接融资比重高低的核心变量之一。面对长期化投资产品和投资理念发展不充分、稳定而优秀的投资机构发展不充分等问题，要增加产品供给和制度供给，加快构建长期资金“愿意来、留得住”的市场环境。

三是优化金融监管理念，打造更加友好的创新支持市场生态。监管政策无法完全走在创新实践之前，但前瞻性的监管理念、内在协调的制度体系可以有效引领创新发展。注册制改革虽已顺利推出，但是相应的配套制度仍不完善，现有的监管体系表现出较多的不适应，要在市场准入和退出制度、日常监管体系等方面有系统性的突破和改进。

资本市场的改革“牵一发而动全身”。对于如何疏通多层次市场体系的堵点、连接断点，如何围绕产业链、供应链、创新链布局产品线，如何实现监管制度的自我革新和全面突破等问题，必须坚持系统观念，加强前瞻性思考、全局性谋划。这就要求全面深入的调查研究必须走在前面。

深交所研究所成立于1997年，是资本市场体系内的高层次研究机构。20多年来，研究所始终以重大性、基础性、前瞻性课题研究为导向，持续跟踪、深入探索资本市场发展改革相关问题，形成了一批影响深远的研究成果，诸多政策建议已被应用于改革实践中。值此深交所成立30周年之际，我们将多年来的研究成果集中展现、结集出版，以便向监管机构、研究人员提供新的素材和研究视角，向广大市场参与者传递正确的金融历史观和投资价值观。

本丛书内容丰富，涉及交易所发展趋势、资本形成、产品战略、监管实践等多个领域。既有对重大改革措施的历史回顾，也有对亟待突破领域的前沿探索；既有对经济金融理论的有益拓展，也有对市场建设实践的总结提炼；继承与创新并存，兼具理论价值与现实意义。希望本丛书能够吸引更多有志之士共同关注和参与资本市场改革发展事业，将论文呈献给祖国，把成果融入事业，合力探索适应中国国情的金融、科技与产业良性互动融合发展之路。

深圳证券交易所总经理　沙雁

2022年6月

前　　言

上市公司信息披露体系的演进和完善，是我国资本市场三十年发展成效的重要体现。本书围绕信息披露的主题，系统总结三十年来规则体系、监管体系和发展生态的演进历程，紧密结合新形势下中国资本市场发展的重大变革，探讨如何在基础制度和执行层面不断完善上市公司信息披露体系。

本书共分为九章：第一章介绍了信息披露体系的核心内容、发展脉络以及评价指标；第二章探讨了首次公开募股（IPO）信息披露；第三章分析了定期报告披露的有效性问题，并对我国信息披露有效性的现状进行分析；第四章至第六章对信息披露的内容进行探讨，分别围绕管理层讨论与分析、财务报表附注以及商业模式三个主题，结合基本理论和境内外实践，总结信息披露的质量特征，从规则和监管多个层面提出改进建议；第七章讨论了信息披露的方式，如披露语言的简明化原则、典型案例分析、中美在规则和实践方面的差异等；第八章、第九章针对当前市场普遍关注的热点问题，主要讨论了境外企业回归和大额持股变动两大主题，在制度设计和执行层面提出改进路径。

本书作为深圳证券交易所上市公司研究团队在信息披露领域研究成果的集中展示，在理论层面有助于深化对信息披露理论的认识，拓展相关研究的前沿领域；在实践层面助力注册制落地见效，为资本市场制度改革提供前瞻性和建设性的思路和建议。

作者

2022 年 6 月

目　录

引　言

信息披露是资本市场运行的前提和基础。纵观古今中外，信息披露制度是资本市场改革的关键抓手，信息披露体系的有效性更是改革和发展成效的核心体现。我国与英美资本市场诞生在两种不同法系之下，发展路径也截然不同。随着资本市场的发展，我国上市公司信息披露制度在借鉴吸收有益经验的基础上逐渐完善，并表现出一定的中国特色，充分体现了资本市场三十年的发展成效。但是不可否认，与境外成熟市场相比，无论是规则体系的完备性、监管体系的有效性，抑或是发展生态的完善性，我国的信息披露制度仍存在完善空间。

目前，我国信息披露的决策有用性仍存在不足，这一直是资本市场制度改革的核心议题。最典型的表现有：一是篇幅冗长、重复堆砌，逻辑性、可读性不足，投资者花费大量时间，却仍难以捕捉关键信息，价值判断的决策有用性不足。二是公式化、形式化披露明显，公司治理、内部控制、发展战略等关键信息，披露内容千篇一律，形式意义大于实质意义。三是仅遵循最低披露标准，对于行业、公司以及某些事项的特定关键信息，含糊其词、模糊不清。四是打公平披露的“擦边球”，故意给市场留下广阔的“想象空间”，对某些信息有意引导或选择性忽视。

在注册制改革背景下，“以信息披露为核心、投资者自主判断证券价值”是改革的关键目标之一。从当前实践看，上述信息披露问题仍然存在。在庞杂的信息中，投资者依旧难以获取足够的价值判断信息。投资者基于信息披露进行价值判断的能力和意愿，短期内难以有效改善。

沉疴积弊绝非单一因素所致，规则的不完善是导致信息披露有效性低下的重要因素之一。例如，规则导向强调信息的真实准确完整，而对是否方便投资者“使用”考虑不足；披露体系层次不够清晰，要求不够明确，没有充分考虑实践中的可操作性问题；违规披露的约束机制不完善，惩戒机制不够有效等。资本市场诞生三十年来，对披露规则持续的修订和完善虽然取得了显著成效，但仍存在不少问题。

推本溯源，这与信息披露的生态体系有关，导致问题难以根除：一是核准制下的生态体系中，满足监管要求是第一位的。二是散户交易占比畸高、价值投资影响力不足的资本市场，对高质量信息披露的需求不够强烈，上市公司生产高质量披露报告的动力不足。三是一级市场由卖方主导，一、二级市场处于“割裂”状态，基于信息披露的价值判断难以发挥作用，高质量披露报告的价值得不到充分体现。四是在重复博弈的过程中，反馈机制没有完全发挥作用，上市公司、中介机构等关键责任人的错误行为没有得到有效矫正。

让人欣慰的是，监管层已经充分认识到上述深层次原因，相较于以往技术层面的改进，当前的改革措施更注重长效机制的建设。有活力、有韧性的资本市场，必须建立在良性循环的市场生态基础上。一要坚持市场化方向，让市场发挥决定性作用。注册制改革的推进，对于股票市场的发行、交易、退市等产生根本性影响，久久为功将会重塑市场生态。二要以投资者为核心，转变信息披露导向。在 IPO 审核中，“真实、准确、完整”比较容易界定，主要是为了满足监管最低要求，体现了以往的监管思路，相比而言，“充分、一致、可理解性”体现了以投资者为导向的理念。三要革新发展理念，由监管向服务转变。厘清监管的边界和责任，转变以往的监管惯性和偏好，逐渐摆脱担负价值判断责任的局面；以服务为导向，不论是 IPO 审核还是日常监管，信息披露的监管问询更加偏重价值揭示功能。四要推动建立市场化反馈机制，补齐生态循环的关键环节。当前，上市公司年度报告的质量评估机制已经建立，但是招股说明书等质量评估机制尚未建立；评估机制较多与审批事项挂钩，注册制推出后，可以考虑更多的市场化约束手段，推动建立上市公司、中介机构的市场化自我约束机制。五要技术层面持续优化，完善规则体系。减少重复披露、重复认证；通过最佳案例、操作指南等方式，将“充分、一致、可理解性”的披露原则具体化，提高可操作性。

上市公司信息披露制度建设一直是深圳证券交易所上市公司研究团队的核心课题。本书收录了近十年的核心研究成果，既针对当前注册制改革实践、IPO 信息披露质量的提升进行了探索，又探讨了如何提升定期报告的有效性；在披露内容方面，对于管理层讨论与分析、财务报表附注、商业模式的信息披露，结合基本理论与境内外实践开展详细讨论；在披露方式方法上，讨论了简明化原则的实践。同时，对于当前市场普遍关心的红筹股回归、股东持有股份变动等问题，本书也探讨了相关的信息披露制度，研究了我国资本市场发展的延展披露问题和重点问题，拓展了信息披露研究的前沿。

本书旨在与广大读者分享研究心得与体会，结合中国资本市场三十年发展进程中上市公司信息披露体系的演进和新形势下中国资本市场发展的重大变革，探讨如何在基础制度和执行层面不断完善上市公司信息披露体系，夯实上市公司的信息披露基础，提高上市公司信息披露质量，提升上市公司信息披露监管的有效性，落实以信息披露为核心的证券发行注册制，加强市场主体自我约束，给投资者一个真实的上市公司，建立规范、透明、开放、有活力、有韧性的资本市场，保障投资者的合法权益，发挥好资本市场的枢纽功能。

第一章

上市公司信息披露体系及质量特征

根据信息不对称理论，在信息不对称的条件下，市场交易中掌握较多信息的一方有可能利用信息优势侵占信息劣势方的利益。由于上市公司所有权与经营权分离，公司控股股东与管理层等内部人可能会为了实现自身利益最大化，利用信息优势和自由处置权进行机会主义行为，导致外部股东和公司整体利益受损。信息披露作为有效的外部监督和公司治理工具，可以提高上市公司的透明度，降低信息不对称，进而抑制控股股东和管理层的机会主义行为。

上市公司信息披露制度是规定上市公司在股票发行、上市和交易过程中，依法向公众发布公司相关信息，以供投资者投资参考的一套法律制度和活动规则。信息披露制度是市场经济发展的必然产物，也是现代证券市场的核心内容。2020 年实施的新《证券法》将信息披露制度的篇幅由原来的一节内容扩展至一章，进一步突出了信息披露在资本市场中的重要性，将信息披露制度提高至新的高度。本章对信息披露体系的核心内容、发展演进情况进行介绍，并分析其质量特征。

第一节　上市公司信息披露体系的核心内容、发展与演进

一、上市公司信息披露体系的核心内容

信息披露是投资者获取公司信息的主要来源，也是监管层有效监督管理层行为的重要渠道。其内容主要包括招股说明书、定期报告和临时公告。上市公司必须依据相关法律和法规，及时、准确、完整地向社会公众披露公司的经营方向、经营状况、财务状况和重大事项。根据不同的分类标准，上市公司信息披露可以划分为不同的类别，具体如表1－1所示。

表1－1　　上市公司信息披露分类

分类标准	分类内容
按所披露信息的性质	财务信息、非财务信息
按所披露信息与投资收益的直接相关性	质量上重要的信息、数量上重要的信息
按披露的时间	上市前披露的信息、上市后披露的信息
按披露的期限规定	定期报告、临时公告
按披露的法律依据	按法律规定披露的信息、按法规规定披露的信息、按监管部门规章规定披露的信息、按证券交易所规则规定披露的信息
按披露信息的时间属性	历史信息、前瞻性信息
按披露信息的行为特征	强制性披露、自愿性披露
按信息披露的内容	财务信息披露、公司治理信息披露、重大事件信息披露、管理层讨论与分析披露、证券发行信息披露等

二、上市公司信息披露体系的发展与演进

上市公司信息披露制度的建立，是一个充满论争的过程。比较共识的看法是，它伴随着西方企业制度的演进而产生和发展，在股份制企业广泛出现后才建立起一套比较规范的信息披露制度，并不断完善。在这期间，信息披露制度经历了披露内容和形式的演变，范围不断扩大。从披露内容看，由早期的账簿披露发展到会计报表披露，再到以财务报告为主的全面披露。

（一）账簿披露阶段（12 世纪至 16 世纪初）

这个时期家族企业和合伙制企业盛行，对外进行账簿披露，分为“佛罗伦萨式”“热那亚式”“威尼斯式”簿记三个阶段。信息披露开始形成固定的格式，但没有特定的范围，也不存在定期报告的规定。它已具有现行信息披露制度的雏形，对保障当时家族企业和合伙企业的发展发挥了十分重要的作用，但仍存在信息披露内容少、格式不规范、时效性不强等一系列问题。

（二）信息披露制度初步形成阶段（16 世纪中叶至 19 世纪 40 年代）

这一时期由于早期资本主义带来的自由经济思想盛行，政府监管的缺位使公司的信息披露制度处于严重滞后状态。

虽然随着股份制企业的诞生，信息披露制度也已开始转向以会计报表披露为主体的时期，但是大多数公司基于保密观念，不愿意对公众披露公司的信息，认为这样会削弱公司在市场中的竞争力，最终导致信息披露制度滞后于公司制度的发展，出现恶性的市场违规事件，最典型的就是 1720 年的英国“南海事件”。南海公司发布的虚假信息在泡沫破灭后，引发了一场全面的信任危机，导致英国股市全面崩盘，促使英国国会出台了 1720 年《泡沫法案》，对公司信息披露提出法定要求。1844 年英国的《合资公

司法》（The Joint Stock Companies Act，1844）对会计信息披露形式——资产负债表进行了明确规定，奠定了现代意义上的强制性信息披露制度的基础。

（三）会计报表披露逐步建立阶段（19 世纪中叶至 20 世纪 70 年代）

19 世纪中期以后，在产业革命的推动下，股份公司大量涌现，会计报表真正成为对外披露的工具，促成了信息披露方式的大变革。而美国 1929 年经济大萧条，加速了《1933 年证券法》和《1934 年证券交易法》的出台，强调了公开、公平、公正原则和美国证券交易委员会（SEC）的证券监管地位，要求发行公司在交易过程中披露定期和不定期信息。信息披露成为强制性的要求。

（四）财务报告披露阶段（20 世纪 70 年代至今）

1978 年，美国财务会计准则委员会（FASB）提出把会计报表扩大为财务报告的思路，并于 1980 年发布《会计报表和其他财务报告手段》，信息披露逐步进入了以财务报告披露为主的阶段。在 20 世纪末爆发系列财务丑闻后，2002 年 7 月 30 日，美国出台了《2002 年公众公司会计改革和投资者保护法案》（SOX 法案），对财务信息披露、公司责任、证券分析师行为、会计行业监督等诸多方面作了新的规定。SEC 逐渐加入了对公司治理、管理层讨论与分析等披露要求。信息披露的范围扩展到财务报告之外，形成全面披露。

这一过程也是投资者对信息披露加速失去有效性而不满导致呼声最高的时期。（1）罗伯特·G. 伊克尼斯等（2004）指出，实务界的调查表明，只有 19% 的投资者以及 27% 的分析师认为，企业报告在传递公司的价值方面十分有用，只有 38% 的企业高级主管认为他们的报告非常有用；而在高科技行业中，只有 7% 的投资者、16% 的分析师及 13% 的企业主管认为，企业报告信息在决定公司的价值方面非常有用；（2）美国投资管理和研究协会（AIMR）对其全球超过 42000 个会员的问卷调查结果表明，1999 年，被调查者认为信息披露质量“非常好”或“好”的分别为5%、56%，在2003年，这两个数据分别下降到1%、44%；（3）澳大利亚注册会计师协会在一份针对投资者、分析师、企业首席执行官或财务主管、注册会计师等的调查报告中表明，只有16%的投资者、34%的分析师、27%的企业首席执行官或财务主管、22%的注册会计师非常依赖公司财务报告信息，只有4%的投资者、4%的分析师、1%的企业首席执行官或财务主管、2%的注册会计师对公司财务报告信息非常有信心。这些呼声也促成了信息披露内容的不断扩展，尤其是包含非财务信息在内的表外披露快速上升。

但是，关于改进信息披露有效性的呼声仍然持续。在寻找2006年春季开始的美国次贷危机的原因时，公司信息披露制度的不力又一次被认定为主要原因。2009年12月，美国SEC正式通过了加强信息披露的相关规则修订，希望通过向股东提供关于公司风险控制、薪酬情况以及公司治理等方面的更有效信息，帮助股东更好地阅读年度报告及参与股东大会投票。如何进一步运用信息披露制度来积极保护股东权益和有效规避上市公司经营风险，必然伴随着未来企业组织形式的变化而进一步发展。

第二节　上市公司信息披露的基本原则和质量特征

信息披露的基本原则是保证信息披露质量的准绳。结合监管现实、现行体系和新型商业模式，信息披露的核心要求不断更新，信息披露的基本原则逐步完善。对信息披露体系的整体质量评价则大多借助于评价报告及指标体系。本节深入讨论信息披露的基本原则，并梳理财务信息披露质量特征的观点。

一、上市公司信息披露的基本原则

我国相继出台了一系列法律法规对信息披露的基本原则进行规定。根据2002年中国证监会发布的《上市公司治理准则》，上市公司信息披露应当遵从真实、准确、完整、及时等原则。我国《上市公司证券发行管理办法》（2006年5月8日，中国证券监督管理委员会令第30号）第四条明确要求："上市公司发行证券，必须真实、准确、完整、及时、公平地披露或者提供信息。"2018年和2020年，这两个法规分别进行的修订版中仍坚持了这些基本原则。与此类似，《上市公司信息披露管理办法》（2007年1月30日，中国证券监督管理委员会令第40号）第二条明确提出："信息披露义务人应当真实、准确、完整、及时地披露信息，不得有虚假记载、误导性陈述或者重大遗漏。"第三条则指出："发行人、上市公司的董事、监事、高级管理人员应当忠实、勤勉地履行职责，保证披露信息的真实、准确、完整、及时、公平。"2020年实施的新《证券法》第五章第七十八条更明确要求披露的信息"真实、准确、完整，简明清晰，通俗易懂"。在原信息披露原则基础上，新《证券法》要求的"简明清晰，通俗易懂"标准，进一步完善了信息披露原则。配套新《证券法》的施行，《上市公司信息披露管理办法》（2021年3月18日修订）保留和吸纳了上述规定，要求信息披露义务人披露的信息"应当真实、准确、完整，简明清晰、通俗易懂，不得有虚假记载、误导性陈述或者重大遗漏"。综合上述各类法律及政策法规对信息披露原则的要求，我国信息披露的基本原则主要包含以下几个方面：

（一）真实性

信息披露的初衷是为投资者提供决策依据，因此，保证信息的真实性是信息披露的基本要求。真实性原则要求信息披露义务人披露的信息应当以客观事实或具有事实基础的判断和意见为依据，如实反映实际情况，不得有虚假记载和不实陈述。信息披露的真实性应满足客观性、一致性、规范性三方面要求。客观性要求，即上市公司披露的信息所反映的事实必须是经济活动中实际发生的，而非为了某种目的人为编造。一致性要求，即上市公司所披露的信息在内容上与所反映的事实之间相符合。规范性要求，即上市公司所披露的信息必须符合证券法律法规所规定的形式。

真实性原则适用于描述性信息、评价性信息及预测性信息。在描述性信息中，对既存实施的信息披露应以客观事实为依据；对计划实施的信息披露应以计划实施的充分性为判断依据；对计划实施不充分的信息，公司需要进行合理说明。评价性信息是对既存事实的性质、结果和影响的分析判断和评价。评价性信息的真实性应以逻辑上的真实性为依据进行判断和披露。预测性信息是对未来经营状况和财务状况所作的预测，比如盈利预测。需要注意的是，预测性信息的真实性以预测基础的可靠性和预测方法的合理性为判断依据。

（二）准确性

准确性原则要求披露义务人披露的财务信息准确无误，语言文字信息明确、贴切、不含歧义，不得含糊其词或具有误导性。对于有明确的披露标准的信息，披露义务人应按照规定的公式和核算方法对数字信息进行计算，根据指定的标准或文字对语言内容进行编辑。对于没有明确的披露标准的信息，披露义务人应按照一般公认的标准或文字进行披露。

就财务信息而言，准确性原则要求披露义务人根据相关会计准则编制财务报表，准确反映公司的经营成果和现金流情况。就语言信息而言，文字表述的多义性和表达方式的多样性可能会使投资者对同一信息产生不同的理解。与真实性原则相比，准确性原则更强调所披露的信息不被投资者误解。

（三）完整性

完整性原则要求披露的信息是完整、充分的，信息披露义务人需对影响投资者决策的所有重大信息进行披露，以帮助投资者全面了解公司的治理结构、财务状况、经营成果、现金流量、经营风险及风险程度等，不得故意隐瞒或有重大遗漏。就披露信息的内容而言，披露义务人应当全面、周密、充分地揭示重大信息，不仅应当披露影响证券价格的有利信息，也应当披露可能影响证券价格的不利信息。就披露信息的形式而言，披露义务人披露的信息应当内容完整、文件齐备，格式符合规定要求。

（四）及时性

及时性原则要求信息披露义务人在规定期限内及时披露财务报告等定期报告，同时也应当对重大信息进行及时披露，以保证投资者等信息使用者能够获取及时有效的信息，帮助投资者了解公司的现实状况。及时性原则还要求信息披露义务人及时核实市场上有关公司的传闻及报道，对市场和投资者质疑的问题主动澄清，必要时补充披露公司重大事项。及时性原则是信息的时效性在信息披露中的映射。信息披露的滞后会削弱信息被用于投资判断的有用性，进而影响资本市场的资源配置效率。

（五）公平性

公平性原则要求披露义务人同时向所有投资者公开披露信息，且所有投资者所获信息应当是同质的。公平性原则的目的在于保证所有投资者平等获悉同一信息。具体操作中，披露义务人和其他内部信息知情者不得泄露公司内幕信息或进行内幕交易。公司通过年度报告说明会和分析师会议等方式与投资者沟通公司的经营及财务状况时，不得透露或泄露未公开的重大信息，并应当进行网上直播，使所有投资者均有机会参与。公司接待机构投资者等进行实地调研时，应当合理、妥善地安排参观过程，避免参观者有机会获取未公开重大信息。公平性原则切实维护了中小股东的权益。

（六）简明清晰、通俗易懂

信息披露的目的是避免公司与投资者之间的信息不对称。然而，现实的信息披露往往流于形式，内容繁复冗余、晦涩难懂，并没有真正起到避免信息不对称的作用。更有甚者，部分公司为了掩盖舞弊行为刻意降低报告可读性，以大量“专业术语”增加投资者的阅读难度，导致更大程度的信息不对称。随着新业态、新模式的出现，部分公司披露内容专业性太强、不易理解，使得投资者难以对公司前景价值进行判断。结合目前信息披露的不足和新型业务模式的发展，在原信息披露基本原则基础上，新增“简明清晰、通俗易懂”的原则，要求披露义务人减少过分膨胀、冗杂以及晦涩难懂的信息，帮助投资者真正实现“价值发现”。“简明清晰、通俗易懂”的新原则充分体现出以投资者为导向的信息披露理念和原则，有助于进一步贯彻公平信息披露原则。

二、上市公司财务报告信息披露的质量特征

财务报告是上市公司信息披露的主体部分，其对公司的财务状况、运营情况等进行了详细的阐述，然而，对财务报告信息披露有效性一直存在较多质疑。美国会计学会（AAA）、美国会计原则委员会（APB）、美国注册会计师协会（AICPA）的特鲁布拉德委员会、美国财务会计准则委员会（FASB）、国际会计准则理事会（IASB）均对会计信息披露的质量特征进行了深入研究。

（一）AAA、APB 和 AICPA 的观点

AAA 从 1966 年就开始研究会计信息质量特征问题，在《基本会计理论》中提出了相关性、可验证性、公正不偏性、可定量性四个会计信息质量特征。1970 年，APB 发布第 4 号会计原则委员会公告（APB Statement No. 4）《企业财务报表的基本概念和会计原则》，明确提出“财务会计”和“财务会计报表”的七项“质的目标”，即相关性、可理解性、可验证性、不偏不倚性、及时性、可比性、完整性，初步勾勒出财务信息质量要求。

1978 年，特鲁伯罗德报告（Trueblood Report）中提出“财务报告的质量特征”，共七项：相关性和重要性、实质重于形式、可靠性、不偏不倚、可比性、一致性和可理解性。

（二）FASB SFAC No. 2 的观点

1980 年，FASB 发布了财务会计概念公告第 2 号《会计信息的质量特征》（SFAC No. 2），提出以“决策有用性”为核心的会计信息质量特征分层体系，规定了会计信息质量特征的可理解性，相关性（包括预测价值、反馈价值、及时性），可靠性（包括真实性、可检验性、中立性），可比性（包括一致性）；并要求在满足决策有用目标基础上，信息处理要服从两个约束条件：“成本效益原则”与“重要性”。它认为收益大于成本是信息质量的普遍性约束条件，可理解性是针对决策的首要质量，可比性是会计信息的次要质量特征，但所有的会计信息质量特征都要以重要性作为确认质量的起点。

这一概念框架沿用了近 30 年，对监管界的影响持久，直到 2008 年 FASB 与 IASB 加强趋同研究时，才进行了更改，也构成了现有监管框架的主要质量特征（见图 1－1）。

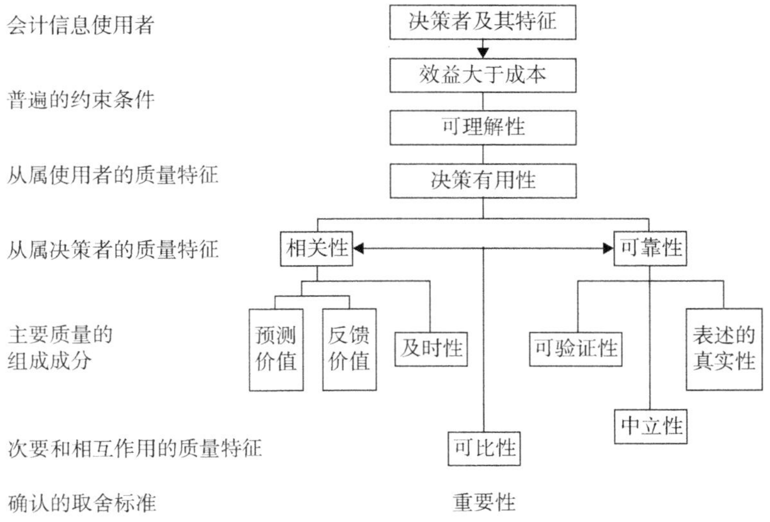

图 1－1　美国财务会计准则委员会 SFAC No. 2 对会计信息质量的分层

（三）IASB 的观点

国际会计准则理事会的《国际财务报告准则 2008》第 1 号《首次采用国际财务报告准则》中就指出，对使用者有用的信息应当符合四个质量特征：（1）易于使用者理解。（2）与使用者的决策需要相关。（3）可靠，即财务报表应当真实反映其所拟反映或理应反映的交易和其他事项；根据交易和其他事项的实质和经济现实，而不是仅仅根据它们的法律形式反映交易和其他事项；中立性，即不带偏向；审慎地考虑许多事项和事件下必然会有的不确定因素；在重要性和成本允许范围内做到完整。（4）与本主体不同期间财务报表中提供的信息可比，与其他主体财务报表中提供的信息可比。即 IASB 认为有用的信息质量应当具有可理解性、决策相关性、可靠性、可比性，与 FASB 对投资者有用信息的看法基本相同。

2008 年，FASB 和 IASB 联合发布的《财务报告概念框架：财务报告目标与决策有用的财务报告信息的质量特征（征求意见稿）》将会计信息质量特征分为基本（fundamental）质量特征和增进的（enhancing）质量特征。基本质量特征包括相关性和如实反映；增进的质量特征包括可比性、可稽核性、及时性和可理解性。而会计信息质量的两个约束条件是重要性和成本。

经过数年讨论与复审评议，IASB 又于 2018 年 3 月单独发布《财务报告概念框架》。该框架将有用的信息质量特征划分为基本质量特征和增进的质量特征。基本质量特征包括相关性和如实反映，同时，框架将重要性作为与相关性有关的质量特征；增进的质量特征则包括可比性、可稽核性、及时性和可理解性，同时，财务报告又面临成本约束。

（四）FASB SFAC No. 8 的观点

2010 年 9 月，FASB 发布财务会计概念公告第 8 号（SFAC No. 8）《财务报告概念框架》，其中第 3 章“有用的财务信息质量特征”取代了前文所述的《会计信息的质量特征》（SFAC No. 2）。在 SFAC No. 8 中，将有用的信息质量特征分为基本的质量特征、增进的质量特征和信息约束条件三个层次。其中，基本质量特征指相关性、重要性与如实反映；增进的质量特征有可比性、可稽核性、及时性与可理解性；成本与效益则是约束条件。其认为，有用的财务信息至少具备相关性和如实反映两项基本质量特征，但若再具备可比性等四项增进质量特征，就能进一步提高财务报告信息的质量。

（五）SFAC No.8 的重大改变

SFAC No.8 相对于 SFAC No.2，有以下几方面的重大改变：

第一，修改概念。将“会计信息的质量特征”修改为“有用财务信息的质量特征”，使信息质量特征服从于通用财务报告的目标。

第二，简化层次。新的概念公告的内容与层次比 SFAC No.2 明显简化。将层次简化为两个层次，让标准更加实用并容易接受。

第三，强化“决策有用”的目标。将质量特征分为基本的质量特征与增进的质量特征，所“增进”的是对决策的有用性。

第四，调整质量要素的重要性程度。如“可理解性”的重要性被调降，成为“增进的质量特征”。

第五，把“可靠性”改为“如实反映”。“可靠性”是 SFAC No.2 中的一个基本质量特征，也是历史成本计量模式下的一个核心特征，FASB 将其改为“如实反映”更符合财务信息应当如实地反映一个主体客观存在的现实交易、事项与情况等真实状况的特点。

第六，删除一些多余的类同词。在附录第 3 章的结论中，明确指出“有用财务信息的质量特征”不再包含“透明度”“高质量”“内在一致性”“真实与公允观点”或“公允表述”“可信性”，认为它们不过是基本质量特征与增进质量特征的不同表述，不包含这些词能让表述更加清晰明了（见表 1－2）。

表 1-2　　FASB SFAC No. 8 财务会计概念公告的修改与变化

<table>
<tr><th>项 目</th><th>SFAC No. 2
《会计信息的质量特征》</th><th>SFAC No. 8《财务报告概念框架》第 3 章“有用的财务信息质量特征”</th><th>节选的一些主要变化</th></tr>
<tr><td>生效时间</td><td>1980 年</td><td>2010 年，取代 SFAC No. 2</td><td rowspan="7">（1）层次简化；（2）强化决策有用性；（3）调整要素的重要程度；（4）可靠性改为“如实反映”；（5）不再包含“透明度”“高质量”“内在一致性”“真实与公允观点”或“公允表述”“可信性”，认为它们不过是基本质量特征与增进质量特征的不同表述</td></tr>
<tr><td>目标</td><td>决策有用（首次提出）</td><td>决策有用（提高）</td></tr>
<tr><td rowspan="4">信息质量特征</td><td>可理解性</td><td>基本的质量特征（相关性、重要性与如实反映）</td></tr>
<tr><td>相关性（包括预测价值、反馈价值、及时性）</td><td>增进的质量特征（可比性、可稽核性、及时性与可理解性）</td></tr>
<tr><td>可靠性（包括真实性、可检验性、中立性）</td><td>—</td></tr>
<tr><td>可比性和一致性</td><td>—</td></tr>
<tr><td>约束条件</td><td>成本效益、重要性</td><td>成本与效益</td></tr>
</table>

第三节　上市公司信息披露的质量评价及未来趋势

国内外对信息披露体系的整体质量评价大多借助于评价报告及指标体系。本节归纳境内外对信息披露的质量评价标准，并对未来的信息披露质量要求及监管趋势进行了思考。

一、常见的上市公司信息披露评价标准

国内外对信息披露质量进行评价的方法一般包括以下四种：ATMR 报告、标准普尔指数、普华永道指数以及深交所信息披露评级。

（一）ATMR 报告

ATMR 报告是由美国投资与管理研究协会对外公布的上市公司信息披

露评级报告。ATMR 报告主要由分组委员会完成，每个分组委员会平均由 13 位行业分析师构成。从年报、季报、中期报告及公开披露的信息，其他自愿性信息披露以及投资者关系三个维度，分组委员会对上市公司信息披露质量进行评价。具体评价内容和考核标准如表 1－3 所示。

表 1－3 ATMR 报告信息披露评价方法

考核标准	具体内容
年报公开披露的信息	公司财务报表及附注是否足够充分
	公司高管人员信息、发展目标、产品研发和地理位置等信息是否详细
	重要财务数据和董事长致辞的表述是否足够清晰和坦率
季度及中期报告，以及其他自愿性信息披露	季度报告的详细程度
	报纸披露，机构报告，年度总结会议的辅助功能和内容的及时性程度
投资者关系	公司经理对公司未来发展的态度
	公司经理和分析师沟通的频率和内容

（二）标准普尔指数

2001 年，标准普尔公司推出“透明度与信息披露评级”方法，设计了三大类共 98 项指标。第一类有 35 项指标，用于反映公司财务透明度和信息披露质量；第二类有 28 项指标，用于反映所有权结构和投资者关系的披露程度；第三类有 35 项指标，用于反映董事会构成、管理层结构以及管理程序的披露程度。这三大类总分越高，表明公司信息披露质量越好。具体考核内容如表 1－4 所示。

表 1－4 标准普尔具体评价方法

描述对象之间的关系	年报中的内容
财务透明度与信息披露程度	是否包括公司会计政策的信息
	会计政策与国际会计标准是否一致
	是否包含效率指标

续表

描述对象之间的关系	年报中的内容
所有权结构与投资者关系透明度	是否包括股份类别
	是否包括股东类型的介绍
	是否包括投票权的描述
董事会结构与管理程序	是否包括董事会成员的列表
	董事会委员会的列表
	审计委员会的列表
	董事会报酬支付情况
	关联交易情况

（三）普华永道指数

普华永道指数源于2001年普华永道公布的一份关于“不透明指数”的报告。在这份报告中，普华永道对35个国家及地区的公司领导层、银行家和证券分析师，以及普华永道在每个国家的工作人员进行了全面调查。调查内容包括腐败程度、法律的不透明性、经济措施的不透明性、会计信息方面的不透明性，以及政府监管的不确定性和随意性等。其中，会计信息披露不透明指数的评价包括投资者获取私营部门信息、获取公司现金流信息、获取当前资本结构信息及经营风险水平信息的难易程度等。

（四）深交所信息披露评级

2001年5月，深圳证券交易所发布《深圳证券交易所上市公司信息披露工作考核办法》，以信息披露为核心，从信息披露考核方式、等级、标准和考核内容等方面规范了上市公司的信息披露质量评级。该考核办法后续历经多次修订完善，现行考核办法（2020年修订）主要基于信息披露基本原则，对披露信息的真实性、准确性、完整性、及时性、公平性、合法合规性、有效性、自愿披露情况、投资者关系管理、履行社会责任披露等指标进行评价。现行信息披露评级的部分内容如表1－5所示。

表1-5　深交所信息披露评级

评价标准	评价内容
真实性	是否以客观事实或具有事实基础的判断和意见为依据
	是否如实反映客观情况，是否存在虚假记载或不实陈述
	相关备查文件是否存在伪造、变造等虚假情形
准确性	是否出现关键文字或数字错误，错误的影响程度
	是否简洁、清晰、明了
	是否存在歧义、误导性陈述
完整性	提供文件是否齐备
	格式是否符合要求
	内容是否完整，是否存在重大遗漏
及时性	是否在规定期限内披露定期报告、业绩快报、业绩预告及修正公告
	是否按照规定的临时报告信息披露时限披露
	是否及时核实市场关于公司的报道、传闻，主动澄清市场和投资者质疑的问题，并补充披露公司重大事项
合法合规性	是否符合法律、法规和本所相关业务规则的规定
	程序是否符合法律、法规和本所相关业务规则的规定
公平性	是否提前向特定对象单独披露、透露或泄露公告事项
	公告事项披露前，公司股票交易是否因信息泄密而出现异常
	公告事项披露前，指定媒体之外的其他公共媒体是否出现相关报道或传闻
	是否在投资者关系活动结束后及时通过深交所“互动易”网站披露《投资者关系活动记录表》和相关附件
有效性	披露的信息是否有针对性地反映公司情况
	披露的信息是否以投资者需求为导向
自愿性披露情况	是否遵守公平披露原则
	是否以明确的警示文字，具体列明相关的风险因素
投资者关系管理	是否主动召开投资者说明会向投资者介绍公司业绩或说明重大事项
	是否通过“互动易”及时有效回答投资者问题，是否以公告形式及时回应投资者的重要关注
	是否积极通过现金分红、股份回购等多种途径，提高投资者回报水平

续表

评价标准	评价内容
履行社会责任披露情况	是否主动披露社会责任报告，报告内容是否充实、完整
	是否主动披露环境、社会责任和公司治理（ESG）履行情况，报告内容是否充实、完整
	是否主动披露公司积极参与符合国家重大战略方针等事项的信息

二、面向未来的上市公司信息披露质量要求及对监管的影响

注册制推出后，信息披露的核心要求之一是处理好“新三性”和“老三性”的关系，即“老三性”的真实性、准确性、全面性和“新三性”中招股说明书的充分性、一致性、可理解性之间的关系。核准制下，中国证监会关注“老三性”；注册制下，交易所也关注“新三性”。注册制改革的核心在于理顺市场和政府的关系，更好地解决发行人与投资者信息不对称的问题，让市场发挥配置资源的决定性作用，因此，“新三性”更加符合信息披露有效性的要求，便于投资者理解披露信息。

值得注意的是，在国际上削减定期报告期数、简化突出重要披露内容、降低企业信息披露成本的呼声日高的背景下，增加临时性披露可能成为一个新趋势。从投资者信息需求的角度看，信息要求的多元化、时间频率的缩短，对自愿性披露信息的需求可能上升。而从近年信息披露的发展趋势看，对投资者决策有效的增量信息披露也更多地体现在自愿性披露。上市公司用自愿性披露违规现象也屡见不鲜，如何加强对自愿性披露的规范与引导，也是未来监管中面临的一个重要问题。

第二章

提升 IPO 信息披露质量

注册制以投资者需求为导向、以信息披露为核心，发行人充分披露投资者作出价值判断和投资决策所必需的信息，监管机构完善以招股说明书为主的信息披露体系，对发行注册文件进行全方位、多角度的审查，提高信息披露的针对性、有效性和可读性，这与核准制下审核重点和披露风格的差异较大。如何切实提高招股说明书的质量，是一项具有现实意义的课题。在这方面，境外不同的做法为我们提供了不少可供借鉴参考的样本。在美股市场，美国证券交易委员会的审核紧紧围绕信息披露是否与美国证券交易委员会的规则和会计准则相一致（合规性），关注信息披露的重要性、可理解性、一致性、相关性等多维度质量特征，不以保证披露信息的真实性为重点。在中国香港市场，香港交易所通过发布《上市决策》《指引信》等方式对信息披露质量进行引导。与美国市场不同的是，香港交易所在审核信息披露质量的同时也进行一些实质性判断，如公司质地是否符合上市标准。美国和中国香港市场发行审核的异同表明，同样是以信息披露为核心，在具体操作中对问题的关注重点、解决措施、监管决策等方面存在一定的差异，这与各自市场的定位、理念密切相关。

需要强调的是，借鉴境外的经验完善信息披露规则，是有效提高信息披露质量的必要而非充分条件。换言之，信息披露质量的提高需要整个信息披露生态的改进，包括市场环境、投资者结构、中介机构发展、监管执法等，这几个方面互为条件，不可偏废。因此，本章借鉴境外经验，梳理出高质量信息披露的基本质量特征，并辅以具体的披露案例，从质量维度、关注重点、监管措施等多视角分析说明监管机构如何引导发行人提高招股说明书质量。

第一节　境外市场 IPO 信息披露审核规则与案例

总结美国和中国香港市场的信息披露实践发现，提高 IPO 信息披露质量主要依赖于规则和审核两个层面。一方面，信息披露规则应清晰明确地将质量要求内化于各项内容之中；另一方面，监管部门应从潜在投资者的立场，依据规则对披露信息的质量进行审核，并享有一定程度的自由裁量权。监管机构对信息披露质量的审阅、监管主要围绕两条主线：广义上的内容合规和狭义上的质量特征达标。内容合规是要求披露信息符合各项规则、指引和解释的内容规定；质量特征达标是要求披露信息符合相关性、可靠性、重要性、可理解性等一系列质量维度的要求。

一、境外市场信息披露规则体系

美国市场是最典型的以信息披露为基础的市场，搭建了一套系统的信息披露规则体系；中国香港市场则兼顾信息披露和实质性判断，并建立与此相适应的信息披露规则体系。

（一）美国市场信息披露规则体系：充分重视质量特征

美国证券交易委员会对信息披露的监管重点是信息披露是否符合美国证券交易委员会规则和会计准则的相关规定。一套完整的信息披露规则体系是美国证券交易委员会监管的重要抓手。除《1933 年证券法》《1934 年证券交易法》《2002 年萨班斯 - 奥克斯利法案》等国会颁布的法律之外，美国证券交易委员会制定的一系列信息披露条例、指引以及 FASB 制定的会计准则也是美国市场信息披露的重要依据。

美国证券交易委员会发布的信息披露规则可以分为两个层次。第一个层次属于联邦规章体系，包括《S－X 条例》《S－K 条例》《C 条例》《FD 条例》《Form F－1》《Form S－1》等。其中《S－X 条例》规定了财务信息的格式和内容；《S－K 条例》规定了非财务信息披露的具体内容，是招股说明书编制的重要依据。第二个层次是 SEC 公司融资部门、首席会计师办公室等发布的指南、解释等，包括较为正式的《工作人员会计公报》《工作人员法律公报》等，以及非正式的《遵循与披露解释》《工作人员讲演》等。非正式发布的披露解释大部分是 SEC 公司融资部门内部的指南，考虑到提升内部人员解释的透明度，也在美国证券交易委员会的网站上发布。但是这些非正式的解释并未经过美国证券交易委员会的正式授权，美国证券交易委员会对此保持中立态度。

上述信息披露规则重视对质量特征的要求，将披露质量的要求内化于各项内容中，通过各类规则、指引、解释等层层深入，并通过交叉引用等避免重复。以《S－K 条例》为例，其对可理解性、相关性、重要性的要求十分清晰地体现在对 303（a）条款的解释说明之中。首先，《S－K 条例》303（a）规定，在完整会计年度，对注册人的财务状况及其变化和经营成果进行论述；紧接着，对 303（a）进行解释：（1）一般而言，该论述应采取逐年对照的格式或者注册人认为有助于读者理解的其他格式；（2）论述和分析旨在向投资者和其他使用者提供相关信息，使其能够借此评估运营或其他外部来源产生的现金流及其确定性；（3）论述和分析的重点应特别放在可能导致已报告的财务信息无法准确反映未来经营成果和财务状况且已为管理层所知的重大事件和不确定性上。针对其中的重要问题，美国证券交易委员会通过专门的指南、解释进行更加具体和明确的规范引导。例如，美国证券交易委员会发布了关于管理层讨论与分析的一份指引和一份解释，而对于其中的诸如非通用会计指标这类细节性问题，专门制订了《G 条例》，通过对指标的计算口径、方法的一致性、指标披露理由等方面的要求，将可靠性、可比性、可理解性等质量特征内嵌其中。再如，《S－K条例》503条款、《C条例》《简明英语披露》都对信息披露的可理解性进行了专门阐述。值得注意的是，针对同一质量特征，当不同层次的规则同时涉及时，往往会采取交叉引用以保持要求的一致性。

（二）中国香港市场信息披露规则体系：兼顾信息披露和实质性判断

除了会计准则之外，香港交易所对信息披露的监管依据是其建立的上市规则体系，该体系由上市规则正文和诠释及指引组成。其中，上市规则正文包括《主板上市规则》和《创业板上市规则》，截至2019年底分别修订了128次和64次；诠释及指引是对上市规则的解释性文件，具体包括《指引信》《上市决策》《诠释函件》《常问问题》。其中，《指引信》偏重于信息披露指引；《上市决策》则更偏重于传递监管层关于上市申请被否决的原因。2013年1月到2019年12月，已公布的仍适用的《指引信》达77份，其中适用于上市发行人的有19份，适用于上市申请人的有58份。

然而，与美国证券交易委员会完全专注于信息披露的审阅、备案不同，香港交易所对发行上市的审核不但包括信息披露是否合规，还会对公司是否适合上市进行实质性判断。实务中，香港交易所对上市申请的退回、否决可以分为两种情况：（1）信息披露原因，如信息披露不充分，无法对业务的可持续性、董事的合规性等作出判断；（2）公司质地原因，如公司的财务表现持续变差或业务前景不明朗令其不适宜上市，公司管理层的胜任能力不足，对母公司过分依赖等。信息披露不充分、资料不足通常导致发行人申请材料被退回，而公司质地不佳则会导致上市申请被否决。

二、美国证券交易委员会招股说明书审核重点与案例分析

除了制定清晰、质量特征明确的披露规则，美国证券交易委员会还通过审阅信息披露文件引导发行人充分披露有助于投资者决策的信息。首先，从审阅反馈的格式来看，美国证券交易委员会往往先针对一般性问

题，再依照招股说明书的章节次序进行问题反馈，且反馈意见一般会标明提问所针对的章节、页码或者所针对的具体披露的一段文字，以便公司进行有针对性的回答。其次，从审阅反馈的内容来看，审阅围绕两条主线：广义上的内容合规和狭义上的质量特征达标。内容合规要求披露信息符合各项规则、指引和解释的内容规定，对狭义信息披露质量的关注重点主要体现在相关性、可靠性、可理解性、重要性、一致性等方面。美国证券交易委员会审核人员对各章节内容和质量特征的审阅主要依据信息披露规则，但是具有较大的自由裁量权，可以结合自己的经验判断对不同的公司从不同角度进行提问。

本章选取了阿里巴巴、京东、窝窝、特斯拉（TESLA）、脸书（Facebook）等创新特征突出公司的招股说明书、反馈意见、反馈意见回复，具体分析美国证券交易委员会如何在审阅中引导信息披露符合内容和质量要求。需要说明的是，有的问题会同时涉及多个质量维度。

（一）对广义内容合规的审阅

美国证券交易委员会对合规内容的审阅主要依据信息披露规则，对未披露、披露不清晰、不充分的地方要求增加、修改，以符合规则中的内容要求，这一类型的审阅一般体现的是披露是否完整遵守了各项规则，也可以理解为完整性的要求。对广义合规审阅所涉及的内容十分广泛，涵盖了《S－K 条例》《S－X 条例》等信息披露规则规定的方方面面，包括财务指标、业务、风险、管理层讨论与分析、摘要等。在美国证券交易委员会的审阅中，通常会明确指出发行人应遵照披露的具体规则条文。由于美国证券交易委员会不对发行人的投资价值作出实质性判断，因此审阅中，亏损公司或者是审计师对持续经营能力有重大疑虑的公司（如窝窝团购），只要一般信息披露符合规定就不会影响其注册。详见以下案例。

案例 2-1

按照 20-F 第 6 项 A 的要求增加披露内容

阿里巴巴反馈意见第 3 轮第 3 条：表格 20-F 第 6 项 A 的披露要求适用于谢西蒙。在这方面，我们注意到谢先生作为你的投资人和管理层成员之一，你们之间存在明显的依赖关系，既包括他在支付宝的股东权益，你的重大竞争策略（VIES），也包括合伙投资华数传媒控股公司。请提供表格 20-F 第 6 项 A 要求披露的内容，并且同时披露谢先生在你公司的角色、权责以及在管理结构中的定位。

案例 2-2

要求按照表格 F-1 第 4 项等要求披露具体内容

京东反馈意见第 1 轮第 34 条：我们注意到你所讨论的各类政府规定对公司在风险因素方面和监管方面的影响。请提供一份描述性材料说明政府规定对贵公司业务的影响，以及相关政策对贵公司未来经营状况的影响。例如，可分别讨论这些管理规定会对企业流动性造成增强或减弱的影响，或对公司持续经营业务的收入造成重大影响等各种不同情况。请参照表格 F-1 第 4 项和第 5 项 A.4，表格 20-F 第 5 项 D。

案例 2-3

按照表格 20-F 第 5 项 A.1 的要求具体从管理者的角度讨论收入变化

阿里巴巴反馈意见第 2 轮第 17 条：我们注意到你关于我们 2014 年 6 月 2 日信中第 28 条意见的回复。既然你披露了在列报期间关于你的网络营销服务以及佣金收入的重大变化，请修改你关于收入的讨论分析，从管理者的角度向投资者提供关于引起每个收入流变化的价格变化程度、出售服务的数量或金额的变化程度、新服务的引入等的相关信息。然后，分解你披露的收入，将其分组成额外的收入流，并披露针对特定收入流的额外的运营数据，这可能对于充分解释列报期间内的重大变化是十分必要的。另外，请修改你的披露，使其可以更加细化地解释你的收入流每一个变化趋势产生的原因，例如网上营销服务收入的增长率为什么比佣金收入的增长率下降得快。可以参考表格 20 - F 第 5 项 A. 1。

（二）对狭义质量特征的审阅

美国证券交易委员会对狭义质量特征的审阅和内容审阅是结合在一起的，在提问中可能同时体现对多个质量特征的关注。以下案例可能同时涉及多个质量特征，为突出重点，主要侧重于对某个具体质量特征的解读。

1. 对相关性的审阅

相关性旨在要求披露与公司密切相关的事项从而保障投资者的知情权，重要性也是相关性需要考量的因素，因为不重要的信息不会影响使用者的决策。美国证券交易委员会对相关性的审阅通常涉及风险因素、业务、管理层讨论与分析。

案例 2 - 4

要求量化成本上涨影响，使分析具体化

京东反馈意见第 1 轮第 38 条：在你的讨论和分析中，请量化分析说明劳动力成本上涨、租赁费用增加、加工费用增加和第三方运输费用增加造成的影响。此讨论和分析中的仓储物流费用基于 2012 年末至 2013 年 9 月 30 日、2011 年末至 2012 年 12 月 31 日所产生的仓储物流费用。

案例 2 - 5

要求披露新颁布法案对公司商业模式的风险，使风险更加具有针对性

脸书反馈意见第 1 轮第 11 条：你们在招股说明书中披露广告收入会

受到广告法律法规发展以及用户屏蔽社交广告或者其他商业限制的不利影响。请讨论由于最近颁布消费者隐私权法案对你们现有和计划的商业模式的可能风险。查阅《S－K 规则》的 503（c）条款。例如，说明这个方案会如何影响到你们帮助广告主触达用户、与用户产生关联、为广告主提供社交内容和增强他们的广告效果承诺的能力。

案例 2－6

披露更细节的风险说明，提高相关性（同时也涉及可理解性）

脸书反馈意见第 1 轮第 20 条：请修订这个副标题来表述投资者的风险。查阅 S－K 规则的 503（c）条款。另外，修订风险因素来提供与作为一个“受控制的公司”相关的更加细节的风险说明。

案例 2－7

从管理层的角度评判哪些是重要定性和定量因素，并据此细化分析收入增长的原因

阿里巴巴反馈意见第 1 轮第 28 条：我们注意到你将中国商业零售业务 65.5% 的增长归因于该市场交易所产生的商品交易总额（GMV）的增长以及天猫商城交易所产生的 GMV 占总 GMV 比例的上升。管理层讨论与分析的一个首要目标就是通过提供长期和短期的商务分析，使读者可以从管理层的视角认识公司。为了达到这个目标，你需要找出并且分析那些重要的变量以及其他对于了解和评估贵公司有必要的定性及定量因素。请修改你的披露，提供一个关于收入增长的更加细化的分析，找到收入增长的根本原因，分析中应该包括为什么你认为你的市场交易所产生的 GMV 增长了以及为什么你认为天猫商城交易所产生的 GMV 占总 GMV 的比例上升了。

2. 对可靠性的审阅

对可靠性的审阅通常涉及：（1）市场地位、行业发展、业务等数据来源的渠道、可获得性；（2）具体披露中词句是否中立，有充分的证据支持。

例如，SEC 经常在一般性问题、摘要、业务章节中要求申请人补充招股说明书中第三方资料的来源，说明第三方资料的获取方式、是否收费，投资者是否可以通过公开渠道获得等，并提供相关材料的复印件。

案例 2－8

要求提供第三方资料来源、复印件来验证相关披露，并要求明确指出相关论点是否有独立性论据，是否来自行业经验。

京东反馈意见第 1 轮第 4 条：我们注意到，你在招股说明书中提到的第三方资料来源，即招股说明书中包含的统计报表、定性分析和比较报表的资料来源。例如，你引用艾瑞咨询的资料来支持你在第 1 页第二段上的声明，并在第 2 页上引用了来自欧睿国际提供的资料。请将这些来源资料的复印件提供给我们，并适当地标记出在招股说明书里援引和参照的部分。如果你购买了或是以其他方式使用任何研究报告，请向我们说明具体情况。同时，请告诉我们这些报告和文章是否免费向投资者公开，或者阅读这些资料是否对投资者只收取象征性费用。另外，如果你的观点没有独立性论据作为支撑，请修改你的相关措辞；如果该论点的提出是源于你的行业经验，请明确指出。

案例 2－9

详细解释关键指标含义（同时涉及可靠性和可理解性），并提供引用第三方来源的相关材料

京东反馈意见第 1 轮第 10 条：我们注意到您曾断言，中国在线零售业的复合年均增长率（CAGR）是明显高于线下零售市场的。请详细解释中国线下零售市场的CAGR，并提供任何引用自第三方来源的相关材料。

案例2-10

要求披露招股书中支持论断的样本量是否足够，该论断是否与其他报告存在重大差异

脸书（Facebook）第1轮反馈意见第61条：招股说明书披露根据一份2010年9月发布的第三方报告显示，在美国所有的主要智能手机平台，Facebook都获得了最为频繁的下载。作为报告被引用的调查测算了4000名美国移动用户使用的最为流行的App，这些用户在2010年8月调查之前的30天内会报告正在下载的App。请告诉我们为什么你们认为这个样本量足以支持你们的披露。请确定你们不知道有其他的类似报告，这些报告在这份报告之后由你们所引用作者或其他人所提供。如果你们知道有任何这样的报告，请确认报告结论与你们所引用的报告没有重大差异，并考虑包含披露这份调查的持续效用。

在审核中，美国证券交易委员会也会对发行人的具体论断要求有明确的证据支持，体现了可靠性这一质量标准。

案例2-11

要求对具体披露内容提供定性或定量的说明

脸书（Facebook）反馈意见第1轮第3条：请为第4段第2句以及第42页、72页的相关论述（Facebook给广告商提供了一种将可获得性、相关、社交环境、娱乐相结合的独特广告方式，可以提高广告的价值）提供补充定性或定量说明。

案例 2－12

要求对具体论断提供依据

特斯拉（TESLA）反馈意见第 1 轮第 23 条：请提供第 89 页和第 90 页中关于现任汽车厂商在寻求电动车机会中面临重大挑战的相关依据。

案例 2－13

要求披露具体实例来佐证内部治理安排（同时涉及相关性和可靠性）

阿里巴巴反馈意见第 3 轮第 33 条：你声明说战略委员会的成员有权从相关业务部门直接并立即接触到日报的各种标准。在你的回复中，请描述这些标准，并说明战略委员会成员可以接触到的其他的财务信息。请提供给我们淘宝、天猫、聚划算以及阿里巴巴集团日报的例子。

3. 对可理解性的审阅

对可理解性的审阅贯穿了招股说明书的全文。SEC 的审阅要求包括解释术语定义，对部分信息提供更直观的图形展示，直观、具体地披露风险因素，对提供的信息进行解释说明以增加可理解性等。

案例 2－14

解释缩写语的意思，增强可理解性

阿里巴巴反馈意见第 1 轮第 9 条：请考虑将关于独立软件开发商（ISV）以及小微企业（SME）的解释加入这部分或者你认为招股说明书中恰当的地方，之所以加入这些解释是因为在第 3 页以及第 59 页你引用了 ISV 以及 SME，但是你没有解释 ISV 以及 SME 的意思。

案例 2－15

增加组织结构图，使其更加直观清晰

阿里巴巴反馈意见第 2 轮第 5 条：我们注意到你关于我们 2014 年 6 月 2 日信中第 15 条意见的回复以及修改后的信息披露。尽管这项披露考虑到了你们公司组织结构的复杂性，但是我们仍然认为一个可以直观反映你们公司子公司以及可变利益实体之间重要关系的组织结构图，可以为投资者提供重要的信息。请在简式招股说明书中加入这样一个图表。

案例 2－16

修改风险因素标题，突出可理解性

阿里巴巴反馈意见第 2 轮第 10 条：既然你在这个风险因素的正文中提到，一旦这个风险成为现实，“（你）可能没有能力去进行你们部分或者所有的公司经营活动（着重强调）”，请修改该项风险因素的标题，使得该标题可以传达给投资者这个潜在的后果（即无能力去进行任何一项公司的经营活动）。

4. 对完整性和重要性的审阅

完整性是信息披露的最基础要求，即与投资者决策相关以及规则要求的内容，均须披露。与此同时，美国证券交易委员会认为完整性与重要性并行不悖，只有重要信息才需要披露。对重要性的审阅涉及招股说明书各个主要章节，如公司历史、风险、业务、管理层讨论与分析等。美国证券交易委员会在审阅信息披露时通常结合自己的经验，从投资决策的角度来判断什么信息是重要的。

案例 2－17

补充披露风险因素相关内容，完整揭示风险

阿里巴巴反馈意见第 2 轮第 8 条：我们注意到你关于我们 2014 年 6 月

2 日信中第 50 条意见的回复，以及你修改后的关于描述阿里巴巴合伙人与投资者之间潜在利益冲突的风险因素的披露。我们认为为了明确该风险的本质，以下修改是必要的：

- 该风险因素是关于董事提名和选举的风险，针对该风险，你在修改后的披露中添加了关于利益冲突的披露，请将你新披露的利益冲突作为一个单独的风险因素列示在招股说明书中。

- 在这个新的关于利益冲突的风险因素中，请说明这种类型的冲突在过去是如何发生的，关于 2011 年支付宝脱离阿里巴巴以及阿里巴巴管理层、雅虎、软银之间关于脱离方式的争论，请提供一个简单的描述。

案例 2－18

披露更多细节来理解交易实质

阿里巴巴反馈意见第 2 轮第 27 条：我们注意到你关于我们 2014 年 6 月 2 日信中第 58 条意见的回复。考虑到你在回复我们第 75 条评论的时候说“合伙人资本投资计划的商业实质与以 4 美元/期权的价格卖出公司期权的行为相类似，该期权可用来购买公司普通股”，我们仍然不清楚这个交易的实质是否为发行子公司的股票，如果是，那么则应该被视为少数股东权益。如果你仍然认为这个交易应该被反映为少数股东权益，请告知我们更多的细节，包括引用适用的会计准则，并解释会计报告为什么不能反映该交易的商业实质。

案例 2－19

披露的必须都是重要的信息，不重要的信息不需要披露，也避免公司借此免责

TESLA 反馈意见第 1 轮第 7 条：请移除这条声明：“以下描述的这些风险和不确定性并不是我们唯一面对的，还有更多我们未知的风险和不确

定性，或者我们认为在现阶段还不是非常重要，但在将来可能会实质上成为影响我们未来发展前景的重要因素。”所有重要的风险因素均必须在本章节讨论到，认为不是非常重要的风险请不要写在本部分。

案例 2－20

说明具体的数据为何对投资者重要（同时涉及可靠性）

阿里巴巴反馈意见第 1 轮第 42 条：请披露你计算“每天 1 亿独立访客”标准的方法，并披露你认为这个统计值对投资者非常重要的原因。关于这一点，请披露你的卖家是如何“达到”买家，以及为什么在 2013 年 12 月卖家实际所达到的每天独立访客量不能进行更精确的披露。

5. 对整体性和一致性的审阅

美国证券交易委员会对一致性的审阅包括招股说明书前后逻辑是否一致，提供的证明材料是否相矛盾，披露内容是否与美国证券交易委员会审核员观察到的现象相矛盾等。

案例 2－21

要求对竞争对手前后矛盾的描述进行修订

特斯拉（TESLA）反馈意见第 1 轮第 22 条：请修订第 89 页和第 90 页中“当前传统的汽车制造商寻求发展纯电动汽车将面临巨大的挑战”和第 119 页、第 120 页的“竞争关系”中有冲突的部分。例如，在第 89 页，你认为当前传统汽车制造商寻求发展纯电动汽车将面临巨大的挑战，而在第 120 页你认为竞争对手或许有强大的实力可以快速吸收最新技术并有能力进行设计和开发，以及更加有效地进行产品的市场拓展。这种前后矛盾的陈述在第 4 页也有发现，请修订。

案例 2 – 22

要求修订或调整与陈述不符的内容（同时涉及可理解性）

特斯拉（TESLA）反馈意见第 2 轮第 1 条：我们注意到公司在回复 2010 年 2 月 25 日反馈意见的第 5 个意见时，在第 4 页提到“当前传统的汽车制造商未能积极寻求推进纯电动汽车的计划……”然而，在第 90 页中提及通用汽车已经花费大约 10 亿美元用于开发增程式电动汽车沃蓝达，以及丰田花费大约 10 亿美元用于开发插电版混合动力汽车普锐斯，请修订或调整与陈述不符的内容。另外，请结合以上内容修订在第 89 页第一点中的相关用词，如“未能积极寻求”和“而不是大量投资”。

案例 2 – 23

要求修订前后矛盾的内容

特斯拉（TESLA）反馈意见第 2 轮第 9 条：我们已经注意到公司对 2010 年 2 月 25 日反馈意见中第 23 条的回复，其中第 90 页的第 3 点提到当前传统汽车制造商并不急于生产全电动汽车，如“传统汽车制造商新车型的发布从研发到量产的时间非常漫长”，同时还有“需要研发一套全新的动力系统和复杂的电池冷却、功率控制、安全和管理系统”。但是我们注意到在公司提供的支持性材料中提到通用公司的沃蓝达已经在 2010 年实现量产，日产聆风也将在 2010 年开始销售，请修订以上内容。

案例 2 – 24

数据显示结果与披露的论断不一致，要求修改对收入变化的分析

阿里巴巴反馈意见第 2 轮第 18 条：我们注意到你关于你们公司在中国商业零售业务收入的分析仍然关注的是 GMV 的年变化。GMV 的变化是否可以解释第 92 页底部出现的季度数据所反映出来的收入的变化，我们

目前尚不清楚。就这一点而言，虽然你的中国商业零售业务GMV的年度增长率为55.8%，收入的增长率是58.8%，二者相差并不悬殊，但是GMV的季度变化与收入的季度变化相比，变化幅度明显更大。2014会计年度的每个季度GMV的变化幅度如下：上升17.3%，上升8.3%，上升41.5%以及下降18.7%；相对应地，收入的变化幅度为：上升28.3%，下降0.3%，上升86.8%以及下降42.0%。另外，随着时间的进展，GMV的变化导致你的收入产生更大的变化，然而这一事实却与你所披露的GMV的变化对收入变化产生的影响由于手机使用率的上升而变得越来越不显著相悖。请修改你关于公司在中国商业零售业务收入的分析，进而更好地解释使收入产生变化的潜在因素。

案例2－25

披露支付宝为“关联公司”与公司对于支付宝没有任何控制权或所有者权益的事实相矛盾，要求修改用词

阿里巴巴反馈意见第2轮第2条：我们注意到你关于我们2014年6月2日信中第2条意见的回复以及回复中修改后的披露。尽管你修改了相关披露，我们仍然关注你所用的“关联公司”的描述，“关联公司”意味着一定程度的控制权以及利益共性，然而你所引用的协议看起来似乎没有明确地支持这一点。就这一点而言，我们发现招股说明书中存在一些不妥的地方……请相应地修改你的招股说明书。

6. 对可比性的审阅

主要涉及估值时可比公司的选择、披露信息纵向期间的可比性、选取指标的可比性等。

案例 2－26

提供可比公司，以及披露选择可比公司的定性和定量因素

脸书（Facebook）反馈意见第 1 轮第 50 条：如果对你们的估值分析有重大影响，请向我们提供可供比较的公司，在你们的公众公司方法的指引中和被添加进第 2 和第 4 季度估值的那些公司，就像第 65 页所说的那样。另外，请进一步向我们描述用于估值分析的可比较公司选择中的定性和定量因素。

案例 2－27

披露可比期间的运营指标

阿里巴巴反馈意见第 2 轮第 13 条：我们注意到你关于我们 2014 年 6 月 2 日信中第 18 条意见的回复。为了使投资者根据这些营运指标更好地理解你们公司近年来经营成果的趋势，我们仍然认为你应该披露所有列报期间的营运指标。就像我们之前所要求的那样，请提供 2011 年 4 月 1 日至 2012 年 3 月 31 日这个会计年度的运营指标。

案例 2－28

可比期间的运营指标不可以进行选择性披露（同时涉及可靠性）

窝窝反馈意见第 1 轮第 10 条：在招股说明书的第 3 页，你对你们公司 2012 财政年度以及 2013 财政年度的收入进行了选择性的披露。财务结果应当根据上下文中其他相关的财务数据呈现，因此，请同时提供 2012 财政年度以及 2013 财政年度的净亏损。

案例 2－29

量化指标选择标准，使列报期间数据可比

阿里巴巴反馈意见第 1 轮第 18 条：请量化 2012 会计年度所选中的运

营数据的标准，以使得所有列报期间的数据可比。另外，似乎付费会员的数量可以对于发现和了解结果背后的潜在因素有一定的作用。请披露这个标准，如果不披露，请告诉我们为什么你认为这个披露是没有必要的。最后，请告诉我们你为什么不披露分析绩效薪酬的重要标准，以及你为什么不列示你的营销服务收入，比如手机月活跃用户人数（MAU）、支付的平均每点击成本以及印象的次数。

三、香港交易所信息披露审阅的关注重点与案例分析

在香港交易所的上市规则体系中，上市规则正文是最原则性的规定；诠释及指引作为对上市规则的解释性文件，以《指引信》和《上市决策》最为重要。其中，《指引信》更偏重于信息披露方面，《上市决策》则偏重于阐述公司被否决的原因。香港交易所没有公开披露对公司的具体审阅反馈意见，其对市场信息披露的引导主要通过《指引信》和《上市决策》。因此，《指引信》和《上市决策》不单是操作性的指引，也是与市场沟通、共享信息的重要方式。通过《指引信》《上市决策》等系列指引，香港交易所公开、充分、透明地向市场传递监管者对上市申请的态度、具体把握的程度，有助于形成稳定的预期以及统一的标准。

（一）《指引信》

《指引信》是对上市规则的细化和解释。其实，港交所的上市规则已经对披露的内容作出规定，但落地到具体的披露实践难免会出现一些需要细化解释之处，这之间就需要一个操作性更强的指引来弥补。对此，港交所会根据实践中暴露出的问题，按照各方意见对披露内容可改善的地方进行指导。一般而言，《指引信》包括对披露质量特征的要求和对上市规则内容的细化规定。下面以生物科技公司披露指引为例进行说明。

2020年4月，香港交易所发布生物科技公司上市文件披露的《指引信》（HKEx - GL107 - 20）。其中，对披露质量特征的要求可概括为：一

是可理解性，在不降低科学准确度的前提下，尽可能使用简单浅白的文字；二是重要性，以有意义的标题和副标题点出主要内容；三是充分性，对专业内容进行详尽解释，充分披露研发失败的风险。

对披露内容的规定充分体现了对上市规则的细化。例如，生物科技公司披露指引对应的上市规则第十八 A 章，要求生物科技公司披露“就核心产品与相关主管当局进行的重要通讯概要”。对此，生物科技公司披露指引针对实践中中国药监局的审批程序，指导发行申请人披露“一切有意义的数据，包括药监局可有对已完成或进行中的临床测试提出重大疑虑或反对，又或若生物科技公司与相关主管当局没有沟通，则亦如实说明”。

（二）《上市决策》

除《指引信》外，香港交易所也通过《上市决策》中被退回、否决的案例来引导市场进行信息披露。2015 年 6 月，香港交易所发布《上市决策》（HKEx – LD91 – 2015），就港交所为何退回若干上市申请提供指引。该指引详细列举了 12 家上市申请人被退回申请的原因。当然，香港交易所除关注信息披露质量之外，根据其上市规则还实施大量的实质性判断，但即使是实质性判断，也需要列明发行人需要披露的信息，发行人据此披露，监管当局才能作出决策。

案例 2 – 30

披露不足，港交所无法据此判断是否满足某些实质性条件

公司 A 从事消费品销售，港交所认为该公司并无就业务模式进行足够披露，港交所没有足够的资料评估有关公司 A 产品的争议、投诉的影响、董事会合适性及业务可持续性，以及公司是否符合管理层持续性的规定。因此，退回申请。具体原因如下：

（1）业务模式披露不足；申请版本中有关渠道及客户的资料、原材料及采购的披露不充分，没有遵照《指引信》HKEx – GL36 – 12、HKEx –

GL50－13及《上市决策》HKEx－LD107－1的相关条文。申请版本缺乏有关各类产品和产品线的生命周期及保质期的披露，有关披露无法支持公司A指其产品均为自行研发之说。

（2）所披露资料不足以评估争议、投诉及负面评论的影响；申请版本中的披露并无遵照《指引信》HKEx－GL30－12及HKEx－GL50－13有关知识产权的相关指引，并缺乏相关风险因素披露，致港交所未能评估商标争议对公司A业务的影响。董事会认为公众人士对公司A若干产品的负面评论无事实依据，申请版本并无披露这说法背后的理由。

（3）所呈资料不足以评估申请人是否符合《创业板规则》第5.01及5.02条有关董事合适性的规定；一名董事面对个人破产，两名董事曾担任董事的若干公司清盘，而这些董事其中一人更涉嫌违反道德操守，要接受有关部门调查，申请版本均无披露该等事实的资料。

（4）所呈资料不足以评估业务的可持续性；报告期末来自营运活动的现金流与上年度同期比较下跌约50%，申请人没有解释业绩记录期内出现的财务业绩大幅倒退及预测期内预计出现的重大改善。而且，申报版本没有在“概要”一节按《指引信》HKEx－GL27－12及HKEx－GL41－12相关条文清晰披露上文所述情况，以及披露相关风险因素。

除上述案例外，其他被退回理由见表2－1。

表2－1　　其他被退回理由一览

被退回申请公司	主要业务	被退回原因
公司B（创业板申请人）	香港服务供应商	（1）呈交的资料并非大致完备，因申请版本所载财务资料没有遵照指引信HKEx－GL6－09A的指引；（2）没有提供完整的营业记录期财务数字
公司C（主板申请人）	内地制造商	连同公司C的申请表格一并递交的申请版本及文件均非大致完备，因其违规票据融资活动的大部分详情均无披露。由于违规交易重大，有碍港交所评估公司C是否适合上市

续表

被退回申请公司	主要业务	被退回原因
公司 D（主板申请人）	内地制造商	申请版本对业务模式及重大违规事项披露不足
公司 E（主板申请人）	内地提供金融服务	申请版本及有关文件没有披露关联人士、借款人与公司 E 订立的重要担保交易以及引致进行该等交易的原因
公司 F（创业板申请人）	内地物业公司	公司未有足够资料供港交所评估公司与控股股东的竞争及对其依赖程度是否已妥善处理、公司与控股股东订立的安排的影响以及租赁有问题业权物业的影响
公司 G（主板申请人）	涉及重大收购	申请版本未披露以下重大资料：（1）控股股东被定罪的资料；（2）足以证明申请人符合拥有权维持不变规定的资料；（3）足以评估申请人是否符合最低盈利规定的资料；（4）最新的资金流动性披露
公司 H（主板申请人）	内地证券公司	申请版本没有载列所需的资金流动性披露，对于公司会否发行公司债券也不明确
公司 I（创业板申请人）	内地服务供应商	（1）申请版本对资金流动性的披露为申请版本日期之前超过 2 个月的资料，违反《指引信》HKEx－GL38－12 相关条文的规定；（2）用以评估申请人是否符合《创业板规则》第 11.12（A）最低现金流量规定的资料不足；（3）相关业务财务业绩披露不足

第二节　我国核准制阶段 IPO 信息披露质量问题分析

不同的发行审核体制对于信息披露质量的要求也不尽相同。本节选取 A 股市场核准制阶段、2019 年之前的 IPO 信息披露，对比分析了部分 A 股、港股、美股上市公司的招股说明书及反馈意见，并对证券公司、会计师事务所等中介机构进行调研，总结出 A 股市场核准制阶段 IPO 信息披露的三方面问题。

一、部分披露篇幅冗长，重复性披露过多[①]

对比发现，A 股部分招股说明书最直观的弊端是篇幅冗长。根据《公开发行证券的公司信息披露内容与格式准则第 1 号——招股说明书（2015 年修订）》《公开发行证券的公司信息披露内容与格式准则第 28 号——创业板招股说明书（2015 年修订）》（以下统一简称《招股说明书准则》）规定，企业首次公开发行并在主板上市需要在招股说明书正文中披露 17 节内容；如果在创业板上市，则需披露 13 节内容。相对而言，中国香港和美国市场招股说明书的篇幅较短；进一步对比发现，导致 A 股招股说明书篇幅较长的部分主要是发行人基本情况、财务会计信息与管理层分析、募集资金运用、公司治理等章节。

此外，A 股招股说明书存在重复性披露问题，表现一是正文不同章节之间的前后重复，二是正文与备查文件之间的重复。如有的发行人公司治理、关联方交易与同业竞争、财务会计信息章节的大部分内容与备查文件中的公司章程、审计报告及财务报告重复。而 H 股、美股公司招股说明书全文和附件没有整段重复，部分信息出现相互引证。

二、以满足监管规则为导向，合规信息披露较多

一方面招股说明书要满足监管规则在披露多少、披露什么等方面的设定，另一方面要透过招股说明书，将企业的目标、实现目标的资源、取得的成绩、未来的规划等，以清晰的逻辑脉络呈现在投资者面前。在监管需求导向下，招股说明书内容的扩展与庞杂给其内容的逻辑性带来挑战。

逻辑性不足主要表现在发行人“刻板”地依照监管规则进行内容的叠

① 本部分主要参考孙亮：《注册制下降低 IPO 信息披露成本的建议》，上海证券交易所研究报告，2015 NO. 72。

加和排列，未能按照一定逻辑加以有效组织。事实上，在满足监管要求与传递价值之间确实难以完美协调，无论是美国、中国香港还是 A 股市场，对于招股说明书的内容都设定了最低要求，但是在内容排列上均不同程度地赋予了公司一定的灵活性①。部分 A 股发行人在招股说明书的整体架构、具体内容的逻辑性上，仍有差距和不足。

具体而言，在内容构成上，A 股与港股、美股的招股说明书都包括概览、风险因素、管理层讨论与分析、业务和技术、关联交易、公司高管与公司治理、财务会计、证券发行等章节，并且都以管理层讨论与分析、业务章节为重点。然而，如果从部分章节的详略程度看，A 股与境外市场的差异较大。A 股招股说明书对于发行人基本情况、募集资金运用等合规性信息重点着墨。如在发行人基本情况章节，有关历史沿革的披露较多，要求完整反映公司设立至今的历次产权变更过程，并披露企业的工商登记注册信息、资产评估报告、验证报告。境内外招股说明书详略程度层面的差异一定程度体现了各自关注重点及不同需求导向下披露内容的差异。

三、披露内容不完整，可靠性不足

完整性是充分性要求中的一项，所有与决策相关的重要信息以及监管规则要求披露的信息应予以全面揭示。完整性方面存在问题的突出表现是遗漏重要的事项，从而可能对投资者判断公司的价值与风险、盈利能力、成长性等带来影响偏差，如隐瞒重大风险因素、关联方关系等。此外，另一个表现是对监管规则要求事项的披露缺失。根据 A 股的招股书反馈意见，经常涉及询问是否存在特定事项或要求发行人披露补充信息，如关联交易的公允性、合伙股东与公司之间有无对赌协议等特殊协议或安排。

可靠性不足突出表现在引用数据不注明来源以及使用模糊的语言进行

① 例如 SEC 的 C 条例 § 230.421 规定，招股说明书要求披露的内容，不一定按照注册表格中要求的项目或其他内容的顺序披露，但是同时要求不能因此而掩盖监管要求的信息，或者因掩盖而导致信息披露不完整或产生误导。

干扰。如行业领先、国际先进，但是没有具体的描述或第三方证据；再如风险因素披露中，风险与对策同时披露，抑或对风险的描述与公司的优势通过一定的句式承接，弱化风险揭示①。

案例 2-31

因为缺少数据来源、描述不够准确，甚至有夸张的成分，降低披露的可靠性和中立性。

中国证监会对光力科技的招股说明书中“风险因素”一项提出：“请在风险因素中针对性地披露风险的来源、条件、状态、性质和影响等情况，删除非风险描述的烘托性、宣传性、对策性语言。”

中国证监会在对申龙电梯的反馈意见中提出：“招股书称发行人‘成为国内本土电梯企业中速度最快的电梯’；公司研发的提升高度达48米的室外公交型自动扶梯也已取得国家电梯质量监督检验中心颁发的‘特种设备型式试验合格证’，成为国内本土电梯企业中提升高度最高的自动扶梯。请发行人及其保荐机构补充说明上述表述是否准确，并提供相应依据。”

中国证监会在对杭州微光电子的招股书反馈意见中，对发行人业务的披露内容存在如“电机学、电子学、空气动力学的完美结合”等誉美词句，要求发行人及其保荐机构本着去广告化的原则，如实、准确地披露发行人业务的实际情况。发行人修改后，将“公司专注于电机学、电子学、空气动力学的完美结合”改为“公司专注于微电机、风机的研发、生产和销售”。

另外，部分发行人的披露相关性不高，突出表现在针对性、具体性不足。相关性问题主要体现在“业务与技术”“管理层讨论与分析”“风险因素”等章节。如在“业务与技术”部分，引述、分析宏观经济形势，转

① 如一家发行人披露：“公司目前已拥有设计、制造高档……技术，但是该领域的产能远不能满足市场需求，这已成为公司进一步开拓高端产品市场的制约因素。”

述行业法规政策，结合公司的商业模式、核心技术、发展阶段等方面的针对性信息较为薄弱。在“风险因素”章节，相关性问题表现在披露内容“格式化”特征明显，通常披露的风险因素类型不少都是七大类（即招股书格式准则中列举的七大类），有的表述模糊，针对性不强。在“管理层讨论与分析”部分，相关性问题表现为直接描述或简单计算财务报表中的数据，没有从管理层的角度进行实质性分析，没有通过公司战略、业务发展变化来解读财务数据。

案例 2－32

披露内容缺乏相关性

一家发行人在“业务与技术”部分披露如下：“1949 年以前，我国铝合金加工业几乎是空白，根本谈不上装机水平、工艺技术的先进性；1956 年我国第一家大型综合性铝加工企业——东北轻合金加工厂正式投产，初步形成了从采矿、冶炼到加工的完整的铝工业体系，为开拓和发展铝加工业奠定了良好的基础；1968 年至 1977 年为我国铝加工业的开拓阶段，我国自行设计制造并安装的西北铝加工厂和西南铝加工厂分别于 1968 年和 1970 年相继投产，从而依靠自力更生完成了我国铝加工企业较合理的布局。”

第三节 注册制下提升 IPO 信息披露质量的思考

一、注册制下 IPO 信息披露及审核的变化

从规则来看，与核准制相比，注册制下信息披露在信息质量评价、信息披露重点和审核方式上有了明显变化。

（一）新增“充分性、一致性、可理解性”的质量特征

发行人信息披露的范围和质量均有更高要求。一是扩大了预先披露的范围。除了招股说明书，申报企业还需披露发行保荐书、上市保荐书、审计报告、法律意见书。此外，交易所每轮问询问题及发行人回函均需公开披露。二是强化了披露质量特征。在“真实、准确、完整”的“老三性”基础上，又增加了“充分、一致和可理解”的“新三性”，通过多轮问询，要求发行人按照上述六个特征提升招股说明书披露质量。

（二）审核重点向信息决策有用性倾斜

强化了业务和风险信息披露，意图提高信息投资决策的有用性。科技创新企业所属行业技术更迭快、专业性强，需要实时跟踪行业发展状况及技术趋势、公司经营模式和核心竞争力、研发团队和研发投入以及业务风险等重要信息。在科创板和创业板问询中，针对产品业务和经营风险的问询占比较高，约 30%，相应弱化了历史沿革等法律问题的问询。

（三）通过多轮问询及现场检查督导或督促发行人充分披露

审核方式也发生了明显变化。一是以更大力度的问询强化审核监管，如果反馈回复未能充分说明某一重大问题，将被持续问询。二是问询及回复完全公开，目的是让投资者清楚审核关注问题和风险点。三是若问询审核中发现发行人和中介机构未能说清的重大问题，监管机构会对发行人开展现场检查，对保荐机构开展现场督导。公开化审核问询、现场检查、现场督导等实质上形成了一定的威慑作用，倒逼申请企业从最初的发行申报环节就重视充分披露。

二、提升 IPO 信息披露质量的思考与建议

短期来说，可以采取一些创新性的方式强化“以投资者需求为导向，

以信息披露为核心”的审核理念，建议如下。

（一）加强“以投资者需求为导向”的信息披露原则的预期引导

在交易所审核工作开展初期，审核员、发行人和保荐机构都在不断摸索、磨合，探讨提高信息披露质量的最佳方式。基本的原则是推动市场各参与主体归位尽责，进一步明确和压实发行人作为信息第一责任人职责、中介机构的核查验证和专业把关责任，厘清边界、各负其责，提高信息披露的质量。交易所通过规则公开、审核问答、审核动态等，将这一理念和要求明确传递给发行人等市场主体，并通过更具针对性的审核问询，引导、督促发行人及保荐机构提高招股说明书披露信息的决策有用性，披露应该简洁、清晰，减少冗余，强化可理解性和可阅读性。

（二）建立招股说明书质量事后评价与反馈体系

交易所已有上市公司年报披露质量评价等实践，可考虑研究建立招股说明书质量的事后评价机制，形成较为有效的事后反馈机制，通过监管力量引导发行人、中介机构提高招股说明书的披露质量。

（三）优化招股说明书内容

优化招股说明书信息披露要求，提高逻辑主线清晰度和信息整合度，若不同章节的内容指向对同一事项的描述，鼓励相互印证，灵活表述；通过文件备查、交叉索引或对外披露结论性信息等方式，适当减少披露中介机构报告核查或鉴证过的细节信息；在保证遵守披露规则要求基础上，鼓励企业披露更有针对性的个性化信息。

第三章

增强定期报告披露的有效性

什么是上市公司信息披露的有效性?《现代汉语词典》的解释是:“有效”指能实现预期目的。而在《现代汉英词典》中,有效含有“effective”的意思,实质是一种有用性。所以,信息披露的有效性指信息的“有用性”,通常被界定为“决策有用性”。在国际信息披露监管规则中,“有效”与“有用”这两个词经常会被混用。美国注册会计师协会财务报告特别委员会的综合报告《论改进企业报告——着眼于用户》认为:“有效信息,指有助于决策的信息……有效信息应当是可靠的、不带偏见的、不加粉饰的。通过有效信息,决策人员可以更好地评价一个企业的发展前景。”我国《企业会计准则——基本准则》(2006)认为会计信息质量应当包含真实性、完整性、相关性、明晰性、一致性、可比性、重要性、谨慎性、实质重于形式等要求。在立法与监管领域,各国虽然都规定了若干信息披露的基本原则,但不尽相同。

第一节　境内外市场信息披露规则的对比借鉴

上市公司的信息披露分为发行市场和交易市场中的信息披露。前者的主要形式是招股说明书和上市公告书,后者的主要形式是定期报告和临时报告。招股说明书、临时报告受各国资本市场与监管制度影响较大，定期报告却能较好地表现各国信息披露规则制订中的特点，本节通过对比境内外市场定期报告规则的差异，分析近年来呼声日盛的“决策有用观”对信息披露规则制定的影响。

一、一个“A + H”公司的案例

自 2007 年 12 月中国内地与香港实现企业会计准则等效互认以来，双方会计准则已原则性趋同，但在 A、H 股定期报告具体规定方面仍存在一些差异，例如关于个别产业的财务报告规定、初步业绩公布、账目审计、定期财务报告的形式及内容、定期财务报告的事后审阅等。

我们随机选取一家“A + H”公司 JFKJ 的年报进行对比，发现它们的整体篇幅已经比较接近，但形式、内容上仍存在较明显差异，体现出 A 股的监管导向与 H 股的投资者导向。

（一）H 股的披露形式更加简明，可读性强

虽然 JFKJ 的 A 股与 H 股的年报篇幅比较接近，但 H 股的披露形式更加简明，可读性更强，整体字数比 A 股削减 1/3 以上。A 股的披露形式以数字、表格和文字为主，而 H 股的年报以彩图版形式，有大量的插图，字间距等比 A 股宽，图文并茂，可读性更强。相比较而言，A 股的报告更近似于一份监管报告，而 H 股的报告更近似于面向投资者的宣传手册（见表 3 - 1）。

表 3 - 1　　JFKJ 的“A + H”股的年报披露差异

项 目	A 股	H 股
文件大小	4047K	3124K
年报长度	227 页	198 页
除财务报告的长度	59 页	60 页
披露的主要形式	数字、表格加文字	图文并茂

（二）A 股、H 股的披露内容差异较大

A 股与 H 股披露内容的差异表现在两个方面。

第一，披露项目差异较大。从表 3－2 中可以看出，JFKJ 的 A 股、H 股年报在财务报告以外的内容方面披露篇幅差不多，都为 60 页左右，但是 A 股公司要求披露的总体项目少于 H 股公司，没有单独要求披露董事长致辞、年度大事记、管理层讨论与分析、企业社会责任报告等内容。

表 3－2　JFKJ 公司 A 股、H 股年报披露内容的差异及与美国的比较

A 股年报	页数（页）	H 股年报	页数（页）	美国 SEC 对年报的披露要求
公司基本情况	2	董事长致辞	3	经营业务
会计数据及业务数据摘要	2	公司简介	1	财产情况
股本变动及股东情况	3	公司资料	2	法律诉讼
董事、监事、高级管理人员和员工情况	7	财务摘要	2	股东表决事项
公司治理结构	9	2010 年大事记	3	公司普通股市值及相关股东事项
股东大会情况简介	1	管理层分析与讨论	21	指定的财务数据
董事会报告	24	董事会报告	10	管理当局关于财务状况与经营成果的讨论与分析
监事会报告	2	企业管治报告	8	包含：市场风险定性与定量披露
重要事项	7	监事会报告	3	财务报表与补充数据
财务报告	168	企业社会责任报告	2	注册会计师的更换及公司与其在会计政策及财务披露方面的分歧
—	—	董事、监事及高级管理人员简介	4	公司董事、高级管理人员情况和公司治理
—	—	独立核数师报告	2	管理人员报酬
—	—	综合全面收益表	2	特定受益所有人和管理层的证券持有情况
—	—	综合财务状况表	2	关联方关系、关联方交易和董事独立性

续表

A股年报	页数（页）	H股年报	页数（页）	美国SEC对年报的披露要求
—	—	综合权益变动表	1	审计费用及审计服务
—	—	综合现金流量表	2	各种图表及8－K表的申明
—	—	财务状况表	2	公司主要负责人的签名
—	—	财务报表注释	125	—
—	—	过去4个会计年度财务摘要	3	—

第二，披露顺序差异较大。A股公司的披露顺序从公司基本情况排起，比较关注股东及董、监、高的情况与数据，10个项目中有6项涉及这方面内容。而H股公司则首先由董事长致辞开始，分别对公司简介、公司资料、财务摘要、年度大事记等进行披露，19个项目中，只有5个项目涉及董、监、高等方面的内容，这种披露方式更符合投资者的阅读习惯。

我们进一步用美国SEC的10－K格式，对年报披露的要求进行对比，则披露的内容存在更大的差异：10－K公告中要求先披露公司的经营与财务情况、法律诉讼、股东事项等项目后，还要求披露市场风险、更换注册会计师、管理层报酬等项目。这其中的部分要求，虽然已包含在A股年报的其他项目中或在年报外单独提供，但还是显现出境内外信息披露理念上存在明显差异。由于A股、H股公司和美国上市公司的信息披露有固定的格式要求，JFKJ的案例较好地表现出境外成熟市场年报信息披露重点突出，注重实质性内容，强调整体控制，而我国的信息披露更强调形式合规以及监管有用性的特点。而且，这三个市场由于市场中介机构发达程度不同，对披露内容的解读产生的影响不同。我国上市公司在信息披露过程中，由于中介机构的成熟度不足，被“误读”而影响投资者理解的概率更高。

二、境内外市场信息披露规则制定的对比与借鉴

楚天舒（2006）认为，在各国的监管实务中，美国是当今世界上信息披

露制度最完善、最成熟、最规范的国家，中国香港的披露依据综合借鉴了美、英模式。在财务状况的披露内容方面，除各国（地区）所依据的会计准则有所不同外，披露要求本身并无本质区别，但在财务状况以外的披露方面都存在较大差异。除了上例所列举的差异化，对比我国内地和美、英及我国香港几个境外主要市场的主要披露要素，可以发现存在如下几个异同点：

首先，从披露依据上已建立基本体系。我国已经初步形成一套包括法律法规、部门规章和自律性规则在内的多层次信息披露法规体系，与主要国家的做法近似。

其次，我国的信息披露时间存在改进空间。对比美国、中国香港区分不同规模的公司，分别在会计年度结束后两三个月和三四个月内披露年报的做法，我国在信息披露时间上，目前不分公司大小，统一要求在年度结束后4个月内报送年报。除了在及时性上还有改进空间外，还应当根据投资者的需求与决策导向进行差异化调整，尤其是可以分别对大、小型公司或创业板公司的年报披露时间进行差异化安排。

最后，违规行为主要体现为执法力度不同。从违规行为的处罚依据看，我国也已建立了基本框架，但虚假信息、内幕信息屡禁不止的现状，与违规行为的执法力度不足有关（见表3-3）。

表3-3　　境内外定期报告披露主要差异对比表

内 容	中国内地	美 国	英 国	中国香港
披露依据	《中华人民共和国证券法》《上市公司信息披露管理办法》以及上市规则、格式指引等	《1933年证券法》《1934年证券交易法》《S-X》《S-K》等	《投资服务法案》《信息披露及透明度规则》《股票上市规则》等	《公司条例》《证券及期货条例》《会计实务准则》、上市规则等
披露时间	会计年度结束起4个月内；正文和摘要必须同时披露	分为大型加速披露公司、较小报告公司，分别为会计年度结束后的60天或90天	会计年度结束后6个月	主板发行人在会计年度结束后3个月内，其他发行人在会计年度结束后4个月；报告正文可以在财务报告摘要披露后15天内披露

续表

内 容	中国内地	美 国	英 国	中国香港
披露渠道	年报刊登在指定网站，摘要刊登在至少一种中国证监会指定的报纸	强制使用 EDGAR 系统进行申报；可以通过交易所网站、公司网站，此外可以自愿采用报纸等媒体	通过交易所的新闻管理中心电子化报送	交易所网站（“披露易”）和公司官方网站；此外，可以自行选择是否在报纸刊登
违规行为处理依据	证券法	证券法	金融服务法、公司法等	《证券公开权益条例》
披露成本	较高，需要向披露信息的报纸等媒体支付费用，对不良信息发布澄清公告	低	低	较高，虽然已采用成本低廉的无纸化电子披露制度，但由于需要向股东寄发年度报告及通函，所以提高了成本

三、国际证监会组织对定期报告的指导性意见

国际证监会组织（IOSCO）一向重视上市公司的信息披露，并坚持决策有用性的观念。它认为，在公司上市后，按照持续经营的基础向市场披露高质量信息非常关键，有利于投资者基于决策重要的信息进行投资决策，并对市场的流动性和有效性作出贡献。

考虑到定期报告对构建有效披露系统的重要性，2010 年 2 月，国际证监会组织技术委员会在考察成员机构的定期披露情况，并征询欧洲社会投资论坛（EUROSIF）、美国证券业及金融市场协会（SIMFA）、纳斯达克证券交易所（NASDAQ）等国际协会和成员机构后，发布了《上市公司定期披露的原则》（Principles for Periodic Disclosure by Listed Entities）（以下简称《定期披露原则》），希望为各国监管当局制定或修订定期报告通用准则提供指南。它认为定期报告应立足于方便投资者决策，使投资者可以进行历史及行业的比较，以便作出决策和监督市场。

国际证监会组织认为，虽然它的成员对定期报告所要求披露的数量和类型不同，但是在所有的国家，投资者应当得到足够让他们进行投资决策的重大信息。根据 IOSCO 原则，上市公司的定期报告应当包含以下信息：

（一）年度报告

1. 应当包括审计过的财务报表

上市公司至少应当在年度报告中提供覆盖整个财务年度的经审计的财务报表。这份审计报告必须由一个独立的会计师事务所出具，必须受到一个代表公众利益的主体的监控。同时，应当披露支付的审计和非审计服务的费用，这些信息对投资者应当有用。

（1）合并报表和其他财务信息。投资者应当能获取一份经过独立审计师审计的合并财务报表，以便于对发行人的财务状况进行正确的评价，并且帮助投资者对发行人的现有财务状况与以前各期或其他公司进行有意义的比较。一套完整的合并报表应当至少包括：一份资产负债表、利润表和以下方面的报表：在那些与股东和股利分配等资本交易之外的权益改变；权益的所有改变（包括对所有权益中非所有者的小计）；现金流量表；会计准则要求的相关的附注和目录，如果没有包含在财务报表中，应当提供对资产负债表中股东权益所有类别的附注分析。此外，财务报表中还应披露对股东的分配，如：股利以及包含发行人最近财务年度的比较财务报表和能提供给投资者对于发行人的业绩和财务状况的趋势的重要信息。

（2）重大改变。在年报中应当披露在这个财务年度发生的任何重大改变，以帮助投资者了解可能对决策产生影响的所有重大事项，相关信息包括对发行人的财务状况、业绩或对它发行证券后实施其职责的能力的信息。

2. 应当包含管理层讨论与分析（MD&A）或者经营与财务回顾（OFR）

国际证监会组织认为，包含这些信息使投资者能够通过管理层的眼光来看公司，并且通过提供财务报表所分析的内容来促进披露，为投资者解读财务报表中的运营结果与财务状况提供一个理解背景，同时还能提供关于发行人的盈利和现金流量的质量和潜在可变性的信息。此外，如果分部信息对理解发行人的业务、整体财务状况和经营业绩很重要时，应当提供相关信息。

公司还应当在年报中提供重大的关联方交易、薪酬披露、公司治理、与市场风险敏感性工具相关的披露、发行人的股权和相关的股东事项等方面的信息；尤其是在公司治理信息中，还应当包括董事会和高管、董事独立性、审计委员会、薪酬委员会、道德规范等内容。

（二）期间定期报告（中报与季报）

国际证监会组织认为，除年报外的期间定期报告应当满足以下要求：应当包括使投资者能够以一种规律的间隔追踪公司业绩的信息，并且应当提供足够的财务信息使投资者能够评价公司现有的财务状况；应当包括管理层讨论与分析或一份合适的管理层报告；应当包括其他披露，如关联方交易的披露。

（三）明示财务报表负责人及公平表达财务信息

对于那些包含财务报表的定期报告，应当清晰地界定财务报表责任人，并且应当声明报告中公平表达了财务信息。在一些国家，财务报告中信息负责人在定期报告中标识，而在另一些国家是由法律界定的，这些人员应当对信息披露负有相应责任。

（四）应当评估或检查财务报告内部控制

国际证监会组织认为，有效的财务报告内控能保证发行人的交易已得到合理授权，防止发行人的资产得到非授权或不合适的使用；同时也能提高财务报告的质量，以帮助减少财务、经营和使用风险，因此应当评估或检查财务报告内控。

但是，这种内控要求的形式可以多样化，可以在法律、规范或上市规则中规定。例如，在一些国家，内控责任由董事会或审计委员会负责，而不是高级管理人员，而在另一些国家，发行人的高管、董事或审计委员会至少每年评估或检查发行人的财务报告内控。在一些国家，只能在定期报告中提供这种评估结果，而在另一些国家，任何定期报告，甚至中期报告，都可以提供这种评估结果。这种评价或检查可能提供给董事会，也可能是公开发布。一些国家对内控信息的强制性披露有细节的要求，需要管理层对建立和保持充分的财务报告内控发表声明。

（五）提供给公众的信息应当基于及时性的基础

定期报告中提供的信息应当及时。当确定定期报告的披露时间时，应当考虑发行公司的规模。中小型发行公司应当需要更多的时间来准备它们的报告，因为它们的资源更加有限。相关法规或上市规则应当确定一个合适的时间区间，在这些规则中，应当规定公众可以获取这些定期报告。

（六）定期报告应当在监管者处存档

定期报告应当在有关的监管者处进行存档，以使监管者能够在合适的时间检查这些报告。存档的手段可能包括将定期报告送达相关监管者，或者对相关监管者要求存档的公告采用单独的备份。

（七）应当储存信息，以利于公众获取

相关的法规应当确保对定期报告信息已进行存储，以便于公众可以用最低的成本获得信息。电子化存储是达到这些目标的一种方式。这些信息应当被存储在一个中心位置，这使相关监管者或其他监管方能够方便获取。

同时，定期报告应当用一种格式来进行表述，以方便对信息进行分析。交互式数据技术正作为一种向投资者提供信息的快速而简单的工具受到关注，提高使用交互式数据的能力能够提高投资者获得和理解财务信息的能力，并且，能够使发行人更加有效地交流他们的财务成果。

（八）无误导性披露

定期报告中披露的信息应当保证准确性和充分性，不应存在易于误解或虚假的陈述，且不应存在任何重大信息的遗漏。同时，在定期报告中的信息披露应以清晰和简洁的语言进行表述，增强信息的可理解性。此外，以不同方式传播的同一个发行人的定期报告相关的信息，应当与发行人向相关监管者提供的定期报告相一致。

（九）公平披露

定期报告中重大信息的披露在对公众披露之前，如果对特定投资者或其他利益方进行披露，可能会影响投资者对市场公平性的信心，禁止不公平披露将减少内部交易或误用信息的可能性。因此，监管层应当确保所有的投资者都公平地获得信息。在一些国家，当报告在监管者处备案时，投资者和公众能够从监管者的网站上获得免费的定期报告，就可以被看作是公平获得信息。

综上，国际证监会组织的要件体系为信息披露有效性的架构提供了指引。从国际证监会组织的理念出发，有助于对我国上市公司信息披露的有效性进行重新审视与分析。

第二节　我国上市公司信息披露有效性现状分析

我国上市公司的信息披露开始于1991年“老八股”的年报披露，而信息披露规范则始于1993年中国证监会出台的《公开发行股票公司信息披露实施细则》，经过近30年持续的制定和修改，已建立了一套包括法律、行政法规、部门规章和自律性规则在内的信息披露监管体系，这套体系对信息披露的有效性提出了明确的监管要求。

原《证券法》第63条规定：“发行人、上市公司依法披露的信息，必须真实、准确、完整，不得有虚假记载、误导性陈述或者重大遗漏。”《国务院批转证监会关于提高上市公司质量意见的通知》（国发〔2005〕34号）明确要求：“上市公司要切实履行作为公众公司的信息披露义务，严格遵守信息披露规则，保证信息披露内容的真实性、准确性、完整性和及时性，增强信息披露的有效性。”我国《上市公司信息披露管理办法》（2007年1月30日，中国证券监督管理委员会令第40号）第3条认为“发行人、上市公司的董事、监事、高级管理人员应当忠实、勤勉地履行职责，保证披露信息的真实、准确、完整、及时、公平。”因此，“真实、准确、完整、及时、公平”是我国传统信息披露监管的标准，监管部门要求上市公司信息披露要遵守信息披露的相关法律法规的约束。2020年实施的新《证券法》第78条提出：“发行人及法律、行政法规和国务院证券监督管理机构规定的其他信息披露义务人，应当及时依法履行信息披露义务。信息披露义务人披露的信息，应当真实、准确、完整，简明清晰，通俗易懂，不得有虚假记载、误导性陈述或者重大遗漏。”对披露的形式、语言又进一步提出要求。《国务院关于进一步提高上市公司质量的意见》（国发〔2020〕14号）明确指出要提升信息披露质量：“以提升透明度为目标，优化规则体系，督促上市公司、股东及相关信息披露义务人真实、准确、完整、及时、公平披露信息。以投资者需求为导向，完善分行业信息披露标准，优化披露内容，增强信息披露针对性和有效性。”这对上市公司和其他信息披露义务人充分披露投资者决策有用信息提出了相关要求。

历年的分析数据和深交所的问卷调查表明，上市公司信息披露的真实、准确、完整、及时、公平性有明显提高，监管的积极作用已经显现。但是，信息披露有效性仍存在不足，主要表现为投资者的决策相关性不足和信息披露的重要性、准确性、及时性、完整性、可理解性仍有待提高，而且信息披露供求双方对有效性的看法也出现明显分歧。

一、基于历史数据的分析

现有定期报告数据显示，经过多年的信息披露监管，上市公司的信息披露在真实性、及时性、完整性等方面已取得积极成效①。

（一）推迟披露年报公司比例呈下降趋势

从表3－4数据可以看出，从2004年到2019年，深市推迟披露年报的公司家数比例呈下降趋势，从4.45%下降至0.23%，非正常披露公司家数比例也逐年下降，年报预约披露执行情况较好，上市公司信息披露及时性提高。

表3－4　　深市年报信息披露时间分布统计

年份	实际披露年报家数（家）	推迟披露公司数量（家）	推迟披露公司比例（%）	提前披露公司数量（家）
2004	494	22	4.45	38
2005	506	25	4.94	26
2006	575	40	6.96	22
2007	683	24	3.51	25
2008	736	13	1.77	11
2009	889	3	0.34	4
2010	1214	8	0.66	9
2011	1417	14	0.99	7
2012	1527	7	0.46	18
2013	1572	17	1.08	9
2014	1759	11	0.63	14
2015	1918	33	1.72	16
2016	2079	56	2.69	30
2017	2135	4	0.19	22

① 深交所研究所廖涵平博士对本部分数据提供支持。

续表

年份	实际披露年报家数（家）	推迟披露公司数量（家）	推迟披露公司比例（%）	提前披露公司数量（家）
2018	2160	8	0.37	24
2019	2205	5	0.23	8

（二）年报“补丁”现象波动下降

上市公司定期报告打“补丁”是信息披露不完整的最常见方式，历史上，我国上市公司因计算或校对错误、准则修订、重大事项说明等原因出现“补丁现象”比较严重。但表3－5的统计数据显示，2003—2019年沪、深两市上市公司定期报告打“补丁”的比例呈现波动变化，以近10年情况为例，2009—2015年整体呈上升趋势，2015年开始下降，2019年该比例下降为8.15%，信息披露的完整性有所改善。

表3－5　沪、深两市定期报告补充和更正公告情况

年份	公告公司家数（家）	补充和更正家数（家）	补充和更正比例（%）	补充和更正次数（次）
2003	1188	270	22.73	324
2004	1282	353	27.54	424
2005	1298	281	21.65	327
2006	1390	202	14.53	216
2007	1532	383	25.00	428
2008	1592	306	19.22	348
2009	1779	275	15.46	302
2010	2126	275	12.94	299
2011	2369	343	14.48	379
2012	2502	509	20.34	574
2013	2562	525	20.49	607
2014	2879	602	20.91	698
2015	3190	840	26.33	1024
2016	3500	459	13.11	536

续表

年份	公告公司家数（家）	补充和更正家数（家）	补充和更正比例（%）	补充和更正次数（次）
2017	3608	925	25. 64	1056
2018	3643	452	12. 41	491
2019	3802	310	8. 15	324

（三）上市公司平均披露公告的数量和频率不断上升

上市公司通过各种公告形式充分披露信息直接体现在公告的数量上。随着信息披露监管制度的健全和规则的细化，从2000年开始，上市公司信息公告数量和频率均值明显上升，均值从1. 89上升至73. 49，体现了上市公司信息披露的充分性正在逐步提高（见表3－6）。

表3－6　　沪、深两市公司历年平均发布公告情况

年份	公告公司家数（家）	最小值（份）	最大值（份）	均值（份）	中值（份）	标准差
2000	1097	1	3	1. 89	2	0. 31
2001	1165	1	7	2. 48	2	0. 92
2002	1234	2	10	4. 97	5	1. 17
2003	1294	1	16	6. 24	6	1. 81
2004	1387	2	19	6. 92	6	1. 84
2005	1391	2	27	9. 48	8	3. 76
2006	1452	1	24	12. 26	14	4. 06
2007	1563	1	26	8. 70	8	3. 09
2008	1629	1	40	12. 23	11	5. 11
2009	1757	2	191	47. 62	45	20. 01
2010	2091	4	185	53. 38	51	21. 50
2011	2336	3	215	86. 78	83	35. 24
2012	2475	5	275	93. 85	89	36. 47
2013	2479	3	405	104. 80	99	42. 35
2014	2598	1	289	81. 61	78	44. 73

续表

年份	公告公司家数（家）	最小值（份）	最大值（份）	均值（份）	中值（份）	标准差
2015	2816	1	423	120.52	118	63.49
2016	3078	1	425	119.73	119	66.60
2017	3467	1	340	92.35	87	50.01
2018	3584	4	523	154.46	145	62.50
2019	3783	1	461	149.22	141	58.14
2020	3909	1	226	73.49	71	34.99

（四）信息披露违规处罚力度不断加强

近年来，我国资本市场违规处罚力度不断加强，对信息披露违规行为起了有效约束。根据沈春耀等（2003）的统计，中国证监会自 1992 年 10 月成立到 2002 年 5 月，对证券违法行为一共作出 255 个行政处罚决定，其中违反信息披露行为的有 92 件次，占比 36.08%。而蔡奕等（2010）的统计分析显示，在 2007—2009 年的证券行政处罚案件中，信息披露违规和虚假陈述合并占全部案件的 51.87%。深交所法律研究小组（2011）研究表明，2010 年度，上市公司及董、监、高信息披露违规案件数为 64 起，较 2009 年度的 51 起和 2008 年度的 44 起有较多增加。2010 年共查处该类违法违规案件 126 起（其中信息披露违规 64 起，虚假陈述 62 起），占当年证券市场违法违规总数的 47.9%。

二、基于问卷调查的分析

2011 年 9 月，深交所立足于定期报告信息披露的视角，通过问卷调查的方式开展上市公司信息披露有效性研究。调查结果显示，被调查者对上市公司年报、半年报信息披露的总体满意度较高，但是，现有披露规则下篇幅较长、有效性不足、重复性披露等问题突出，而且信息披露的供、求双方存在较明显的分歧。

此次调查借助深交所的电子业务平台和巨潮资讯网，广泛向上市公司、基金公司、证券公司、个人投资者征求对年报、半年报摘要和全文信息披露有效性的意见和建议。共收回有效问卷2813份，其中上市公司、个人投资者、机构（基金公司和证券公司）分别占37.54%、59.23%、3.23%，较好地代表了信息披露提供方与使用方的看法。其中，被调查的上市公司占问卷回收日深市A股公司数（1351家）的78.10%，机构占我国证券公司、基金公司总数的52%，分别较好地代表了上市公司与主要机构投资者的观点（见表3-7）。

表3-7 问卷调查对象类型情况

调查对象类型	数量（份）	占比（%）
上市公司	1056	37.54
机构	91	3.23
个人	1666	59.23
小计	2813	100.00

问卷显示，当前信息披露有效性比较突出的问题表现在以下几方面：

（一）有效信息含量不足的问题表现明显

调查对象对年报、半年报信息披露有效信息总体上认可度较好，但有效信息含量不足问题比较明显。多数调查对象认为，年报、半年报中有接近50%的内容有效信息含量不足，尤其是个人投资者认为有效信息含量明显不足。分别有73.59%和78.11%的调查对象认为年报、半年报摘要和全文的有效信息含量大于50%。但是，仅有32.78%和32.39%的调查对象分别认为有效信息含量大于70%；26.41%和21.90%的调查对象认为有效信息含量不足30%。

（二）接近半数的调查对象认为年报、半年报篇幅偏长

接近半数的调查对象认为上市公司年报、半年报摘要、全文的篇幅较

长，尤其是年报、半年报全文的篇幅偏长。其中，45.64%的调查对象认为摘要的长度较长或过长；62.78%的调查对象认为全文的长度较长或过长（见表3-8）。

表3-8 投资者对上市公司年报、半年报篇幅的看法 （单位:%）

上市公司年报、半年报的篇幅		全部	上市公司	个人	机构
摘要	过长	20.97	7.20	30.61	4.40
	比较长	24.67	34.75	18.37	23.08
	适中	45.57	57.95	36.73	63.74
	较短	8.78	0.09	14.29	8.79
全文	过长	33.03	16.29	44.90	9.89
	比较长	29.75	51.04	16.33	28.57
	适中	33.35	32.48	32.65	56.04
	较短	3.87	0.19	6.12	5.49

（三）绝大多数的调查对象认为存在重复披露问题

上市公司年报、半年报中重复披露现象比较明显，大幅削减摘要的意见比较突出。分别有82.86%、93.88%、72.53%的上市公司、个人、机构认为上市公司年报、半年报摘要中有重复或重复很多，合计89.05%的调查对象认为有重复或重复很多。认为全文中存在重复的比例也分别达到87.50%、93.88%和81.32%。分别有78.88%和75.36%的被调查对象认为，可以大幅减少上市公司年报、半年报摘要内容，仅保留现有主要会计数据和财务指标、审计意见类型等内容或与现有季度报告正文相同的内容，其他内容可查看年报、半年报全文（见表3-9）。

表3-9 投资者对年报、半年报是否存在重复披露的看法 （单位:%）

年报、半年报是否存在重复披露		全部	上市公司	个人	机构
摘要	重复很多	18.38	7.01	26.53	1.10
	有一定的重复	70.67	75.85	67.35	71.43
	没有重复披露问题	10.95	17.14	6.12	24.47

续表

年报、半年报是否存在重复披露		全部	上市公司	个人	机构
全文	重复很多	15. 14	4. 55	22. 45	4. 40
	有一定的重复	75. 93	82. 95	71. 43	76. 92
	没有重复披露问题	8. 92	12. 50	6. 12	18. 68

（四）投资者对股东情况、董事会报告、财务报告、重要事项等披露项目的关注度很高，但对监事会报告、股东大会情况、公司治理结构等关注度很低

在对定期报告摘要的关注内容上，调查对象对股本变动及股东情况、董监高人员情况、董事会报告、财务报告、重要事项的关注度都很高，超过 90% 的调查对象对这些内容都“高度关注”或“比较关注”，关注度最高的事项内容分别是重要事项、董事会报告、财务报告和公司股本变动及股东情况，分别有 59. 86%、56. 27%、51. 37% 和 44. 47% 的调查对象选择了“高度关注”。相对而言，对摘要中的公司基本情况关注度较低，只有 27. 59% 的调查对象选择了“高度关注”，且 26. 06% 的调查对象选择了“不关注”。

在全文的披露中，对会计数据和业务数据摘要、公司股本变动及股东情况、董监高人员情况、董事会报告、重要事项、财务报告的关注度非常高，超过 90% 的调查对象选择了“高度关注”或“比较关注”。相对而言，对监事会报告、股东大会情况、公司治理结构这三项的关注度较低，仅分别有 13. 33%、24. 46%、36. 08% 的调查对象选择了“高度关注”。

（五）董事会报告改进空间较大

调查对象普遍对董事会报告的披露情况不满意，尤其在信息披露不足的方面，董事会报告存在较大的改进空间。在年报、半年报摘要的董事会报告部分，调查对象比较关注管理层讨论与分析、募集资金的使用情况、主营业务分行业产品及地区情况、主营业务及其结构发生重大变化的原因说明、主营业务盈利能力与上年度相比发生重大变化的原因说明、董事会

对会计师事务所上年度“非标准审计报告”涉及事项的变化及处理情况的说明等，关注度均超过50%。

值得注意的是，调查对象普遍认为年报、半年报摘要和全文中的董事会报告信息披露尚不充分。其中，分别有69.21%、68.93%和66.41%的调查对象认为摘要中董事会报告中的主营业务盈利能力与上年相比发生重大变化的原因说明、管理层讨论与分析、募集资金使用情况披露不充分。超过50%的调查对象认为全文中公司经营情况的回顾、对公司未来发展的展望、募集资金的使用情况、非募集资金的使用情况信息披露不充分，其中前两项的比例分别为70.85%和61.11%。

（六）年报、半年报摘要信息中“会计数据和业务数据”冗余明显

我国现行年报、半年报摘要的“会计数据和业务数据摘要”中，共计要求披露营业总收入、利润总额、归属于上市公司股东的净利润等16个会计和业务指标。但问卷信息显示，调查对象认为这部分数据冗余度较高，关注度不高，仅扣除非经常性损益后的基本每股收益、非经常性损益项目及金额、扣除非经常性损益后的加权平均净资产收益率和加权平均净资产收益率四个指标的关注度达到50%。关注度最低的数据是归属于上市公司股东的所有者权益和总资产，仅有34.27%和35.87%的调查对象分别表示关注。

（七）财务报告披露虽有重复，但调查对象建议维持目前的披露方式

按规则要求，上市公司在网站披露年报全文的同时，审计报告和公司财务报告也应在网站披露，财务报告存在重复披露的问题，重复篇幅较长。但问卷数据表明，仍有68.93%的调查对象认为年报、半年报全文中有必要披露完整的财务报表附注，而且公司基本情况、税项、承诺事项、或有事项、关联方关系及关联交易、合并财务报表项目注释是调查对象较为关注的6项内容。

（八）重要事项关注度较为平均，购买和出售资产、委托理财、证券投资情况是重点

在年报、半年报重要事项部分，调查对象的关注度较为平均。在摘要中最关注的是购买和出售资产、委托理财、证券投资情况、非经营性关联债权债务往来；在全文中最关注的是重大资产收购、出售及企业合并的简要情况及进展，持有其他上市公司股权、参股商业银行、证券公司等金融企业股权情况，环保信息，聘任和解聘会计师事务所情况等。

综上，我国投资者主要关注的问题集中在信息披露冗余性和信息披露决策相关性不足。目前，投资者对冗余性的容忍度还较高，但对信息披露充分性不足的不满度很高。而这两个问题可以归结为以下几方面：信息披露的重要性不足，重要信息淹没于冗余信息中；准确性不足，对公司经营重大变化的原因说明等非表内信息披露不准确；及时性不足，半年报、年报篇幅过长，导致投资者不能及时获取相关信息；完整性不足，董事会报告及其他投资者所关注信息的缺陷，影响投资者对公司经营成果、财务状况、未来前景的完整理解；可理解性不足，只有大量的文字与财务数据，但没有合理的原因说明，使投资者难以理解主要的经营活动、重大变化。

三、信息披露供求双方的反差

我们对调查对象进行分类比较时，发现一个有趣的现象：上市公司与个人投资者、机构投资者对现有信息披露有效性的观点表现迥异。这反映了经过多年的培训与监管引导，作为信息披露供给方的上市公司对信息披露监管规则的认可度较高，但是对投资者的需求关注显得不足。

（一）对信息披露有效性认可度的反差

作为信息披露供给方的绝大多数上市公司认可摘要和全文的有效信息含量，分别有 71.31% 和 69.98% 的公司认为有效信息含量大于 70%，但

只有8.16%的个人投资者和36.26%的机构投资者认同这一观点。同时，分别有42.86%和34.69%的个人投资者认为摘要和全文的有效信息含量低于30%。这反映了信息披露的供、求双方在信息披露有效性的理解上存在明显差异（见表3-10）。

表3-10 投资者对年报、半年报中有效信息含量的看法

年报、半年报中的有效信息含量		全部（%）	上市公司（%）	个人（%）	机构（%）
摘要	70%以上	32.78	71.31	8.16	36.26
	50%左右	40.81	26.61	48.98	56.04
	低于30%	26.41	2.08	42.86	7.69
全文	70%以上	32.39	69.98	8.16	39.56
	50%左右	45.72	27.18	57.14	51.65
	低于30%	21.90	2.84	34.69	8.79

（二）对调整报告结构、章节的分歧较大

调查对象对年报、半年报结构和章节调整方面也形成较大分歧。

个人投资者对现有结构的认同度较低，高达77.55%和83.67%的个人投资者认为年报、半年报摘要和全文章节过多、结构不合理或两者兼而有之，仅有22.45%和16.33%的个人投资者认为摘要和全文的章节、结构合理。

上市公司、机构对摘要的结构、章节认可度较高，分别有65.91%和69.23%认为摘要的框架是合理的；58.24%和64.84%认为全文的框架是合理的，对结构的认可度也较高。上市公司对年报、半年报框架方面认为主要不足是章节过多，分别有25.95%和30.87%的上市公司认为摘要或全文的章节过多（见表3-11）。

表 3－11　投资者对上市公司年报、半年报结构的看法

年报、半年报结构		全部（%）	上市公司（%）	个人（%）	机构（%）
摘要	章节过多	20.97	25.95	18.37	10.99
	结构不合理	9.60	2.18	14.29	9.89
	章节过多、结构不合理	29.15	5.97	44.90	9.89
	合理	40.28	65.91	22.45	69.23
全文	章节过多	28.83	30.87	28.57	9.89
	结构不合理	9.81	2.65	14.29	10.99
	章节过多、结构不合理	27.73	8.24	40.82	14.29
	合理	33.63	58.24	16.33	64.84

第三节　上市公司信息披露有效性问题的原因剖析

我国上市公司信息披露有效性问题的成因，按不同主体，可以归结为外部监管、上市公司、投资者、企业环境、中介机构等几个方面，具体如下。

一、外部监管的考量

（一）政府监管模式下强制性信息披露的固有局限性

我国现行信息披露监管模式是政府监管、行业自律、社会监督相结合的复合模式。政府监管的重点是强制性信息披露，在证券市场发展的初级阶段，对确保信息的真实性、公平性等发挥了重要作用。但是，这种监管模式也导致信息披露政策带有较浓厚的政府监管痕迹，尤其是当上市公司处在一个复杂或特殊的社会环境中时，如果强制性信息披露无法及时调整以适应公司的发展变化，会造成一定的局限性。

政府管制经济学认为，政府监管的职能界定在市场失灵的领域，由于信息披露有效性的边界随企业组织形式和商业阶段的发展而变化，政府监管应当依据成本效益原则，考量不同时期的监管效率，及时调整强制性信息披露的范围。

（二）对“决策有用观”下的重要性、可理解性等要素重视不足

从我国实践看，强制性披露长期围绕真实、准确、完整等导向，以查错纠弊为主，但对投资者决策相关信息自愿性披露的规范问题重视不足。这与现阶段市场还未发展到完全有效市场、未全面向“决策有用观”转变有关。体现在有效信息质量的特征中，表现为对相关性、重要性、可理解性（包括简明性）、及时性等的重视程度不足。尤其是对近十几年来境外市场的一些信息披露改进措施的动向关注不足。（1）采用简明语言，提高可理解性。如美国证券交易委员会自 1997 年采用简明英语（Plain English）规则，并持续推广，提高了信息披露的简明性与可理解性。（2）简化信息披露和层次。如美国在 2008 年界定了“较小报告公司”（Smaller Reporting Company）可适用定制型披露规则，将较小报告公司包括其之前所界定的“较小企业发行人”（Small Business Issuers）和绝大部分“非加速申报公司”（Non - Accelerated Filers），简化披露公司层次和表格。2010 年，进一步简化信息质量层次为两个层次。（3）采用 EDGAR 等电子化披露平台，降低公众获取成本。美国证券交易委员会在 1995 年免费对公众开放的原有的 EDGAR 系统的基础上，开发交互式数据搜索，即“第二代 EDGAR”，新增了自 2005 年以来 XBRL 交互数据和公司自愿发送给美国证券交易委员会的数据，包含超过 10000 家报告公司和 15000 家投资公司，合计 700000 个文件。2007 年开始，投资者可以免费全文搜索 EDGAR 数据。（4）在披露内容上，以强化内控为基础，逐渐增加公司治理等非财务信息。强化内控作为信息披露质量的保障在美、英等发达国家已达成共识，美国证券交易委员会于 2009 年 10 月发布的《〈证券交易法〉关于非加速申报公司定期报告中财务报告内部控制的规定》（最终规则），明确要求所有公司在

2010年6月15日（含）后结束的会计年度全面执行《萨班斯法案》中的404规则，除了管理层对公司的财务报告内控发表自我评价报告外，该报告还应当经过审计师鉴证。日本、中国香港等国家或地区也对内控进行强制性要求或把内控作为实质性审查的要件；同时，增加和完善公司治理、管理层讨论与分析等非财务信息的披露要求，以满足投资者的决策需求。

（三）法制环境不健全情况下，多重规章造成的信息冗余

我国现阶段的法律规范和法制环境都有待健全，对信息披露的要求，除在《证券法》等法律和交易所上市规则中进行规定外，多数规定以行政规章或备忘录的形式发布，不同板块也会有所差异，导致某些同类信息披露可能形成冗余。

（四）过于侧重监管事项而产生的披露结构偏差

境外市场的信息披露重视公司价值的披露，按重要性分别对内部经营、财务、风险等进行披露。而我国的信息披露则以监管为导向，侧重于对监管重点事项的披露，各部分披露繁简不一，导致披露结构偏差。其中，部分信息对投资者决策没有重要意义；部分信息则是企业无法准确预测或控制的信息，如宏观环境分析等，企业进行大量堆砌；部分信息则披露过细，造成信息冗余。

（五）前瞻性信息披露不足

我国目前对前瞻性信息的监管要求和指引不足。例如，董事会报告是境外市场披露中的重点，但我国目前这方面的披露很不充分。对投资者反映强烈的管理层讨论与分析、分产品数据、重要财务指标异常波动的解释、非募投项目等整体募集资金的使用、风险因素的正确揭示等内容缺少指引与规范。同时，一些应披露信息被企业以商业秘密为由进行豁免，与投资者需要的信息差距较大。

（六）发行和上市后信息披露体系需要整合

与境外一些市场在发行前后建立一套持续性的信息披露要求不同，我国定期报告中不仅要求披露季报，还要求披露半年报，半年报、年报信息存在部分重叠。同时，发行时的招股说明书和上市公告书与上市后的定期报告披露也存在信息重叠。

二、上市公司的动机分析

我国上市公司具有自身的特殊性和复杂性，使公司依赖于强制性披露，自愿性披露的动力不足，选择性披露倾向较强。这种特殊性和复杂性主要体现在：（1）我国资本市场和上市公司发展时间都较短，上市公司投资者保护意识不强，以大股东控制为主的股权结构模式，对中小投资者的保护意识薄弱，自愿性披露动力不强。（2）公司治理结构存在先天不足，加上组织结构和人员素质等方面的原因，公司内部约束能力不足。不少公司虽然在形式上建立了内控系统，但多数“形似而神不至”，上市公司内部控制薄弱。大股东、董监高人员违规事件频发，对披露要求倾向于仅满足监管最“底线”要求。（3）企业成长过程中对直接融资依赖性过重，导致迎合监管需求的倾向明显。（4）企业规模差距较大，存在不同类型的细分行业龙头、创新企业或上市多年的老国企，加上退市制度尚不健全，一些难以持续经营的公司无法及时退出，其信息披露的类型多，常常具有复杂性。

三、投资者的素质逐渐提高，获知上市公司信息的需求上升

根据郭东（2011）的报告，尼尔森公司2010年的调查显示，我国证券投资者的受教育水平明显高于大众人群，具有本科及以上学历的投资者比例为54%，高于普通人群的相应比例38%。这改变了以往投资者整体素

质不高以及对风险的辨识力较差的状况；加上近年来交易所及证券公司进行的投资者教育和适当性管理，投资者整体素质提高，对参与上市公司决策、获取上市公司相关信息的需求逐渐上升。这一变化直接导致投资者需求的改变，维权意识也不断增强。

四、企业生存环境、财务报告等复杂性的影响

近年来，企业生存环境的发展变化，导致包括财务报告在内的信息披露的复杂性不断上升，也带来了与披露要求相适应的变革需求。

（一）现有披露方式难以充分披露部分企业的核心竞争能力

我国现有经济阶段正在进入后工业和知识经济时代，形成一种以无形资产投入为核心要素的经济模式，如我国战略型新兴产业的新兴商业模式。根据普拉哈拉德和加里·哈梅尔 1990 年在《公司的核心能力》中提出的观点，在这一模式下，企业的核心能力（Core Competence）是企业内部经过整合的知识和技能，尤其是协调各方面资源的知识和技能。它本质上是一种通过持续的改进和提高过程来获得对手难以模仿的竞争力。而这种竞争力主要以无形资产体现，需以前瞻信息方式披露，企业应当披露更多面向未来经营发展的关键性信息，但是大部分还未在现有报告中充分反映。

（二）互联网时代下，信息披露的传播和获取方式产生重大技术性变革

互联网时代，信息披露的传播与获取的技术模式发生了重大变革，信息传输的时效性大大加强。微博、股吧、集体智库、Mash - up 网站、直播模式等，越来越多地被用于公司的业务管理流程，影响公司、个人的交流模式。互联网几乎零门槛的准入降低了投资者的信息获取成本，互联网的匿名性为内幕信息的泄露和虚假信息的传播提供了可能，大量信息垃圾也会对正常途径发布的信息产生干扰，它所特有的病毒式传播的风险特征需

要相关部门的介入与纠错。虽然政府加强法治等外部监管可以有效缓解这些情况，但是，上市公司提高信息披露的及时性和充分性、加强可理解性无疑也是一个“正本清源”的好方法。

（三）财务报告的复杂性持续上升，表外披露的需求不断加强

近年来，财务报告的内容和形式不断改进，但面临的最重要问题是复杂性，这种复杂性可能使投资者在理解某件交易或事件的经济本质以及公司财务状况、经营结果时遇到困难。导致这种复杂性增长的主要原因除了有复杂的商业活动增加不可比性与不一致性外，由此导致的专业判断以及审计和监管规则的复杂化，以及互联网模式下投资者获取信息的时间的及时性要求提高，无疑加剧了复杂性的后果。能否把握重要性原则，突出信息披露重要性内容，增加与投资者决策相关的表外信息披露，无疑是解决这一问题的重要环节。

五、中介机构的协调发展不足

投资者较集中反映的有效信息披露不足，既可能表现为具体内容不充分，也存在上市公司故意遗漏或隐瞒广大投资者应当知道的重大问题或因素。在境内外市场的监管案例中，后者并不鲜见。上市公司故意用晦涩难懂的专业技术词汇，或堆砌大量无关信息以掩盖重要信息的情况也客观存在。中介机构作为独立第三方，可以有效纠正这些偏差。但是，由于我国目前各类中介机构的发展良莠不齐，部分中介机构的功能错位，并不能适应上市公司数量与业务快速发展的需要，对信息披露有效性的提升作用不足。

除了上述原因外，仍然可能存在投资者个性化差异等因素，如投资者的专业程度不同，获取的个性化信息也会有所差异，对信息的理解程度也可能不同等。但是，按照美国证券交易委员会的监管理念，所有规则面对的是“合格的理性投资者”。因此，政府监管在信息披露的需求中，应对合格投资者的最低监管底线进行强制性要求。

第四节 提高信息披露有效性的政策建议

综上分析，虽然我国投资者目前认为信息披露有效性的首要问题是信息披露不足，而对信息冗余的容忍度尚可，但是，如果不同时解决冗余性的问题，则信息披露内容的增加将进一步影响文本阅读的有效性。目前，监管部门主要关注上市公司信息披露的完整性问题，本书立足于监管视角，从同时解决冗余性与不足性的角度出发，致力于通过解决现存的决策有用性和信息披露的重要性、准确性、及时性、完整性、可理解性不足等问题，提高信息披露有效性。试提出如下政策建议。

一、监管理念：立足于投资者保护，向决策有用观的转变

“充分披露”的主要目的是通过政府监管构建一个有效披露框架，使投资者自己能够获取所需的信息，监管部门不对任何公司的价值进行判断。相对于成熟市场信息披露监管秉持公平、有序、效率的理念，我国目前信息披露监管中，对公平、有序重视度较高，但对效率方面重视不足，信息披露中缺少成熟市场信息披露监管和最重要的成本效益原则制约。建议在信息披露规则制订中，在立足基本监管要求的基础上，逐渐向决策有用观转变，以成本效益为约束条件，增加决策的相关信息。

二、规范体系：整合、梳理信息披露监管规则体系

我国由于法律规范和法制环境都有待健全，除了在交易所上市规则中进行原则性约定外，多数披露以行政规章的方式发布，导致信息披露在不同阶段、不同程度上形成冗余。建议结合《证券法》的评估修订，梳理、整合上市规则及信息披露相关格式指引，对信息披露形成一套统一的操作

性较强的监管体系，减少因规则冗余而引发的信息冗余。

三、层次结构：强化重要性原则，简化规则的层次与内容

关注境外市场近年的动向，我们看到，无论是美国证券交易委员会强调的重要性原则，还是英国财务报告委员会报告提出的“有效沟通的四个原则”，都将重要性原则放在首位。

建议规则制订中应充分考虑重要性规则，在突出重要性信息披露的前提下，简化现有强制性披露的层次与内容，将部分非强制性信息可以列为自愿性披露项目，如部分非重要会计数据、股东大会情况、监事会情况等。

四、制订原则：加强规则灵活性，用“规则+原则”的方式促进自愿性信息披露

强制性披露与自愿性披露没有固定边界，在不同阶段，强制性披露信息可能成为自愿性披露信息，而自愿性披露信息可能被纳入强制性披露范围，如内控有效性。建议在制订原则的过程中，增加规则灵活性，适时调整二者边界。

从便于监管与投资者比较的角度，对重要事项的披露应当采取基于规则的方法，可以及时发现不正确的表述，避免遗漏重要事实。但是，对于中小企业发展过程中更多的前瞻性信息，则可能需要采用规则与原则相结合的方法，促使发行人自愿披露以获得有效信息，使投资者能够获得企业预测性的信息。建议采用“规则+原则”的方式，加强引导，增强企业自愿性披露的动力。

五、形式风格：减少监管辞令，增加披露材料的可理解性

信息披露应当清楚易懂，语言明了，使用定义清晰且前后一致的术语

及简明的结构和一份富有趣味、能抓住读者注意力的报告才能有效传达要点。我国的信息披露以文字叙述为主，监管风格较浓，对部分投资者而言，可理解性有待提高。建议适当减少监管辞令，借鉴美国“简明英语”的做法，对提高信息披露材料的可理解性制备专项指引，引导上市公司撰写清晰、简明、可读性强的披露材料。

六、内容调整：删除冗余规定，加快表外披露发展

建议针对投资者需求，及时调整信息披露的内容，删除冗余规定，并加快表外披露信息的规范。例如，考虑是否将半年报参照季度报告方式披露，删减年报、半年报有关责任声明等内容，优化会计和业务数据的披露要求，合并披露公司前十名股东和前十名无限售流通股股东持股信息等；同时，完善表外信息披露，增补管理层讨论与分析、董事会报告中的经营状况，分行业、分产品情况及发展展望、主要风险因素等信息。

七、诚信建设：加强问责、强化诚信、规范中介

政府监管与市场监管存在互补关系，完善信息披露的监管环境有助于提高信息披露的有效性。建议从加强问责、强化诚信、规范中介三方面着手。

首先，明确信息披露问责主体。境外市场信息披露责任主体多数为董事，而我国的责任主体范围较广，公司董事会、监事会及董事、监事、高级管理人员均属于定期报告的责任主体。但从问责的可执行性看，董事会、监事会也没有被处罚的先例。建议应当进一步明确信息披露违规行为问责主体，提高信息披露问责效力。

其次，强化上市公司诚信意识。我国上市公司的诚信意识薄弱，存在先天不足，从根本上影响了信息披露的有效性。境外市场“安然事件”后对公司内控监管的加强，也从另一侧面促进了上市公司诚信意识的提高。

建议结合我国新内控规范推广的契机，强化上市公司诚信意识。

最后，规范中介机构的发展。随着上市公司数目快速增加，媒体、保荐机构、会计师事务所、律师事务所、资产评估所、券商分析师、财经公关机构等中介机构的重要性也不断提升，其对于保证信息披露质量、监督披露效果具有重要作用。然而，近年来，中介机构功能错位，违规事件屡屡出现，也易使投资者失去对中介机构的信任。建议规范中介机构的发展，加强其社会功能的准确定位，建立相关的奖惩机制。

此外，在具体规则制定过程中，可以参考境外市场和国际证监会组织的相关原则，进一步强调内控披露的有效性、对大小型公司披露的及时性进行差异化安排、完善监管机构对信息披露资料的信息化管理等。

第四章

改进管理层讨论与分析

A 股上市公司信息披露，在 1995 年初步引入管理层讨论与分析（Management Discussion and Analysis，MD&A），历经多年实践和多次规则修订，规范体系基本成型。但是同时，MD&A 暴露出选择性披露、模板化披露、相关性不高等突出问题，从“技术”上可分解为内容的整体性及内容的具体质量两方面的不足。提高 MD&A 披露质量的关键点既包括规则的完善，也包括如何更好地加以应用，如法律约束、评价反馈、最佳实践的引导。本章基于上市公司披露现状及案例，梳理境外市场的经验与做法，着重探讨 MD&A 的框架、质量及其应用问题。

第一节　管理层讨论与分析的发展与现状

管理层讨论与分析属于叙述性信息的一种，旨在对企业过去的经营及业绩进行总结回顾，讨论未来的发展规划与展望，与财务数据互补互增，共同满足投资者的决策需求。自 20 世纪 60 年代美国证券交易委员会（SEC）首次系统化地制定 MD&A 披露规则以来，MD&A 在主要资本市场被广泛采用，成为上市公司信息披露的核心内容之一。在实践中，MD&A

发展出“管理层评论”“经营与财务评论”“董事会报告”等多种称谓[①]。我国资本市场于 1995 年初步引入 MD&A，历经多次的规则修订，已形成相对完整的规范体系，MD&A 披露内容也越来越得到上市公司、投资者的重视。但是，实践中公司选择性披露、模板化披露等问题表明，一些公司的披露效果并不尽如人意，并可归结为内容整体性和具体质量两方面的披露不足。

一、管理层讨论与分析的作用

从 MD&A 的功能设定及其发展演变来看，其主要发挥以下方面的作用：

第一，提供基于管理层的视角的解读。旨在从管理层的视角，以其对企业的认识、对未来机遇及挑战的理解，解读和分析企业的财务数据。

第二，提供财务数据的分析背景。财务信息是对公司报告期内的财务状况、收益、现金流等进行的高度浓缩的标准化信息。MD&A 提供数据之外的背景信息和更深层次的原因、趋势分析。

第三，通过提供有关盈利和现金流的质量、潜在波动的信息，让投资者更好地利用过去业绩预测未来，弥补财务信息偏重历史的不足。

MD&A 的实际价值受到实务界和学术界的关注。美国注册会计师协会的 Jenkins 委员会在其《改进企业报告：着眼于用户》（1994）中，将 MD&A 列为一项重要的内容。学术界经验研究支持了 MD&A 的决策价值。Barron 等（1999）以美国证券交易委员会对 MD&A 的评分作为衡量其披露质量的指标，研究披露质量与财务分析师所作盈余预测的特性之间的关系，发现 MD&A 披露质量越好，盈余预测的错误和离散度就越低。Rogers 和 Grant（1997）的研究发现，与其他类型的财务信息相比，在卖方分析师的

---

① 例如美国和加拿大等国家称为管理层讨论与分析（MD&A），英国则称为经营与财务评论（Operating and Financial Review，OFR），国际财务会计准则委员会的称谓是管理层评论（Management Review，MR）。在中国，相关的内容同时存在管理层讨论与分析、董事会报告的称谓。

报告中引用最多的内容是 MD&A。还有学者从市场反应的角度，研究 MD&A 的实际价值。如 Bryan（1997）发现 MD&A 披露之后，价值线投资调查利用 MD&A 信息对公司未来销售收入预测进行修正。Cole 和 Jones（2004）等的研究也表明 MD&A 信息与股票收益率显著正相关，换言之，MD&A 不仅具有有用信息，而且资本市场对其披露作出了反应。

在国内，刘昱熙（2009）对机构投资者进行问卷调查，超过 80% 的调查对象认为 MD&A 非常重要或重要，显示了较高的信息需求期望。这一调查还显示，73% 的调查对象认为年报中的 MD&A 信息提供了财务报表及其附注之外的增量的有用信息，发挥了对财务数据的有益补充作用。国内学者通过实证分析考察 MD&A 的有用性，发现我国上市公司 MD&A 总体上对预测公司未来销售收入、每股盈余和经营现金净流量的变化情况有显著的辅助作用，而且股票市场对 MD&A 披露作出了及时迅速的反应。早在 2011 年，深圳证券交易所对上市公司信息披露有效性的调查显示，年报中投资者高度关注内容的前三项，分别是会计数据和业务数据摘要、董事会报告、财务报告。

二、国内外管理层讨论与分析的发展回顾

（一）境外市场管理层讨论与分析规范情况的介绍

美国是最早系统化制定 MD&A 披露规则的国家，其发展可大致划分为三个主要阶段①。

第一，1968—1979 年的萌芽阶段。1968 年 12 月 9 日，美国证券交易委员会在招股说明书的规则中，首次对经营结果的描述性讨论提出要求，即分析影响利润的异常条件。1974 年，经营成果的讨论要求扩展到定期报告，进一步要求披露盈利能力背后的潜在趋势。这一阶段 MD&A 以盈利信

① 此处参考了刘昱熙（2007）的阶段划分。

息为主，要求相对简单，对投资者的影响似乎也不大。

第二，1979—2002 年的发展阶段。1979 年 MD&A 取得了重大突破，“安全港”制度出台①。此前，不论是上市公司还是监管机构，对于前瞻性信息的披露都有所疑虑，尤其是美国证券交易委员会对其持有怀疑。然而随着环境的变化，美国证券交易委员会基于两点考虑，即财务信息的局限性和未来信息的供给缺口，以及投资者应该是成熟的（也可以说是老练的）之判断，最终出台“安全港”制度。这个制度极大地鼓励了前瞻性信息的披露，也使得 MD&A 更加贴近投资者的决策需要。此外，美国证券交易委员会亦着手评估 MD&A 的执行状况。1981 年 9 月，美国证券交易委员会调查后发布公告，指出 MD&A 披露存在的一些缺陷，并通过大量的范例引导公司如何起草 MD&A 披露文件。美国证券交易委员会认为，判断公司的收益质量以及历史业绩指示未来业绩的可能性，对投资者而言仅有财务报表的列报及简短的附注显然不够，还需管理层对财务报表作出描述性的解释才能使投资人以同样的视角审视公司。为此，1989 年美国证券交易委员会发布管理层讨论与分析的解释公告，这是一份针对 MD&A 的详细的解释条文，解释 MD&A 披露涉及的概念，并通过案例说明具体披露内容；美国证券交易委员会还进一步对前瞻性信息作出界定。这一阶段美国证券交易委员会不断评估 MD&A 的实施效果并想方设法提高公司披露的质量。与此同时，美国注册会计师协会等也发布研究报告，对 MD&A 披露提出建设性的意见。

第三，2002 年至今的完善新阶段。21 世纪伊始，安然公司、世界通信公司会计丑闻爆发，会计信息透明度成为焦点，类似 MD&A 的叙述性以及具有一定主观判断性的信息，也进入大家关注的视野。《萨班斯法案》（Sarbanes - Oxley Act）颁布后，美国证券交易委员会明显加强了对信息披露的监管，及时在 MD&A 增加或强化了对关联交易、表外合约安排等的披

① “安全港”制度旨在免除善意披露预测性信息的欺诈责任，具体可见《1933 年证券法》之 SEC. 27A. APPLICATION OF SAFE HARBOR FOR FORWARD - LOOKING STATEMENTS. http：//www. sec. gov。

露要求。几乎是在同时，美国证券交易委员会公司融资部开始对财富 500 强公司的年报进行评阅，并一针见血地指出上市公司在 MD&A 披露中存在的突出问题，如对财务数据进行描述而缺少深入分析、披露模板化等。在此基础上，2003 年底美国证券交易委员会发布 MD&A 的又一份指南，要求公司提供有意义的信息而不是简单地对规则的技术性遵守。这是 1989 年之后的一份更加全面的指南。非常有意义的是，在这一份指南中美国证券交易委员会提出 MD&A 的总体原则和重点内容，旨在为提高 MD&A 披露质量提供指导和帮助（具体内容将在后面质量特征部分专门介绍）。2005 年以来，美国证券交易委员会通过解释公告、给公众公司的说明信等方式，对 MD&A 中有关公允价值准则应用、流动性列报、资本来源披露等提供指引。2020 年美国证券交易委员会对 MD&A 相关规则进行修订，重点围绕 MD&A 的披露目标、财务数据背后的重大变化、前瞻性信息、表外安排等进行了补充完善，提高披露的决策有用性。

美国之后，英国、加拿大等国家纷纷效仿，制订披露规则已经较为普遍，甚至部分国际机构也加入发布队列，国际会计准则理事会、国际证监会组织等发布了类似的规范与指南，欧盟则通过会计现代化指令旨在提高成员国信息披露的协同性和可比性，其中就包括董事报告（与 MD&A 功能类似）的披露要求。

（二）我国管理层讨论与分析的发展简介

我国资本市场在 1995 年已有 MD&A 的规则雏形，但是内容和要求相对简单，2005 年之后进入相对快速的发展阶段，特别是 2009 年创业板推出，MD&A 披露出现了一定的创新和突破。

1. 2005 年之前的探索

1995 年中国证监会发布《公开发行股票公司信息披露的内容与格式准则第 2 号——年度报告的内容与格式》，其中“董事长或总经理的业务报告”部分，要求讨论公司经营情况的回顾、新年度的业务发展规划等内容，已经具备 MD&A 的雏形，不过相对简单和宽泛。1999 年年报准则进行修订，在“董事会报告”之“报告期内的财务状况”部分，公司需分析其资产、利润等增减变动原因，并规定公司应对已经、正在或将要对公司财务状况产生重要影响的经营环境、宏观政策等的变化予以讨论。后一要求更加突出了 MD&A 基于管理层视角的分析与解读的作用。

在年报准则修订的同时，招股说明书、半年报准则等也多次涉及 MD&A。例如，2001 年修订的《公开发行证券的公司信息披露内容与格式准则第 1 号——招股说明书》，在正文中专门设置一节“管理层讨论与分析”。2002 年 6 月开始实施的《公开发行证券的公司信息披露内容与格式准则第 3 号——半年度报告》以“管理层讨论与分析”取代了原“经营情况的回顾与展望”。不过内容上依然相对单薄①。从以上也可发现，在不同的准则中，“董事会报告”“管理层讨论与分析”等多种名称并存。

2. 快速发展阶段

MD&A 更为显著的修订与变化发生在 2005 年及之后。2005 年 12 月年报准则再次修订，其中 MD&A 明确分为回顾、展望两大部分，内容上更加充实，针对性也得到提高，朝着财务报告的必要和有益补充的方向发展。这一版本的修订，基本成为沿用至今的框架。2007 年的修订在已有框架下对内容进行增补，如披露股权激励、公允价值、研发创新情况等。

在创业板推出之后，MD&A 被进一步突出，与之前规则相比出现了一定的创新。如披露内容上，董事会报告着重体现创业板公司的业务模式、核心优势、研发、风险因素等方面信息的要求，以更好地适应创业板公司轻资产、高风险等特点。再如，董事会报告不再置于股东信息、董监高基本情况等若干格式化信息之后，通过位置提前突出其重要性，更便于投资者阅读。

2012 年 9 月修订的主板年报准则中，MD&A 同样是重点，部分要求为

① 2002 年修订后的半年报准则，管理层讨论与分析只有 8 条共 900 多字。例如关于质量要求，准则规定：“管理层的讨论与分析不能只重复财务报告的内容，应着重于其已知的、可能导致财务报告难以显示公司未来经营成果与财务状况的重大事项和不确定性因素，包括已对报告期产生重要影响但对未来没有影响的事项，以及未对报告期产生影响但对未来具有重要影响的事项等。”不难看出，其规定得较为简单和原则化，还不是一个完整的体系。

首次加入，如规则以“公司披露董事会报告应当遵守以下原则”，列出公司董事会报告应该在质量方面遵循的原则；要求公司利用交叉索引等形式减少重复，增强简洁性；对竞争格局、发展战略等，给予更加详细的披露引导；特别突出了风险因素的披露。以上列举的修订与改进，通过质量原则要求、鼓励个性化、差异化的信息披露等，直指重形式轻实质等披露问题，力求提高年报信息披露的可读性、有效性。2017 年 12 月，中国证监会修订年报准则，强调管理层讨论与分析应当从业务层面充分解释导致财务数据变动的根本原因及其反映的可能趋势，而不能只是重复财务报告的内容。2021 年 5 月，中国证监会就年报准则修订征求意见，将定期报告正文第三节、第四节“公司业务概要”“经营情况讨论与分析”合并为修订后的第三节“管理层讨论与分析”，细化了对所处行业和从事业务情况的披露内容，明确应结合行业发展、业务经营等信息分析主要财务数据变化的原因。

法律层面，2020 年 3 月开始实施的新《证券法》，设专章明确信息披露制度各项要求。其中包括扩大信息披露义务人的范围，完善信息披露内容，强调应当充分披露投资者作出价值判断和投资决策所必需的信息，规范信息披露义务人的自愿披露行为等内容，这些也都与 MD&A 中披露内容紧密相关，旨在进一步强化信息披露要求，不断提高信息披露质量。

随着定期报告“管理层讨论与分析”内容的演化完善，沪、深证券交易所也发布并修订针对 MD&A 的披露指引。如 2005 年上海证券交易所发布“管理层讨论与分析的编制要求”（2005 年年度报告工作备忘录第三号），相对年报规则，在 MD&A 的编制目的、质量要求方面做出增补。2012 年 2 月该编制要求进行修订。2009 年 5 月，深圳证券交易所中小板公司管理部制定《“管理层讨论与分析”编制指引（试用）》，通过编制原则的形式提出 MD&A 的质量要求，并对年报准则中的披露内容进行了重申或强化要求。2016 年 1 月深圳证券交易所中小板公司管理部修订《中小企业板信息披露业务备忘录第 2 号——定期报告披露相关事项》，强调公司在编制年度报告全文的“管理层讨论与分析”时，除遵守中国证监会相关规定外，还应当按照以下要求详细披露相关内容。包括毛利率变动情况；产品的销售和积压情况；主要供应商、客户情况；主要设备盈利能力、使用情况及减值情况。近年来，交易所还制定发布了一系列行业信息披露指引，紧密结合行业具体特点，对行业发展趋势、公司业务模式、关键经营信息、核心竞争力、特有风险等投资者关注的信息作出披露要求。总体而言，交易所层面的 MD&A 披露指引，对年报规则“管理层讨论与分析”这一重要披露内容进行了有益的补充细化，通过指引对披露监管重点问题作出了积极的回应。

总结境内外 MD&A 披露监管的发展与变化，有以下几点值得注意：

其一，MD&A 的重要性在监管规则中不断突出。例如美国在安然事件后，对企业的会计政策披露、衍生品交易、公允价值等的披露趋严，旨在为高度凝练的财务信息提供更加丰富和深入的背景资料及原因分析。在中国，针对创业板公司的轻资产、新模式等特征，以 MD&A（董事会报告）为主的叙述性信息在披露内容上进行了扩展，继而部分措施在主板公司亦得以体现。

其二，相关要求或指引不断趋于细化。在监管框架逐步成型之后，规则细化随之而来。如 SEC 的 MD&A 规范从解释财务数据异常逐步延展，质量要求渐次清晰，更有专门针对简明语言的细化规则出台。再如，加拿大特许会计师协会甚至还专门针对 MD&A 编制的工作方法，细化到其中的“风险因素”发布指引。

其三，强制规则之外的引导不断涌现。MD&A 披露好坏不完全在于规则的简单建立，面对千变万化的内外环境和形态各异的企业，单一规则很难覆盖如此复杂的企业实际。因此，关于 MD&A 的披露指南、指引、最佳实践等如雨后春笋般涌现，并在监管部门、自律组织、商业机构的多重推动下，迅速形成丰富的参考体系。

三、我国管理层讨论与分析的内容框架

我国规则设定的标准和期望达到的目标未能完全实现，上市公司

MD&A 暴露出诸多问题。抛开适度层面的因素，可从内容框架和具体质量方面予以分解。

（一）内容框架的整体性方面

1. 披露内容要求越来越多，部分公司的披露内容堆砌而冗余

上市公司的年报变得越来越厚，其中以 MD&A 为主的非财务信息扩展是重要“来源”。MD&A 从最初的解释说明财务数据，逐渐丰富扩展并成为基于管理层视角的“历史 + 未来”“结果 + 过程”“财务 + 非财务”体系。不过在此过程中，MD&A 承载内容的增加使部分披露繁杂而冗余，出现诸如内容重复（包括报告内的前后重复、定期报告与临时公告的重复、上期报告与本期报告毫无变化的重复），以及披露大量细小琐碎的事项却掩盖重要事项等问题。

2. 各部分内容之间、MD&A 与其他信息之间缺乏逻辑联系

内容庞杂带来的另一个问题是：披露内容缺乏整体性。如公司的战略规划、核心竞争力、风险因素等就单个项目而言相对较为清楚，但是项目之间缺乏内在联系，让投资者很难看到公司完整的经营图景。由此导致多块彼此分割的信息堆砌在一起而无法得到有效整合。部分公司的报告属于“填空”式披露，完全没有顾及信息所要传递的价值逻辑。事实上普华永道关于公司年报信息披露技巧的一项报告中，第一项便直指如何提高披露的整体性，凸显该问题的现实重要性。此外，MD&A 和其他外部内容之间的逻辑性也有待提升。如个别公司主要业务的介绍以工商注册登记资料代替，并且出现在会计报表附注而不是董事会报告之中；再如，MD&A 对历史业绩的“分析”是报表数据的语言化再描述、报表附注的同义反复，而非监管部门和投资者所期待的“讨论与分析”，也没有形成与财务信息在逻辑上的有效互补或印证。

3. 监管导向与决策导向的平衡

有学术研究认为，上市公司的信息披露仍然具有监管需求导向的痕迹，投资者决策需要体现不足。不断强化的监管要求在一定程度上冲淡了

通过 MD&A 满足投资者决策需要的信息容量。究其原因，当上市公司的融资渠道相对比较单一而直接融资的依赖性较高时，为满足融资需求，信息披露迎合监管需求的倾向明显，年报、招股书中侧重对监管重点事项的披露，例如资金占用报告、股改承诺事项、募集资金使用情况、监事会报告等，相对冲淡了 MD&A 的披露。而对其他非监管事项的披露要求倾向于满足监管“底线”要求，报喜不报忧、选择性披露、含糊性披露，显然与投资者的决策需求相背而去。楚天舒（2006）在关于各国上市公司年报披露模式的比较研究中指出，我国上市公司年报内容整体逻辑性不强，未形成清晰的逻辑主线，不能就公司经营情况披露的各个主要方面集中形成全面描述。

2008 年普华永道在针对富时 350（FT350）公司叙述性信息的一项调查显示，在单项内容上公司披露较为充分，一旦考虑到内容的整体性、相互关联，其结果似乎令人沮丧（见表 4－1）。事实上，MD&A 内容的逻辑性、整体性方面的问题，在各国都具有共性，只是程度不同而已。前述讨论显示，在 MD&A 内容的整体一致性方面，我国上市公司同样不容乐观。有观点更是一针见血地指出，缺乏整体联系的信息披露，本身可能反映公司诸如糟糕的管理、全局性思维和控制力的缺乏，甚至管理层故意误导市场的企图。

表 4－1　　叙述性信息的整体一致性问题

披露该项内容	没有清晰的图景
85% 披露它们的关键绩效指标（KPIs）	只有 19% 运用战略支持其报告
94% 披露了主要的风险因素	只有 12% 将其与关键绩效指标同公司战略联系起来
80% 描绘了公司优先考虑的战略	只有 31% 将公司的可持续发展与战略相关联
69% 提供了公司的现金流或融资战略详情	仅 26% 提供了相关契约安排的信息

资料来源：Joining the Dots：A Summary of the Narrative Reporting Practices of the FTSE 350. 普华永道，2008。

（二）内容的具体质量方面

MD&A 内容不断丰富凸显整体框架的一致性问题，但是具体内容的质量一样值得关注，特别是以下方面：

1. 披露内容的相关性不足

如披露内容仅是对数据的重复与罗列，而不是真正意义的“讨论与分析”。MD&A 相关性的一大要点是“个性化”，但是屡屡出现的问题是：对宏观形势、国家政策等“公共信息”着墨较多，而结合公司所处行业、业务、产品特征的特有信息披露相对不足，寥寥数语或一笔带过，只有少数公司结合自身业务模式披露重要的行业指标；有的公司以较大篇幅介绍宏观和行业政策，但没有进一步延伸至公司所处的市场竞争格局、主要优势和劣势，抑或宏观和微观信息“断层”。由此，出现资料堆砌而不是分析便不足为奇。

2. 披露的准确性不高

可靠性是信息有用的前提之一，准确性不高主要表现在描述性语言的定性判断，如公司的技术是否达到国际或国内的“领先”“先进”；再如其内部管理控制的有效性，风险因素是否存在及其管理状态等。上述信息外部投资人一般难以验证，但是当违规暴露时，反而引出披露的可靠性之虞。此外，披露中的细节亦左右可靠性的判断。如引用外部数据及外部分析报告不注明资料出处，投资者无法进一步核实并判断数据的可靠性。

3. 披露缺乏连贯性

如对以前年度披露的经营计划在本期的 MD&A 中只字未提，对计划与实际不加对比，对实现与否的原因不加分析，但是继续在当期报告提出新的计划。再如，公司的主要产品、业务的分类标准发生变化，在讨论分析当期业绩情况时，缺乏对历史数据按照新标准的更新，造成前后对比分析的困难。

4. 选择性披露、自利归因

如报喜不报忧，将业绩下降归结为宏观环境、行业变化等外部因素，对自身管理、技术等只字不提，不利于投资者客观真实地了解公司状况，甚至造成误导[①]。

5. 大量使用专业术语，但是缺少必要的、清晰的解释说明

在高科技行业，若公司提供的产品或服务是个人消费者不常接触的，则此类问题尤其突出。

监管部门曾针对年报及其摘要披露内容、披露质量等进行了一项问卷调查，结果显示，中小投资者对于“管理层讨论与分析最突出的问题”，选择最多的三项依次是报喜不报忧，对存在的问题和风险揭示不足；没有结合本公司具体情况提供实质性内容；重复财务数据的简单增减百分比，没有提供新的信息。MD&A 质量不高直接降低了信息披露的透明度。

第二节　管理层讨论与分析的内容框架

一、基于战略的内容框架

战略因素在 MD&A 经历了从无到有的历程。在 20 世纪 60 年代美国证券交易委员会关于 MD&A 的最初规定中，MD&A 主要作用在于对财务数据变动原因的分析，且以利润表为核心。投资者并不满足于单纯的历史财务信息及其简单的解释，在 1979 年“安全港”制度出台之后，前瞻性信息披露受到鼓励和保护，企业战略在 MD&A 中的作用逐渐得到提升。新经济的发展进一步凸显战略因素在传递企业价值中的作用，特别是轻资产、新商业模式类型的企业。1994 年美国注册会计师协会的特别委员会在报告《论改进财务报告：着眼于用户》中提出关于财务报告的模型设想，把战略因素明确纳入其中。2003 年美国证券交易委员会发布的 MD&A 解释，

① 例如名为风险因素，传递的却是公司的优势；有的公司对募集资金利息大幅增厚了公司业绩避而不谈或轻描淡写，将净利润增长归结为管理层的努力，不利于投资者直观、清晰地认识公司的业务开拓、发展趋势等。需要说明的是，选择性披露在一定程度上是披露的完整性问题。

要求公司披露管理层使用的且投资人关注和需要的重要信息，包括公司战略及变化。

对于跳跃发展的企业和战略发生重大转变的企业，过往业绩难以成为判断未来的依据，叙述企业的战略及其变化尤为必要。不过，美国证券交易委员会并没有将战略的核心地位在规则和指南中进行专门说明，反而效仿其 MD&A 制度的其他国家，多数将战略作为 MD&A 逻辑框架的起点：企业的目标与战略是什么，实现战略目标需要什么资源，企业战略的实施状况与结果如何（所取得的财务和非财务业绩），对未来的计划和展望是什么，实施战略计划将会面临哪些风险。

二、规则与最佳实践中的内容框架总结

本部分介绍部分管理层讨论与分析内容框架模型，其中战略因素的地位和作用清晰可见。

（一）普华永道开发的价值报告框架

普华永道开发了价值报告框架（Value Reporting Framework），用于衡量与管理企业绩效，并对企业绩效进行体系化的沟通交流。企业价值报告框架从市场概览、战略与结构、价值创造活动和财务业绩四个维度报告公司的价值创造活动。结合 MD&A 的内容，上述框架同样适用，只不过图 4－1 的财务业绩同时包含财务报告和管理层的财务状况等的讨论。

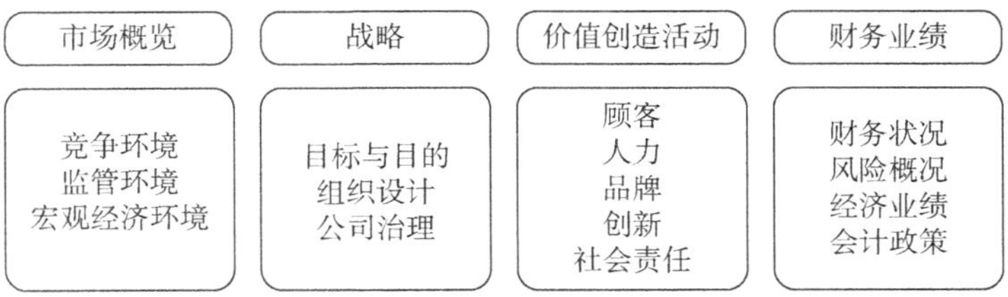

图 4－1　普华永道开发的价值报告模型

（二）加拿大特许会计师协会提出的管理层讨论与分析披露框架

加拿大特许会计师协会（CICA）在2002年发布MD&A的编制与披露指南。CICA提倡公司应将MD&A整合到一个更宽泛的披露框架之中。在这份正文长达60多页的文件中，近1/3着墨于MD&A的披露内容框架。如此突出MD&A的内容框架，映射了它关于MD&A的看法：应保证MD&A信息充分且能独立成文；即使MD&A的信息有可能在其他文件中已经披露，但是基于MD&A的完整性和整体性，公司应通过交叉索引方式予以完整呈现；MD&A应该有助于投资者理解公司的历史业绩与未来前景。CICA提出MD&A披露框架的5要素，具体内容如表4－2和图4－2所示。

表4－2　CICA提出的MD&A披露框架

项　目	主要内容
公司愿景、核心业务及公司战略	公司是做什么的，长远目标是什么，为了实现增长、创造价值，它有怎样的战略
关键业绩驱动因素	为了实现目标和战略，达到公司所追求的结果，必须在哪些方面表现卓越
据以实现结果的能力	执行战略、实现目标，需要什么资源，不论是财务还是非财务的；目前有吗？又如何获得
经营结果（历史分析与未来分析）	公司做得怎么样，背后有什么原因，与公司计划的差距以及对未来的新的计划
风险因素	风险及对风险的承担，这涉及以上四个方面

（三）国际会计准则理事会（IASB）的管理层讨论与分析编制框架

IASB在大力推行国际会计准则的同时，亦不遗余力地提高MD&A的可比性。经广泛征求意见之后，2010年IASB发布实务公告《管理层评论：编制框架》，涵盖MD&A的目标、原则、内容架构和释义等内容。其中，

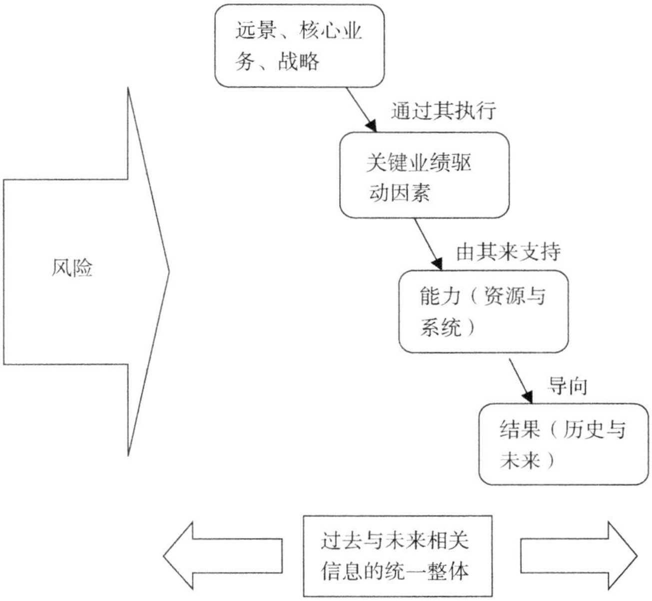

图 4－2　CICA 关于 MD&A 的披露内容框架

IASB 给出的内容框架为：（1）业务的性质；（2）管理层的目标及其实现目标的战略；（3）企业最核心的资源、风险、组织关系；（4）经营成果及展望；（5）管理层所用到的用于评估战略实现程度的关键绩效指标。IASB 的框架可以更加简单地表述为：描述企业的业务及其展望（目标），告诉投资者管理层所采取的措施以及取得的成绩，进而评估目标实现和战略执行的状况。

（四）一家信息披露咨询机构的管理层讨论与分析披露框架

Kenchen 是一家专门从事信息披露的咨询服务机构，为上市公司 MD&A 披露提供咨询服务，并发布如何提高披露质量的报告。关于 MD&A 的披露，该公司提出以下披露框架（见表 4－3）。

表 4-3　　Kenchen 提出的 MD&A 内容框架

主 题	具体内容
市场概览	1. 影响竞争环境的外部因素 2. 公司必须面对的监管要求 3. 影响业绩的因素，诸如人口结构、宏观经济动态等
公司战略与结构	1. 公司的使命和差异化（特征） 2. 短、中、长期目标 3. 公司治理及风险管理实践 4. 解释公司的结构如何支持商业战略
价值管理	管理层如何实现价值最大化，例如： 1. 厂房、设备投资、客户和人力资源 2. 智力资本、创新和品牌
业绩	从财务、经营、环境与社会等的业绩表现讨论公司的回报、增长、风险等

（五）小结

1. MD&A 内容框架突出了战略的逻辑主线作用

战略能够较好地将各种信息统领并整合起来，具有“黏结剂”作用，为企业勾勒了一个较为全面的画像。尽管 MD&A 可以用多种方式组织内容，但是在报告的前面部分阐述战略，能够为其他部分的信息提供重要支撑。

2. MD&A 内容框架不对披露内容进行刻板的限定

以特定逻辑主线为基础的 MD&A 内容框架，并不是对企业的 MD&A 设定模板式的要求；相反，在框架的逻辑引导下，赋予企业根据自身特征定制内容的自由空间。例如，在金融行业，外部环境部分需要重点披露金融监管政策、组织架构、客户资源等，但是矿业公司可能需要详细地讨论它所拥有的各类采矿权、矿产储备等。换言之，逻辑框架是具有一定的通用意义的内容构架基础，有助于提高 MD&A 的可比性，允许必要的个性化定制是其价值和活力所在。

3. MD&A 内容框架所包含的内容并不与监管要求存在简单的一一对应关系，它更强调内容的整体性和相互联系

正如加拿大特许会计师协会在讨论其披露指引与监管要求二者之间的关系时所指出，内容上的逻辑框架，其中每项要素背后都蕴含着“为什么”，而这恰恰是将其连接为整体的逻辑所在。框架中所包含的内容也许会在其他披露文件出现，但是利用交叉引用、结构图等手段，可以呈现关于企业的完整图景。

综合以上几点，我们以图 4 - 3 总结描述以战略为逻辑主线的 MD&A 内容框架①。

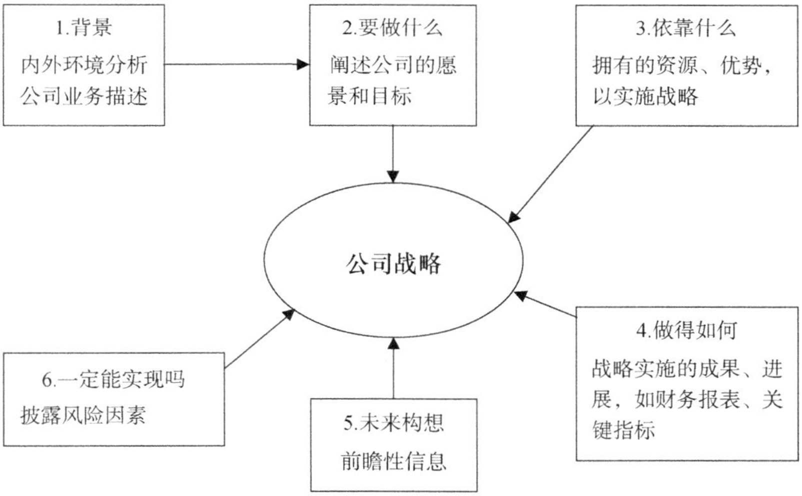

图 4 - 3 基于战略的 MD&A 内容框架

三、内容框架的应用案例

选取两家公司的案例，分析其 MD&A（或董事会报告）内容框架及其内在的整体一致性。

① 为了框架的完整，其中包含了部分 MD&A 之外的信息。

（一）脸书（Facebook）的管理层讨论与分析内容框架分析

2012年2月初，Facebook提交招股说明书，招股说明书主文件约150页①，其中内容最多的是“风险因素”“管理层讨论与分析”“业务”三项，分别为22页、25页、24页。如果将风险因素也视为MD&A的一部分，仅从篇幅上看，MD&A具有举足轻重的作用。这样一家年收入37亿美元、员工3200人，在20多个国家拥有办事处或数据中心，看似业务相对复杂的公司，如何以战略为中心，构架其MD&A的披露框架呢？

分析发现，在招股书中公司通过“使命与战略→提供什么产品和服务→有哪些资源→取得什么样的发展→未来的规划及风险”这样的主线呈现其全貌。其中还有一封来自大股东扎克伯格的信，事实上这封信同样运用了类似MD&A逻辑框架，只不过在形式上更加灵活而已。我们将脸书（Facebook）招股说明书中与MD&A相关的信息通过表格梳理列示如下（见表4-4）。

表4-4　　脸书（Facebook）招股说明书MD&A披露框架分析

披露项目	主要内容	说 明
使命、战略	以“让世界更加开放，让联系更加紧密”为使命。 提出的具体战略包括：扩展全球用户群体；开发大量的社交产品提高用户参与度；提供最强有力的用户体验；改善广告商和用户的广告等	公司通过为用户、程序开发商、广告商提供服务或产品，来实现自身的使命与战略
外部环境、行业格局等	监管：用户隐私、公共宣传、数据保护等多方面的政府监管 行业竞争格局：公司的各系列产品都存在激烈的竞争	在设定公司的目标与战略时，所要考虑的外部环境因素

① 需注意，由于语言、字号、排版的差异，此处的页数篇幅并不具有不同市场的横向可比性。

续表

披露项目	主要内容	说明
公司的业务（产品）	为用户提供的产品或服务：与朋友联络；发现与学习；表达自我；对自己的分享进行控制。具体包括新闻推送，照片与视频，短信（聊天、文本短信等） 为广告商、营销人员提供以下服务组合：（广告）达到；有针对性的相关群体定位；社会网络；用户参与	通过什么样的产品、服务，实现自身的战略
拥有的资源	广泛的用户群体及其活跃的活动。如 8.45 亿月度活跃用户；每天 2.5 亿次的照片上传等 建立并维护用户的信任 强大的技术团队、知识产权	要实现战略，公司的资源在哪里
公司的发展和业绩	用户群体的扩大（此处略去具体数据） 业绩的连续增长（此处略去具体财务数据）	公司的发展状况如何，所设定的目标和战略实现了吗，实现的程度如何
公司的未来机会和面临的风险	广告市场的机遇：目前的传统广告（如报纸等）正在萎缩，而在线广告发展迅速，例如展示性广告、业绩分成广告、移动终端广告；支付市场的机遇等 公司所处的市场、法律、技术等方面的不确定因素：披露多达 48 项风险因素	公司有哪些发展机遇，抓住这些机会、实现战略目标，面临哪些风险

（二）A 股一家园林公司的董事会报告内容框架分析[①]

A 股一家园林公司于 2009 年上市，主要从事园林环境景观设计和园林绿化工程施工。我们选取公司 2010 年年报分析董事会报告（MD&A）的内容框架，不就公司披露进行价值分析，不涉及披露内容的质量，仅关注披露内容的整体框架及其关联性。总体而言，这家公司的 MD&A 基本能够通过战略组织相关内容，但是部分关联度略显不足。为了直观和简洁，以

① 通过阅读上市公司年报，我们发现万科、中兴通讯、苏宁电器等公司的董事会报告在披露内容的整体框架上较为清晰、完整。选择这家园林公司，是希望通过一家披露表现“居中”的公司，提供多样化的分析案例。

表格说明如下（见表4－5）。

表4－5　　一家A股园林公司MD&A内容框架分析

披露项目	主要内容	说明
外部环境、公司目标、战略	中国正在城市化进程之中，园林绿化处于高速发展阶段 以“生态、人文、艺术、价值、人居”作为公司的理念（愿景），提出从单一园林绿化工程建造商向“城市景观生态系统综合运营商”的业务升级战略	描述公司的战略。我们发现其分散在董事会报告最前面和未来展望部分
主要资源和优势	能够为城市景观提供从规划设计、施工建设到养护运营的综合服务；设计资源的整合；精品工程项目；新的薪酬激励措施等	列举公司的资源和优势。基本能够与其提出的战略相对应
经营业绩	营业收入增长149%，净利润增加208%，毛利率维持稳定且小幅上升；园林设计业务占比有所提高；吸收新员工加入，人数增加近1倍	描述公司究竟做得怎样，有何行动和经营成果，战略目标的实现程度
经营计划	公司的主要业绩目标及具体分解，如净利润规模、苗木基地建设、人才引进，部分给出量化数据	描述目标以及需要进行的努力。个别披露内容相对宽泛
风险因素	市场竞争风险；政策风险（尤其是市政园林业务）；自然灾害风险等	描述公司面临的风险。不过部分风险因素没有与公司的未来发展战略、经营计划进行明确的关联

与通过相对完整框架的呈现披露内容形成鲜明对比的是，有的公司MD&A、董事会报告缺乏清晰的逻辑主线支撑。例如，MD&A及其他叙述性信息中没有公司主要业务的描述，直至财务报表附注以工商注册资料的形式介绍企业的经营范围，披露不清且顺序倒置；再如，风险因素与公司的战略关系微弱，公司的核心优势与实际业绩不能对应等，各披露项目缺少有机关联。正反对比愈发凸显MD&A披露内容框架的重要性（第一部分列举了相关问题的多种表现，此处不再赘述）。

第三节　管理层讨论与分析的质量特征

一、国内外管理层讨论与分析质量规范概况

内容框架之外 MD&A 还需将质量特征作为另一维度的有机构成。在国外主要证券市场，构建 MD&A 质量特征或标准已经较为普遍，部分国际机构也加入发布队列。美国在 MD&A 规则方面最早起步，随后其他国家纷纷效仿。1968 年美国证券交易委员会在年度报告编制要求中对 MD&A 作出规定，初始阶段也曾受困于公司披露罗列数据和简单重复等问题。美国证券交易委员会在调查研究之后多次修订准则，其中 2003 年发布 MD&A 的披露指引，特别提出质量方面的要求。美国之外，英国、加拿大等国家纷纷效仿，制定规则并对 MD&A 质量标准加以明确。

（一）美国管理层讨论与分析质量特征

美国证券交易委员会对 MD&A 的质量要求包括总体报告和重点内容两方面。总体报告强调可理解性，突出重要信息，不应使重复性的披露成为投资者发现和理解重大事项的障碍。美国证券交易委员会发现，随着公司规模扩大以及管理层在披露 MD&A 中所能获取和利用信息的增多，问题接踵而至——公司的披露冗长而复杂。美国证券交易委员会强调，总体报告披露应该清晰、可理解，公司应对海量信息加以评估筛选，避免徒增数量但不增进投资者理解的资料堆砌。重点内容方面，美国证券交易委员会的质量要求包括：报告关键业绩指标、重大事项、重要的趋势和不确定性，不仅要“讨论”，还要展开“分析”。美国证券交易委员会经常听取各界对 MD&A 的评价和意见，多次对相关规则作出修订完善。不过，以管理层的视角识别最重要的信息，以清晰、可理解的方式呈献给投资者，始终是

其坚持的目标，2020 年的最新修订也秉承这一理念。

为了保证质量，美国注册会计师协会的审计与鉴证准则（SSAE）第 8 号，要求审计师应该对 MD&A 进行审核，包括披露内容是否包含监管规则和规定所要求的项目，所包括的财务数据是否根据报表准确得来；发布人的内部信息、决定、估计和假设是否为 MD&A 信息披露提供了一个合理的基础。通过会计师的审核、审阅，可以在一定程度上强化 MD&A 的完整性、准确性，提升披露质量。

（二）加拿大管理层讨论与分析质量特征

加拿大特许会计师协会制订了 MD&A 编制和披露指南，质量特征包括：（1）完整性和重要性。MD&A 信息应该完整、公允、平衡，并且所提供信息对投资决策而言是重要的，要求公司所披露的信息应当全面，不偏不倚，不得选择性地过滤，消息不论好坏都应该忠实地呈现在投资者面前。（2）有用性。MD&A 信息应使用简明的语言，公正而不夸张，并且具有可理解性、相关性、可比性以及一致性。

为了发挥公司内部管理控制在编制 MD&A 时的“质检”作用，加拿大特许会计师协会发布的《MD&A 编制与披露指南》提出“董事会应该询问的 20 个问题”。这些问题很多直指披露内容的可靠性、相关性、一致性，旨在帮助董事会和审计委员会成员履行对 MD&A 的监督责任，并判定 MD&A 的有用性和完整性。

（三）英国管理层讨论与分析质量特征

英国的经营与财务评论（Operating and Financial Review，OFR）最初由会计准则委员会（ASB）在 1993 年制定，历经多次修订以适应英国的监管改革。其中，1998 年英国启动全面修改公司法，贸工部（Department of Trade and Industry，DTI）发布《公司法现代化与竞争经济》的咨询文件，提出改革公司法的三项原则，其中之一是透明度。2003 年经营与财务评论作为现行公司法下的二级法令立法通过。2005 年财务会计准则委员会发布了 1 号报告准则（RS1）《经营与财务评论》。由于欧盟会计现代化指令（EU Accounts Modernization Directive）的生效，使部分要求重复，故 2006 年起经营与财务评论不再作为强制要求，而成为公司编制该评论的最佳实践指引。

该指引以编制原则的形式给出了 MD&A 所应具备的质量特征，包括：(1) 以董事会的视角展开分析；(2) 聚焦于股东利益相关的事项；(3) 应具有前瞻性的定位；(4) 报告与投资决策相关的重大趋势和事项；(5) 应该与财务信息互补，对财务信息有增量信息；(6) 内容全面、具有可理解性；(7) 报告应当平衡、中立，正面及负面信息都包括；(8) 可比性（横向与纵向）。

我们发现，与加拿大的准则要求类似，英国提出平衡性的概念，旨在强调公司全面客观地呈现全部情况（不要选择性披露），将判断的权利交给投资者。

（四）国际会计准则理事会管理层讨论与分析质量特征

由于美国、英国、加拿大等国家均已制定 MD&A 披露规则（指引），2002 年国际会计准则理事会启动 MD&A 的制定，2005 年 IASB 项目组发布征求意见稿，直至 2010 年正式发布。规则包括两个层次：一是基本原则，包括管理层的视角、对财务信息的增补、前瞻性；二是具体特征，又分为基本的特征（相关性和如实反映），增强性的特征（可比性、可验证性、及时性、可理解性）。国际会计准则理事会同时提出重要性特征，并指出重要性是基于企业具体特征的相关性，换言之，企业披露的相关性信息必须同时是重要的信息。从以上可以看出，国际会计准则理事会具有很明显的将管理层评论与财务会计信息相协调统一的意图。除披露目的的设定外，在质量特征上体现得尤为明显①。

① 国际会计准则理事会在这份实务公告中，对相关性、如实反映等质量特征直接引用了财务报告概念框架的质量特征，并在说明部分明确指出财务会计概念框架同时适用于财务会计和管理层评论。

（五）国际证监会组织管理层讨论与分析质量特征

国际证监会组织（IOSCO）技术委员会在 2003 年发布《关于 MD&A 披露的一般原则》。与其他的 MD&A 规则相比，这份文件只涉及质量特征（原则）。国际证监会组织认为，尽管 MD&A 在各国称谓各异，并且有监管规则、会计准则、最佳实践等不同表现形式，但目标上具有一致性。

国际证监会组织提出了四项基本性原则和三项派生性原则。四项基本性原则分别为：一是突出最相关性的信息；二是使用简明语言，且披露清晰、准确、富有意义；三是在呈报上应该采用可以增进报告使用者可理解性的格式；四是不论是单独报告，还是作为定期报告的一部分，MD&A 应与财务报告同时披露。三项派生性原则包括：第一，谨慎并避免使用模版式的语言，避免对规则的技术性遵守；第二，MD&A 应恰当设定和编制以适应、满足企业的具体情形；第三，应该全面客观，包括所有正面和负面信息。不过与其他机构的规则相比，国际证监会组织的规则表述相对简单和粗线条，且没有逐一展开论述，而是代之以举例说明。

二、管理层讨论与分析的质量特征

MD&A 是对财务信息的补充与增加，在质量特征方面与财务信息既有相似或共同之处，如可靠性、相关性，也有独特之处，如基于管理层的视角、可理解性、前瞻性，由此亦显现出其对财务信息不足之处的弥补，以及二者相互增补所形成的信息整合效果。通过对境内外披露规则的梳理、对比，并针对公司披露暴露的突出质量问题，我们将 MD&A 的质量特征划分为总体质量原则和具体质量特征要求，前者体现 MD&A 的整体要求和独特性，后者基于具体内容且在一定程度上与财务信息具有某些共性（见图 4－4）。

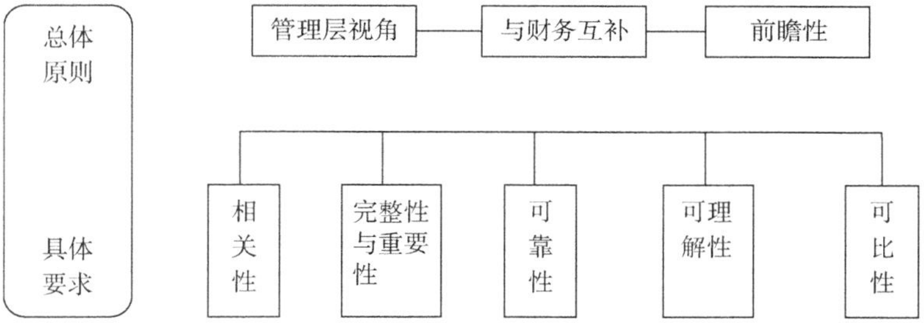

图 4 –4 构建的 MD&A 质量原则

（一）总体原则的含义阐述

1. 基于管理层的视角

MD&A 应提供管理层对公司的业绩、财务状况、发展等方面的看法与观点，它反映的应该是管理层管理运营企业时认为重要的信息。与此对应，好的 MD&A 最好能够有公司决策层的参与（IASB，2010）。

2. 财务信息的补充与增加

补充，即对财务信息的进一步解说与说明，如净利润增长的原因、背后的驱动因素、公司所采取的新战略或营销措施等；增加，即提供财务数据之外的增量信息，如公司的产品面临新技术的挑战，需求将会萎缩（但是在本期财务数据中无法体现出来）。

3. 前瞻性

财务信息以实际发生的、历史的交易和事项为主，MD&A 既包含对历史业绩的分析，也包括对未来业绩的展望，后者即体现 MD&A 的前瞻性。需要说明的是，前瞻性信息并不是对未来的预测，也不是盈利预测，而是管理层给出的未来目标和具体的战略。正如国际会计准则理事会所指出，因各国的法律和监管环境不同，MD&A 的前瞻性程度也存在差异。

（二）具体质量要求

总体原则之下，还有具体的质量特征作为支撑。关于管理层讨论与分析质量标准，可考虑相关性、可靠性、完整性与重要性、可理解性、可比性五个方面。其中，相关性和可靠性应属于最为基本的质量要求，以此为基础，循序渐进地推进完整性与重要性、可理解性以及可比性方面的质量要求。相关质量特征的解释及其选取理由简述如下：

1. 相关性

披露信息与投资者决策相关，有助于投资者理解公司的财务状况、发展前景以及潜在的风险。分析应结合公司的外部环境、行业、规模、商业模式等，就所讨论的内容展开具体（而不是宽泛、抽象）的分析，对相关的论述或判断能够提供具体化的例证或辅助资料。考虑该项要求源于部分公司的管理层讨论与分析暴露出"技术性"遵守问题，即基本内容广而不深，具体分析不足，内容模板化，导致投资人读到"文字"却读不出决策相关的"信息"，因此，相关性旨在要求"说公司密切相关的事"以保障投资者的知情权。

2. 可靠性

真实准确、观点中立、分析客观，避免使用夸张或广告性质的语言，内容能够可验证。诸如关于公司专利、市场占有率、研发项目进展等的真实性而引发的市场关注，暴露出管理层讨论与分析的可靠性之虞。基于此，将其与相关性一起作为管理层讨论与分析的基本质量特征。

3. 完整性与重要性

MD&A 应该首先体现完整性，即公司应该识别并报告投资者理解企业的战略、业务、经营业绩、风险等所必要的信息（包括定量与定性），例如披露管理层已知的、可能导致财务报告难以显示公司未来经营成果与财务状况的重大事项和不确定因素。完整性要求公司的披露不应遗漏、隐瞒重要的信息。但完整性并不意味着事无巨细全盘托出，而应该对信息加以审视，根据管理层的判断，选择有重大意义的信息加以报告，避免内容堆砌而掩盖了焦点。有的公司在年报中可能遗漏重大信息，但在并不重要的事项上全盘罗列，有必要对此予以约束。

4. 可理解性

MD&A 应使用简明语言，表述应清晰、易于理解，避免过多的专业术语。公司可以提供词汇表、术语表等对投资者理解 MD&A 形成专业知识障碍的词汇等进行解释说明。在表达方式上，可以借助表格、结构图、标签等形式精炼内容，提高披露的直观性、可理解性。目前部分公司在这一质量特征方面尚未引起足够的重视，有待规范。

5. 可比性

包括横向可比性和纵向可比性。前者指行业、系统内的公司具有一定的横向可比，后者指公司不同年度之间的纵向可比，便于投资人识别出影响财务状况、经营业绩的关键因素、重大事项和未来趋势等。就 MD&A 而言，纵向可比性更为重要，如公司对产品种类的划分应保持一致（如发生变化，可提供追溯调整的数据便于比较），关键绩效指标保持稳定（发生变化予以解释），对实现情况予以跟踪等。由于 MD&A 注重公司特有信息的披露，这对部分公司而言横向可比具有一定的难度，尤其不少公司所处行业较为新颖、特殊，主攻某一细分市场，因此，强调纵向可比性更具有可操作性。

三、基于案例的质量特征应用及分析

本部分通过上市公司披露文本具体说明 MD&A 质量原则（特征），并进行简要的分析。需要说明的是，本部分针对的仅仅是披露文本，不对披露内容的真实性以及所涉及业务的价值进行判断，也仅代表研究人员的个人研究视角。

（一）披露案例：基于管理层的解读，并体现相关性

案例 4－1 在讨论市场环境变化时，结合具体的政策、行业形势，公司管理层在年报中分析了市场趋势及其对公司的影响，符合 MD&A“通过管理层的视角”这一原则。

案例 4－1

管理层讨论与分析：市场环境变化与管理层看法

报告期内，全国商品房销售面积增长 10.1%，销售金额增长 18.3%，增速相对 2009 年明显回落……随着市场波动的加大，企业的投资能力可能下降，开工节奏可能放慢，并可能对一年后的住房供给产生影响……受住宅市场的景气状况、企业融资渠道收紧等因素的影响，预计土地市场的升温难以延续，企业在拿地时会更加理性……长期来看，保障房兴建计划的落实对于增加住房供应、改善中低收入家庭居住条件、稳定住房价格和房地产市场将起到显著作用，保障房建设目标的实现将有助于商品房市场获得更平稳的经营环境，从而避免市场的大起大落，为行业的持续增长提供稳定的发展环境。

A 公司 2010 年年报

案例 4－2 的披露文本，较好地体现了相关性原则，对每一项内容都有相应的行动、计划、方案、产品等作为支持。通过具体数据和例证支持其分析，在一定程度上也体现了可靠性。

案例 4－2

公司经营情况回顾

国际化进程取得重大进展。公司国际化发展的各项工作全面铺开，积极引进国际化人才，2010 年 6 月，全球范围内 150 多名海外营销人才应邀加盟公司；加速完善国际化营销服务网络布局，海外分支机构增加 5 个子公司及 10 个办事处，海外代理商增加 23 家，海外服务体系更趋完备；充分利用与 CIFA 的协同，完成国际研发中心和产业基地规划；H 股的成功上市，将有力助推公司国际化进程，极大地提升公司全球化营销、生产和研发能力……公司是中国工程机械行业标准的制定者，是国际标准化组织

ISO 投票 P 成员单位（Participating Member），2010 年，参与制订、修订国家、行业标准 16 项；公司拥有国内行业唯一的建设机械关键技术国家重点实验室，已完成结构、传动、电气控制、液压等专业实验室建设，在前沿技术、共性技术和关键技术研究方面处于行业领先水平；公司始终坚持科技自主创新，取得了丰硕成果。"系列履带式起重机关键技术研究与产业化"项目获得湖南省科技进步一等奖、"超高压泵送混凝土成套设备及施工技术"项目获得中国机械工业科学技术奖一等奖。

B 公司 2010 年年报

（二）披露案例：体现可理解性

案例 4－3 通过专业词汇表等形式，对年报中出现的专业术语、英文缩写等进行相对通俗的解释，符合产品属于高科技且一般投资者不易理解的特点。

案例 4－3

词汇表

本词汇表载有本年度报告所用若干与本集团有关的技术用词，其中部分词汇解释与行业的标准解释或用法未必一致。

3G	指	第三代移动网络，在用户高速移动状态时的峰值速率可达 144Kbps，处于步行状态时峰值速率可达 384Kbps，处于静止状态时峰值速率可达 2Mbps，不过有些初始网络建设仅支持 64Kbps。ITU 通过其 IMT－2000 项目和一些关键标准组织，如 3GPP 和 3GPP2 来协调 3G 标准。
CDMA	指	码分多址，是 2G 移动通信技术标准之一，属于扩频技术标准，对所有的话音和数据位分配一个伪随机（PN）码，通过扰码方式在空中发送编码话音，并按照原始格式对话音进行译码。对每个发射机分配一个独特的相关码，可以使多个对话共享同一频谱。

FTTX	指	是“Fiber To The X”的缩写，意谓“光纤到X”，为各种光纤接入方式的总称，常见的FTTX包括：FTTN（光纤到节点）、FTTC（光纤到街角）、FTTB（光纤到大楼）、FTTH（光纤到家）。
GSM	指	起源于欧洲的一种全球蜂窝移动电话通信系统，已经在170多个国家建设网络，使用TDMA无线传播技术。
TD－SCDMA	指	时分同步码分多址，是中国倡导的3G技术，支持语音和数据。

C公司2010年年报

（三）披露案例：交叉引用保持内容简洁、清晰（可理解性）

案例4－4中通过交叉索引（包括年报的其他部分以及年报以外的其他披露资料），减少年报中的重复披露。此外，控制年报篇幅也有利于突出重点信息。

案例4－4

董事会报告——财务业绩

有关本集团分别按中国企业会计准则编制的截至2010年12月31日年度的业绩，请参见本年度报告第82页。

……

财务资料摘要

第五届董事会第十二次会议审议通过了《公司2010年第三季度报告》的议案，因此次董事会只审议该议案，根据深交所的通知可以免于公告，董事会决议内容请详见本公司于2010年10月28日发布的《公司2010年第三季度报告》。

C公司2010年年报

（四）披露案例：体现连续性

公司对上年披露的营业目标，本年继续予以跟踪，对照财务数据或业务数据等，披露计划执行和实现情况并分析原因。在本年度的未来展望部分，滚动披露下一年的经营目标，由此形成相对完整的连续的计划——执行——分析对比——新的计划信息循环。有的公司披露未来经营计划，但是在年报中并无上年计划的执行情况分析，导致各年之间的披露计划相互割裂。案例 4 -5 和案例 4 -6 中两家公司的披露较好地体现了连续性。

案例 4 -5

经营计划实施情况

年初公司计划全年新开工面积 855 万平方米，竣工面积 504 万平方米。上半年土地市场有所降温，公司抓住机会新增项目较多，并坚持快速开发、快速周转，许多新获取项目实现当年开工，因此 2010 年公司实际完成开工面积 1248 万平方米，相比年初计划高出 46%。而受亚运会、世博会等偶然因素影响，部分项目工程进度减慢，全年公司实际竣工 442 万平方米，略低于年初计划。

……

新年度项目发展计划

2011 年公司将继续贯彻“不囤地、不捂盘”的快速周转策略，进一步提升运营效率。现有项目预计开工面积 1329 万平方米，比 2010 年增加 6%……预计 2011 年项目竣工面积 729 万平方米，比 2010 年增加 65%。

A 公司 2010 年年报

案例 4 -6

经营计划或盈利预测完成情况

2011 年，在房地产行业整体低迷的情况下，公司经受住了市场考验，基本完成了年初制定的目标。全年实际开工 319.01 万平方米，完成计划的 78.08%；竣工面积 169.75 万平方米，完成计划的 90.63%；销售回款

115.20亿元，完成计划的85.34%；通过银行、委托借款及信托等方式融资55.46亿元，完成年度计划的96.62%。公司2011年第三季度报告对2011年全年经营业绩进行的预测为：预计2011年度归属于母公司所有者的净利润较上年增长30%—50%。根据经审计的2011年度财务报告，公司实现的归属于母公司所有者的净利润1532227120.84元，较上年同期增长50.02%，较2011年度业绩预计高0.02个百分点。主要原因为辽宁地区和江苏地区2011年度实际结算收入高于第三季度时预测结算收入。

D公司2011年年报

（五）披露案例：体现平衡性

案例4－7讨论公司面临的问题和挑战时，在简要提及外部不利形势后，重点从公司内部寻找原因，并指出由此带来的负面影响。

案例4－7

项目建设与销售不够匹配，部分区域公司管理者危机意识和对市场变化反应迟缓。2011年宏观政策日益趋紧，经营形势日趋严峻，部分区域公司管理者对宏观调控认识不足，对初期的市场心存侥幸，对项目进度管理和计划落实准备不足，对调控过程中的市场变化应对不够及时，未能及时抓住有限的销售时机、采取有效的销售策略，导致部分项目进度目标未能按计划实现。

D公司2011年年报

（六）披露案例：体现可靠性

案例4－8对MD&A中引用的外部数据给出了数据来源，便于投资者延伸阅读、了解数据的可靠性。

案例 4 – 8

市场规模和结构

近年来，我国专网视频通讯行业保持快速增长态势。计世资讯（CCW）统计数据显示，2005 年以来，专网视频通讯的总体市场规模年均复合增长率达到 23.07%，2009 年已达到 48.24 亿元……

数据来源：计世资讯《2009—2010 年中国专网视频通讯市场研究报告》。

E 公司 2010 年年报

（七）披露案例：缺乏相关性

案例 4 – 9 中的披露内容相对空泛，没有体现与公司业务相关的信息。

案例 4 – 9

技术创新体系

公司自设立以来，形成了以成套自动化装备技术为核心、以客户需求为导向、以提高自主创新能力为依托的技术发展模式，始终坚持把提高自主创新能力摆在增强企业核心竞争力的首要位置，建立了以企业为主体、市场为导向、产学研相结合的技术研发体系。形成了创新体系中从技术成果、产品到产业化应用的良性运行机制，保证了公司的可持续发展。

F 公司 2010 年年报

（八）披露案例：缺乏必要的分析和说明

案例 4 – 10 中的披露基本是财务报表中已有数据的重复，缺乏增量信息。

案例4－10

公司总体经营情况

2011年公司实现营业总收入348427757.95元，较上年同期增长29.03%，实现营业利润50345262.13元，较上年同期减少11.89%，实现归属于上市公司股东的净利润44157770.35元，较上年同期减少4.82%。

G公司2010年年报

（九）披露案例：披露的可靠性和清晰程度

案例4－11中的披露较为模糊，如商贸业务发展的趋势。

案例4－11

报告期内经营情况的回顾

原计划利用公司全资子公司岳阳天润农业生产资料有限公司的商贸平台，做大做强农业生产资料、建筑材料、电子信息产品和煤炭等方面的贸易，快速做大营业收入，但由于商贸业务没有之前的生产基地作支撑，农业生产资料、煤炭贸易等业务经营得不是很理想，没有达到预期的目标。

利润总额、归属于上市公司股东的净利润较上年同期上升了101.76%和101.74%的原因是……公司利用商贸平台，做大做强农业生产资料和煤炭贸易，报告期已完成4136.67万元的商贸业务。

H公司2011年年报

四、管理层讨论与分析披露质量的法律和监管约束

虽然多数国家制定了MD&A质量特征的规则，但是客观讲披露质量仍参差不齐，能否达到规则设定的质量特征与要求，除了与投资者结构、投资者专业能力、中介机构等的服务、发行人的披露意识、能力等有关，还

受到法律和日常监管方面约束的影响。本文着重对法律约束和监管约束进行分析。

（一）法律环境的约束

法律约束是提高 MD&A 信息披露质量的重要保障和必备要件，在法律责任缺失、违规成本低廉的环境下，企图获得高质量的 MD&A 信息披露是非常困难的。与财务信息相比，MD&A 更偏重于叙述性，对于这一类信息，不仅难于审计、鉴证，对诉讼双方而言，其举证也可能不及前者便利，在一定程度上削弱了法律的约束性。

美国 MD&A 的法律约束相对成熟，与信息披露严刑峻法不无关系。《1933 年证券法》《1934 年证券交易法》规定了虚假陈述的法律责任。公司对重大事实若有不真实的陈述、重大遗漏或误导，任何买入该证券的人士都可以提起诉讼，起诉对象包括发行人的董事、报告签署人、会计师等。在美国，中小投资者通过法律手段维护自身权益具有较好的保障和便利（如集体诉讼和风险代理收费），高昂的诉讼成本、罚款和赔偿支出、不菲的和解费用，对相关责任主体形成巨大约束和威慑。

我国在 2005 年修订《证券法》和《公司法》时，将信息披露法律责任由单纯的“财务会计报告”扩展至“财务会计报告等资料”，将保荐人、实际控制人等纳入责任主体。2019 年修订《证券法》，设专章规定信息披露制度，完善了信息披露制度，并进一步完善民事责任体系，“罚款 + 民刑责任”双拳出击，对违法责任明显加重。

根据法律的规定，MD&A 内容的真实、准确和完整也应包含在上述责任范围之内。然而，相对于财务信息，MD&A 有其局限性（如缺少系统化的规则、较难审计，以描述性语言为主等），在实践中直接影响违法违规的认定。近年来的违法违规统计显示，少有直接涉及 MD&A 披露违法违规的案例。

案例4－12

美国证券交易委员会关于索尼公司MD&A披露的执法

1988年、1989年，索尼美国公司（SCA）收购两家公司并将其整合为索尼动画，为此承担了11.2亿美元的债务，并记录了38亿美元的商誉。索尼内部预计将因会计上的商誉摊销和融资成本处理，将有5年的亏损，之后才会产生盈利。公司的假设前提是随着电子化分销渠道的扩展，索尼的动画片及其存货会越来越具有价值，但事后的情况并非如此。动画公司的实际亏损连续超出公司此前预期。在截至1994年3月31日的财务年度，即使不考虑商誉摊销和财务费用，索尼动画的经营损失也高达4.48亿美元，并且远远超过此前的亏损金额。1994年11月17日，公司在1995年第二财季的新闻稿中一并披露，公司对收购业务的投资及其商誉会计处理进行变更，其中索尼动画冲销27亿美元。消息一出，公司在美国的存托凭证下跌6%。事实上，在1994年3月31日之前的财政年度，索尼美国的高管就多次向日本总部反映索尼动画的实际状况和损失，并质疑其在资产负债表中的价值。

美国证券交易委员会调查认为，索尼在注销商誉之前，没有充分披露索尼动画的情况。在对外的披露文件中，公司一直将动画和音乐业务合并为娱乐业务进行披露，由于后者的盈利，合并后的业绩掩盖了动画业务的亏损，直至1994年索尼对动画公司计提减值（商誉），投资者方才知道该业务的亏损状态。美国证券交易委员会认为，索尼公司的董事、投资者关系管理部门总经理Sumio Sano，其本人和相应的部门负责前述新闻稿以及历年年报中管理层讨论与分析的起草，已经知悉或应当已知悉索尼动画的亏损及对索尼公司合并报表的影响。并且美国证券交易委员会在1989年发布的管理层讨论与分析指南中，要求管理层讨论与分析应该让投资者能够以管理层的视角审阅公司的业务。最后，索尼支付100万美元的罚款，美国证券交易委员会采取了责令索尼公司及Sumio Sano停止已经或将会导致违反《证券交易法》的行为等一系列处罚措施。

（二）监管评价的约束机制

法律约束是对违法行为的严厉处罚，监管评价则以相对温和的方式，着眼于不构成违法但是披露存在缺陷的状况。对 MD&A 进行监管评价，发现公司披露中的问题、缺陷等并据此采取监管措施，能够以“负反馈”形式，约束偏离信息披露目标和质量标准的行为。有效的 MD&A 监管评价至少包括三项组成：评价的基本制度，评价的后续约束，以及监管评价与规则修订的互动。

1. MD&A 监管评价的基本制度

以 MD&A 较为成熟的美国为例，早在 1989 年（即美国证券交易委员会发布 MD&A 的披露指南之前），美国证券交易委员会就曾对 218 家发行人的 MD&A 进行评阅。2002—2003 年美国证券交易委员会在对财富 500 强公司 2002 年年报的评阅过程中，向超过 350 家公司发送了评阅意见，其中 MD&A 是最多的问题。美国证券交易委员会对 MD&A 进行评阅一直延续至今，由其公司融资部负责具体实施，包括 IPO 环节的评阅和定期报告的评阅，其中后一类评价不对外公开，仅能通过美国证券交易委员会发布的评阅总结报告概览。

英国财务报告理事会（FRC）下设有财务报告审议组（Financial Reporting Review Panel，FRRP），职能之一是确保上市公司及大型私人企业满足公司法的披露要求①。2011 年 FRRP 发布对企业年报的审阅报告，其中涉及 MD&A 的内容包括风险与不确定性、环境报告等。

梳理发现，监管部门对 MD&A 披露内容进行评价是一项较为普遍的做法，但是在实施频率、针对性（例如作为定期报告审议的一项抑或单独对 MD&A 实施审议）及目标公司选定（全部公司还是某一类型的公司）方面存在不同。例如，港交所会针对公司年报进行专门的审阅，A 股市场监管

---

① FRC 结构改组之后，FRRP 从之前的理事会直属委员会调整成为理事会的行动委员会之下监督委员会的下设组织。

部门对上市公司年报实施审阅，以财务信息为主并关注 MD&A 等叙述性信息。

2. 针对 MD&A 的监管措施

MD&A 评阅属于常规性的监管，其措施有别于司法约束，往往围绕如何进行更好的披露而展开，信息的更正及补充披露较为常见。以美国证券交易委员会为例，早在 1988 年美国证券交易委员会的评阅过程中，有 206 家收到评阅意见，并分别对应了三种监管措施：要求修正；补充披露信息；在将来的文件提交中遵守。据美国证券交易委员会披露，有 76 家公司根据工作人员的评阅意见提交了修正文件，折射以披露为切入点并借助“更好披露”解决问题的思路。在以信息披露为核心的注册制下，该理念表现得更加透彻。以 2012 年 5 月上市的脸书（Facebook）为例，美国证券交易委员会在评阅其 MD&A 时提出诸多非常细致的问题，并要求公司予以解释说明或补充披露（见案例 4 - 13）。

案例 4 - 13

美国证券交易委员会对 Facebook“管理层讨论与分析”提出的反馈意见

根据美国证券交易委员会披露的资料，在第一轮的评阅意见反馈中，共向 Facebook 提出 92 个问题，其中关于 MD&A 共 29 个问题，可以概括为以下几类：

第一，公司面对的挑战、已知趋势或不确定性将会对经营的重大影响一般性的问题。

第二，细节性的、关于数据计算的问题。如公司披露月度活跃用户数据，并定义其“已注册用户在过去 30 天内登录并访问 Facebook，或与朋友分享内容或活动……”美国证券交易委员会询问，如果一名用户在过去 30 天内多次完成上述行动，是否会被多次计算，请公司予以说明并对日活跃用户数据进行类似的修订。再如美国证券交易委员会要求公司披露在活跃用户数据中是否将商业机构、品牌或慈善组织用户包括在内。

第三，要求公司提供更加详细的补充说明，如要求公司详细解释其对广告业务如何进行货币化。

第四，财务会计方面的专业性问题。主要针对以股份支付的薪酬费用，如美国证券交易委员会要求公司披露基于预计 IPO 价格与行权价格之差而计算出来的期权、限制性股票（包括已授予和未授予）的内在价值。再如要求公司详细讨论决定股份支付公允价值所考虑的重要因素、假设、方法。

不难发现，美国证券交易委员会的评阅意见以信息披露为切入点。例如针对“在 Facebook 上的广告使 CM Photographics 收入显著增加”这样的描述，美国证券交易委员会刨根问底，要求公司提供支持证据或对内容予以修订；另外，要求公司澄清“显著增加”是什么含义。

港交所的信息披露审阅也具有代表性。自 2009 年起，港交所每年都会审阅上市公司的年报内容披露。例如 2012 年 1 月发布《财务报表审阅计划——2011 年完成的报告》，其审阅发行人 100 份在 2009 年 10 月至 2011 年 4 月发布的定期报告。港交所关注 MD&A 并指出 MD&A 最为突出的问题，如以报表描述代替分析，与财务数据不一致、遗漏信息等。最终，对包括 MD&A 信息在内的所有披露问题，港交所共发出 91 封函件，提出 340 多项查询及观察事项。在 2021 年 1 月公布的 2019 年年报审阅报告，在需要注意的问题中包括 MD&A 一节中的“业务审视”，提出发行人应更清晰地披露任何风险因素，例如重要的监管或政府政策变更，并评估变更对其业务经营及已公布之业务计划的影响等。在我国 A 股市场，也采用类似的定期报告审阅监管。监管机构根据公司年报发现的问题发出问询函，要求上市公司根据不同情况补充更正年报或向监管机构提交详细的情况说明等。

3. 作为修订、完善规则的依据

MD&A 质量原则作为监管部门评价公司披露质量的参照标准，本身也需要在实践中得到检验和修正。换言之，MD&A 披露存在的问题需要上市公司和监管机构两方面的检讨。美国证券交易委员会在 1989 年、2003 年发布 MD&A 披露指南或解释之前，都曾对公司的披露进行较大规模的评阅，并将评阅结果作为规则修订的参照基础。2008 年加拿大特许会计师协会（CICA）下设的加拿大业绩报告委员会（CPRB）选取 30 家多伦多证券交易所上市公司，对 MD&A 进行整体和具体质量的评估（Qualitative Evaluation），并指出公司披露需要改进之处，如风险披露、战略信息与其他信息的关联。随后在 2009 年，CICA 结合发布 MD&A 修订稿，而推动其修订三大因素：MD&A 评价及最佳实践，监管及立法变化，经济环境变化。

综上，通过定期或不定期的 MD&A 监管评价，一方面通过各类型的监管措施对披露中的突出问题形成负反馈，另一方面对内外环境的变化做出响应并对规则查漏补缺。提高披露质量是共同的目标指向。

五、高质量披露的最佳实践指引

MD&A 披露质量并非规则与严厉执法简单相加的自然结果。MD&A 虽能弥补财务信息的部分不足，但亦有短板：作为叙述性信息，在体系化的准则、职业化的专业人员以及制度化的审计保障方面相对薄弱（至少与财务会计相比如此），且质量高低难以量化。若无详细的指引以及完善的市场约束，相对原则化的规则反而留下信息操纵的空间，伤及披露的可靠性。除此之外，年报中 MD&A 的模板化语言、空泛的披露，表明部分公司对规则的理解和执行仍然停留于规则的“技术性遵守”，与信息披露的沟通作用相去甚远。在格式化的规则与投资者期望的生动披露之间需要连接的纽带。国内外的实践显示，规则之外衍生出大量最佳实践指引，一定程度弥合了信息披露的供求缺口。

按照最佳实践发布机构的不同，可以分为监管机构、自律组织以及商业机构，由于美国的情况已经多次述及，此处重点介绍英国、加拿大、国际会计准则理事会以及部分商业机构的实践。

（一）英国会计准则委员会

英国早在1993年就由会计准则委员会（ASB）制定《经营与财务评论》并多次修订。此后，由于欧盟会计现代化指令（EU Accounts Modernization Directive）出台，且与英国的经营与财务评论要求部分重复，2006年，英国的经营与财务评论由强制要求转为公司编制该评论的最佳实践指引。在这份最佳实践公告的“实施指南”部分，其通过大量举例演示如何披露MD&A信息，突出最佳实践的实务操作性[①]。

（二）加拿大特许会计师协会（CICA）

加拿大的MD&A的指引和最佳实践有较为丰富的成果。加拿大特许会计师协会发布了系列的实务操作指引。首先，全面性的指引方面，有《管理层讨论与分析：编制与披露指南》；其次，在具体内容方面，有公司战略、风险因素等披露指引，更具针对性和操作性；最后，在编制工作的组织和质量控制方面，有一项《董事会应该询问的20个问题》，详细列举MD&A编制工作会遇到的问题及公司董事会应该考虑的问题。这也是目前在内容体系上最为全面的最佳实践指引之一。

（三）国际会计准则理事会（IASB）

国际会计准则理事会酝酿多年并于2010年成型的实务公告《管理层评论》，明确提出“旨在为依据国际会计准则生成的财务报告相关联的管理层评论的编制，提供广泛的、非约束性的框架”。尽管国际会计准则理事会一再申明其MD&A实务公告的非约束性，鉴于当前国际会计准则与美国财务会计准则趋同的推进，作为国际会计准则的非约束性“配套”，《管

---

① 例如，在IG Example 3：Market Share部分，其建议公司披露以下信息：市场份额的定义及其计算；披露这项指标的目的；数据来源；公司的量化目标；量化的实际数据；公司披露市场占有率的数据来源和方法没有发生变化。当然，对于以上披露子项目，在公告中均“模拟”了相应的披露，进一步延伸至操作层面。

理层评论》的使用可能会随之扩展，值得引起关注。

（四）普华永道、德勤等中介机构

在监管部门（包括自律组织）发布 MD&A 规则的同时，一些中介机构纷纷披露最佳实践以引导实务。如普华永道对叙述性信息、MD&A 等进行持续的研究，提出价值报告框架，发布系列实务经验总结。较为典型的包括 2009 年《11 项报告小建议》，就定期报告中如何与投资者有效沟通，归纳总结好的做法以及最佳实践案例，为公司高质量信息披露提供“技术”支持。2008 年在报告《将点连起来》（*Joining the Dots*）中，关注叙述性信息披露的整体一致性，并提炼出相应的实务技巧。此外，普华永道亦提供公司的披露案例供报告编制人参考。“四大会计师事务所”之一的德勤，曾连续对英国上市公司叙述性信息（其中包括经营与财务评论）进行分析，并以一家虚拟公司编制了说明性的经营与财务评论（Illustrative OFR）作为披露范例。目前，还有专门为上市公司年报编制提供服务的公司，如美国的 Ketchen 公司，在其积累大量案例基础上发布编制指南、编制技巧等类似最佳实践的报告，供外界参考并吸引客户。

实践中部分机构的指引虽没有采用最佳实践的称谓，但是对公司的披露提供了必要的引导作用。例如，香港交易所也曾经制定过 MD&A 披露的分行业指引，沪、深证券交易所近年来发布 MD&A 的备忘录或指引。不难看出，最佳实践的做法呈现多样性。

第一，发布主体涵盖监管机构、自律组织、商业机构等多种类型。首先，监管机构如美国证券交易委员会、英国会计准则委员会。不过英国的情况较为特殊，由于欧盟指令的施行导致原有的监管规则转换为最佳实践指引。其次，自律组织，如加拿大特许会计师协会及中国的沪、深证券交易所。最后，部分商业机构，包括与企业财务会计紧密相关的各大会计师事务所，以及专注于信息披露、投资者沟通的咨询机构。

第二，从发布目的来看，包括提高规则的执行效果、商业服务推广、扩大规则的影响力等多个方面。例如美国证券交易委员会在发布披露指南前对企业披露进行较为充分的评估，制定 MD&A 的披露原则、披露重点并适当辅以案例，旨在为公司提供“规则 + 解释”与“指南”的“套餐”。与美国证券交易委员会的披露评价一道，共同服务于提高既有规则的执行效果。国际会计准则理事会的《管理层评论》，在质量特征上突出与现有财务会计的紧密结合，而国际会计准则正是其不断向各国推行的重大制度，显然国际会计准则理事会的最佳实践指南，在 MD&A 的功能之外还被赋予国际推广的使命。与上述两类机构的风格不同，商业机构的最佳实践指引在形式上更为灵活，内容上更为生动，且不断跟踪热点问题，就目的而言，一方面为公司披露提供颇具操作性的引导，另一方面与推销其服务密不可分。

第三，从表现形式上看，有单纯的条文式（如国际会计准则理事会的《管理层评论》、加拿大特许会计师协会的管理层讨论与分析相关指引），也有“条文 + 案例”（如美国证券交易委员会的披露指南和解释），以及专门的案例（如普华永道的专项报告）等不同类型，不拘泥于单一形式。

第四节 改进管理层讨论与分析的政策建议

一、基于内容框架与质量特征的具体建议

（一）整合管理层讨论与分析的内容，提高其整体一致性

现有 MD&A 经过多次的准则修订内容已经大为扩展，并基本形成“历史回顾”与“未来展望”两大部分的架构。在内容做加法的同时亟须审视其整体的一致性。第一，评估并简化部分披露内容，如在历史定期报告、临时公告其他部分已经出现的信息不必一一再次陈列。近年来，包括 2021 年年报准则修订，一大亮点是 MD&A 的框架更加清晰、明确，投资者需求导向更加鲜明。第二，在披露中增强各项内容之间的关联度和内在逻辑，

既包括年报信息的交叉索引、充分运用目录、关键信息位置提示、标题与标签等技术性的方法[①]，也包括报表信息与MD&A信息的相互印证、MD&A各项信息之间的前后对应、关联等整体性的要求[②]。

（二）梳理现有规则，适时推出管理层讨论与分析的质量标准

A股市场关于MD&A质量要求体现在中国证监会和交易所的多个准则（指引）之中。基于规则完整性的考虑，MD&A的质量标准可继续沿用目前的“质量标准+具体内容”的体例。具体至质量标准，相关性、可靠性、完整性与重大性、可理解性、可比性是其重要维度。

二、运用“规则+评价+最佳实践”进行规范与引导

规则仅仅是提高披露有效性的必要而非充分条件。换言之，只有披露内容的规定但是缺乏详细指引以及完善的市场约束，效果可能不彰。例如要求披露研发项目弥补财务信息的不足，但是公司仅仅披露“闪光”的部分而置风险于不顾，可能与披露初衷背道而驰。相反，在监管实践中要求公司全面、平衡地揭示其未来影响、当前进展、尚需投入、潜在风险等的做法，若形成最佳实践，可提升监管规则的执行效果。从国外的实践来看，“规则+评价+最佳实践”的模式可作为有益尝试。

首先，监管评价方面，通过信息披露的事后监管形成披露的激励反馈。构想如下：一是以MD&A的披露质量标准作为参照，对“董事会报告”“管理层讨论与分析”信息披露的相关性、可靠性、完整性等予以关注，如市场占有率数据的来源及其可靠性、技术先进程度的判断依据等。MD&A监管评价仍以披露为落脚点，即公司需对相关信息补充披露、更正披露等，评价主体对其不作实质性判断。二是根据评价结果评估规则执行

① 例如，关于公司的主要业务、商业模式等，部分公司在MD&A的最后部分才予以说明，不符合阅读的习惯，对此可以适当提前，或在前面部分简单介绍并加上后面部分详细内容的索引。

② 如风险因素体现公司的战略及其变动，业绩分析结合财务、内部管理指标、风险识别与管理等。

效果，发现披露薄弱环节，并反馈至规则的持续修订完善。

其次，最佳实践方面，交易所已经制订并修订其MD&A披露指引，在此基础上，还可以考虑通过案例丰富最佳实践指引。一是通过上市公司年报及日常披露，发掘好的经验和做法，并总结归纳为最佳披露实践。如管理层讨论与分析的编制工作组织、信息传递、质量控制等。此外亦可提炼监管中行之有效的经验形成最佳实践。如要求公司披露研发项目时，全面、平衡地揭示其研发活动的未来影响、当前进展、尚需投入、潜在风险等。二是参考披露的质量原则、逻辑一致性等“标准”，筛选部分优秀披露样本，通过披露案例形式为上市公司提供更加直观、具体的引导，亦可作为公司间相互交流学习的平台。三是对披露中存在的突出问题，可改编为“负面”案例，避免公司无心为之，以及约束刻意的选择性披露、相关性缺失的披露等。

最后，在构建最佳实践、披露案例的过程中，可借力会计师事务所等中介机构。国外自律组织和商业机构的最佳实践，尽管不排除主观上扩大市场影响、商业宣传等目的，但实践中对公司披露具有技术层面的指导和帮助作用。

三、鼓励自愿披露，赋予公司适当灵活性

非财务信息内容和形式灵活，既是其优势所在，但也给非财务信息的披露规范带来一定的困难。因此，在统一规范的同时，仍应继续赋予公司一定的灵活性，以充分体现行业和业务特色。可以通过以下设计进行平衡：对信息披露的质量特征（质量原则）、披露框架（内容）等作出统一的规则指导，以此作为底线要求，同时在关键绩效指标选取、具体内容设计等方面赋予公司必要的灵活性，鼓励公司的个性化披露。

四、通过监管与法律责任增强披露的长效约束

在信息披露违法违规的行政、民事以及刑事责任方面已经有了较为体

系化的法律法规，但是仍以财务信息为主，MD&A 等叙述性信息极少。究其原因：第一，财务信息较非财务信息更易于外部验证；第二，虚假、遗漏的非财务信息未必满足“重大性”的标准，因此即使发现虚假或遗漏，也不能支持诉讼；第三，虚假陈述往往同时涉及财务信息和非财务信息，但是从信息的可验证性、定量判断以及虚假陈述在诉讼维权中的可操作性等方面考量，财务信息更易成为关注焦点和责任追究的核心；第四，一部分涉及非财务信息的违法违规发生在临时公告而不是定期报告的 MD&A。但是，并不能据此削弱相关主体对非财务信息披露所承担的责任，可以考虑以下措施提高违规成本，增强监管和法律约束：监管部门加大非财务信息披露违法违规的责任追究，如隐瞒重要的、关键风险因素；在信息披露评价中，突出非财务信息的可靠性、完整性的考量比重；信息披露质量与其他监管措施的协调①。

需要进一步说明的是，MD&A 信息具有多重质量维度，应根据其要求的具体指向、可验证性、对决策影响的重大显著程度等，对应差异化的约束和责任机制。在可靠性、相关性、完整性与重大性、可理解性等质量特征中，可靠性、完整性与重大性两大特征，不论是从概念界定还是实际操作，都更适宜于与信息披露的法律责任产生对应关系。换言之，失之可靠性、完整性的重大非财务信息，可能已经触及虚假披露、误导性陈述的民事等法律责任，如公司虚假的市场占有率、管理层隐瞒已知的重要趋势等②。相对而言，MD&A 的相关性、可理解性、可比性等质量特征，更适宜借助披露指引、最佳实践等予以规范和引导。在资本市场竞争环境下，披露质量亦会随公司对信息披露的价值认知、管理能力的提高而提升。

---

① 韩国科斯达克市场的做法具有一定的借鉴意义。科斯达克有一项“不诚实披露法人”制度，即公司不履行信息披露义务、推翻以前的披露、对以前的披露进行重大变更，就会被指定为不诚实披露法人，并在信息披露考核中罚分，且罚分纳入退市指标中。一年之内公司被指定为不诚实披露法人两次以上，公司将被指定为管理股（即存在退市警示），甚至成为实质性退市审查的对象。

② 例如 SEC 处罚 SONY 公司的案例。

第五章

提升财务报表附注披露质量

财务报表附注（以下简称“报表附注”）是为了方便报表使用者理解报表内容而对报表的编制基础、依据、原则、方法及主要项目等所作的解释。它是财务报告中重要而特殊的组成部分，在上市前后，影响公司估值、业绩计量、盈利预测。它的重要性在于是对报表信息的补充、解释和说明，属于报表不可分割的部分。尤其是新会计准则加大了企业自由裁量权，会计处理更多依赖于会计人员的估计和职业判断，同时，公允价值计量属性的引入，使附注信息对理解表内数据的重要性持续上升，篇幅也不断增加。无论在国内、国际，它占定期报告的篇幅已接近或超过一半，甚至达三分之二。它的特殊性在于，其是联结表内外披露的核心：不仅有表内信息的“影子”，也有异于表内信息的特征，如可以定量描述，也可以定性描述；虽然属于强制性披露领域，但可以对某些重大事项进行自愿披露。年报审计鉴证使附注信息比其他表外信息更具有可靠性，它的质量在很大程度上影响定期报告质量。同时，投资者能否正确理解报表附注内容，也是理解定期报告的关键。

从国际看，改进报表附注披露质量是近年国际监管前沿问题。尤其是我国会计准则已实现国际趋同，在监管方面也积极借鉴成熟市场经验，因此，关注这一问题十分必要。2005 年的《对 2002 年的萨班斯 - 奥克斯利法案第 401 节（c）关于资产负债表外交易的运用，特殊目的实体和发行人提交文件透明度的报告和建议》中[①]，认为报表附注：（a）非常重要；（b）对实现透明度来说很有必要；（c）可以进一步改善。2008 年 10 月 16 日，国际会计准则理事会（IASB）与美国财务会计准则委员会（FASB）联合发布了《财务报表列报的初步观点（讨论稿）》，对财务报表列报作了重大修改。从此稿中，已经能够看出信息的列报和披露是未来财务报表列报改革的一个重要方面，而报表附注是其中不可忽视的一部分。2013 年，国际会计准则理事会进一步认为，如何提高报表附注质量是 20 个重大披露及财务问题之一。目前，美国证券交易委员会、美国财务会计准则委员会、国际会计准则理事会等正在着手改进，欧洲财务报告咨询小组等其他组织也在进行积极研究与探讨。

从国内看，近年媒体对上市公司的质疑，多数与报表附注披露有关。根据中国证监会会计部的统计，这些质疑可以归为四类情况：财务造假、一般性会计问题的合理性、财务披露方面的差错和不一致、发现一些可疑的财务问题线索。此外，还包括附注与其他披露的不一致等问题。在当前发行审核和定期报告事后审查中，因报表附注披露问题增加的沟通量和问询函也不在少数，占用不少监管资源。这些问题的存在，不仅影响信息披露的真实、准确、完整，更影响报告使用者对报表的理解与使用。无论在以业绩为导向的监管模式下或向"注册制"的转变，改进报表附注披露质量的需求都十分突出。

根据世界经济论坛（WEF）于 2017 年 9 月 27 日发布的《2017—2018 年全球竞争力报告》，2017 年中国竞争力排名第 27 位，在"金砖"国家中保持领先，但投资者保护力度却排名第 102 位，不仅落后于成熟市场[②]，也落后于好几个"金砖"国家[③]。而投资者保护力度的主要指标由披露指

---

① Report and Recommendations Pursuant to Section 401（c）of the Sarbanes - Oxley Act of 2002 On Arrangements with Off - Balance Sheet Implications, Special Purpose Entities, and Transparency of Filings by Issuers, issued by the SEC staff, June 15, 2005, http://www.sec.gov.

② 新加坡（第 1 位）、中国香港（第 3 位）、加拿大（第 7 位）、中国台湾（第 21 位）、美国（第 31 位）等。

③ 南非（第 21 位）、印度（第 13 位）、巴西（第 31 位）。

标、董事责任指标、投资者诉讼难易度指标综合组成。在 2019 年的审计和报告准则的力度排名中，中国排名第 78 名，远落后于我国香港（第 2 位）和台湾（第 13 位）等其他地区。包括报表附注在内的披露质量与整体经济发展力的差距十分明显，改进报表附注披露质量具有现实意义。

本章在分析国际新动态和现有规则的基础上，结合调研信息和深交所监管数据，对当前报表附注披露主要问题进行分析，提出质量改进的相关建议。

第一节　国际上改进财务报表附注披露质量的关注焦点

一、美国财务会计准则委员会（FASB）

（一）美国财务会计准则委员会当前改进披露质量的核心——报表附注

1949 年，Maurice H. Stans 发表《当前会计缺陷抑制对自由企业的理解》一文，指出财务报表对描述企业在社会中角色的重要性。但他发现当时“没有固定的准则规定财务报表最低披露要求”。此后，虽然财务报告已进行大量改进，但是，2007 年，前 FASB 成员 Katherine Schipper 仍认为：“通过颁布条款的方式要求披露的财务报告信息数量增长迅速，而且随着时间的增加，没有任何减少的迹象。除了披露要求过多，披露要求也没有被很好地理解：我们缺乏关于强制披露的综合理论，许多问题仍然停留在发行人、审计师以及财务报告使用者如何看待披露信息，特别是与确认项目的对比；美国财务会计准则委员会概念框架不能提供披露目标或标准，从而明确区分确认和披露的项目。最后这个问题特别让人疑惑，因为准则制定者几乎在每个准则中对确认和披露的项目进行了区分。”长期以来，人们一直关注冗余、过度或者无效的信息披露。

为改善这一问题，2009 年 7 月 8 日，美国财务会计准则委员会根据美国投资者技术咨询委员会（ITAC）、美国证券交易委员会下属的财务报告改进咨询委员会等的建议，先后与欧洲财务报告咨询组（EFRAG）、英国财务报告理事会（FRC）和法国会计标准管理局（ANC）合作，共同致力于建立一个更好地整合财务报表、管理层讨论与分析、公司其他公开披露信息方式的披露框架，并打算在建立披露框架后，与美国证券交易委员会和相关监管部门进行合作，改进现有披露质量。根据计划，2012 年 7 月，美国财务会计准则委员会提出一份《披露框架》（征求意见稿）①。其核心在于通过沟通财务报表使用者认为最重要的信息，改进报表附注的有效性，这一框架只用于报表附注，适用于所有上市和非上市主体。它认为改进报表附注有效性的方式包括：披露相关信息以及避免不相关信息、判断什么信息需要进行披露、使披露要求变得更灵活、改进报表附注的格式以及组织方式等。美国财务会计准则委员会认为，尽管减少报表附注的数量并不是这个框架的主要目标，但它希望通过更关注重要信息从而在多数情况下减少附注数量。除框架之外，美国财务会计准则委员会也在考虑提供指南以改进报表附注的结构、格式和文体。

（二）美国财务会计准则委员会对改进报表附注质量的主要观点

在这份披露框架中，美国财务会计准则委员会主要考虑了附注披露的以下几方面内容：

1. 明确什么是与决策问题相关的信息

这是解决披露相关信息和避免不相关信息问题的首要问题，包括：报告主体的基本信息，如报告主体是做什么的，子公司及其他利益实体是否包括在合并报表中；财务报表各项目的信息，如定义、解释、计量方法以及计量不确定性；未在财务报表中体现，但会对报告主体的资源提供方评

① Disclosure Framework（discussion paper），Financial Accounting Standards Board of the Financial Accounting Foundation，July 12，2012，http：//www. fasb. org.

估主体未来现金流产生影响的信息。

2. 判断信息是否应该披露

即如何判断什么信息需要进行披露。以往的规则要求都是根据不同项目提出不同的要求，即使是目标相似，但也有不太相同的披露要求，这对报告主体来说负担过重。这个框架尝试提出通过一系列问题来判断是否进行相关信息的披露①。

3. 如何使披露要求变得更灵活

对监管者来说，减少无关信息的披露而不是单纯减少披露量是一种提高披露有效性的方法。如何防止报告主体不加判断而按照所有要求进行披露，从而造成信息冗余，美国财务会计准则委员会提出了几种方式，如减少对披露的直接描述要求，允许报告主体在运用时有更多自由，即告诉主体如何判断是否披露；对每个项目设最低披露要求以及延伸的披露信息，报告主体根据其与报表的相关性自行判断是否按最低要求或者延伸信息披露；对每个主题的信息披露要求分三层或更多（不仅是最低或最高要求），或提供一个标准，让报告主体自行选择使用哪个标准的披露要求等。

4. 报告主体如何对披露信息相关性进行判断

美国财务会计准则委员会认为判断披露相关性时，最主要的是看该信息披露后，使用者对主体未来现金流量的评估会不会发生显著变化。其中有一些可能影响判断的要素，包括造成影响的数量级、发生可能性、时间因素及其他因素，如监管者、审计师因素等。

5. 报表附注的格式及结构

美国财务会计准则委员会建议报表附注的格式可以调整为以下 4 种：以表格形式披露；为批注加标题；交叉引用；突出显示信息。美国财务会计准则委员会征求市场人士的意见，看哪一种格式最佳或是否有其他更好的方式能提高附注披露的有效性。同时，它认为报表附注结构的改进方向

---

① 其中包括：4 个关于基本信息的问题，16 个关于报表项目的问题，7 个关于其他交易与事项的问题。每个问题都对这个问题需要考虑披露的信息以及这些信息为什么重要进行了简要说明。

还包括：附注披露的逻辑顺序，如允许管理层根据信息的相关性程度组织附注，以满足更多使用者的需求；是否把一个交易或事项对不同会计科目的事项合并在一条附注中，然后进行分类披露等。

6. 报表附注披露的其他考虑要素

包括：一是对会计政策的总结，减少冗长的例行会计政策说明是否能在短期内提高披露的相关性和有效性？二是披露成本以及披露后的结果，是否有利于资源配置。此外，美国财务会计准则委员会也在征询是否可以修改或消除其他的披露项目，以短期内大幅减少报表附注，以及如何减少中期财务报表附注供求矛盾的问题。

二、欧洲财务报告咨询小组（EFRAG）

（一）欧洲财务报告咨询小组对改进报表附注质量的看法

欧洲财务报告咨询小组认为，在当前环境下，报表附注的相关性已被以下原因破坏，包括：（1）监管者试图通过增加披露要求以提高透明度。他们将这些附注看成“有用”信息的存放处，认为更多的信息可以减少财务舞弊，这使附注在某种程度上被视为补偿会计确认和计量的手段，附注就不再只是报表“脚注”；（2）交易和财务报告要求的复杂性不断上升；（3）在披露实践中，重要性判断有难度；（4）发行人、审计师和监管者，倾向于需要一份“检查清单”，以增加“安全性”；（5）报告期末企业发布财务报告的时间压力。所有这些因素汇集起来造成报表附注太复杂，以致难以理解。

财务人员有一个很强的共识，就是报表附注已变得很笨拙，而且，不断上升的附注长度很少能改变信息质量，还可能因信息过载而降低质量。因此，这对于依赖附注信息决策的投资者，使用难度不断上升。来自发行人、使用者和审计师等不同方的报告，都强烈要求对现行披露制度进行重新审视，认为目前披露制度难以再维持。同时，呼吁国际会计准则理事会

（IASB）对披露框架进行改进，以使现行国际财务报告准则下的披露要求能基于正确的原则，并能为报表使用者所用。

（二）欧洲财务报告咨询小组对改进报表附注质量的主要观点

根据美国财务会计准则委员会和欧洲财务报告咨询小组、英国财务报告理事会以及法国会计标准管理局的合作，美国财务会计准则委员会颁布《披露框架》征求意见稿，而另三方则联合颁布一份关于披露框架的相似文件。欧洲财务报告咨询小组在 2012 年 7 月发布了《关于附注的披露框架》（征求意见稿）①，认为：附注中的披露应当提供能补充和解释财务报表的信息；附注应当关注于过去的交易或其他在报告日存在的事项，那些与过去交易无关的未来信息和其他事项，不应当在附注中提供；附注中的信息应当是公司特有的。因此，它认为附注应当包括但不限于以下信息：（1）报表中数据的假设和判断；（2）可能影响所披露数据的风险的信息；（3）与这一信息相关的可选择的计量方法。

在改进报表附注的过程中，有必要改变简单地讨论"更多"或"更少"的披露，而应当研究怎样改进披露的质量，以更好地服务于财务报告目标。《关于附注的披露框架》（征求意见稿）认为对报表附注的改进，应当关注以下方面：（1）澄清报表附注的目的，即在披露框架中应清楚界定附注的目的，它应当担当什么角色？哪些信息应当包含在附注中，哪些附属于它？附注的目的应当是提供一个在主要财务报表项目和报告日发行的未确认的交易、权利的相关描述；（2）研究相关规则，以确定哪些信息应当被包含在附注中；（3）考虑附注披露的要求和形式；（4）强化重要性的应用，以使披露需要理解一个主体的财务业绩和状况的信息；（5）清晰表达交流中的关键要素，以用于附注。

欧洲财务报告咨询小组因此设立了一个关于附注披露的要求：（1）披露需要成为一个与确认、计量与记录区分开的目标；（2）披露要求应当及

① Towards a disclosure framework for the notes（discussion paper），http：//www. efrag. org.

时进行改进调整，以与确认、计量、记录的程度持平；（3）披露要求应当放在整个会计标准体系中；（4）披露要求应当原则导向，并避免过于细致的要求；（5）披露要求应当与使用者需求相称，并在所有环境中都能进行合理的成本效益权衡；（6）披露要求不应当被用作补偿在确认、计量或记录中不足的工具；（7）披露要求应当被用来避免任何可能的附注过载，并应当不时进行修订以削减不再相关的要求。

同时，欧洲财务报告咨询小组认为，应当关注附注披露的应用要求，尤其是实践中的重要性原则，应牢记披露不重要和不适用的信息将减少披露的相关性和可理解性。同时，改进附注披露不仅是监管者的行为，发行人、审计师和监管者在其各自的领域中，都能分享到促进披露改进的好处。

三、国际会计准则理事会（IASB）

2013 年，国际会计准则理事会提出对按国际会计准则编制报表的企业造成挑战的二十大披露及财务问题中，一个重要问题就是减少披露负担。国际会计准则理事会发现，随着准则制定机构增加披露要求来提高透明度水平，近年来财务报表规模增长明显（见图 5 - 1），附注也明显增加。很多人对此已表达了担忧，增加的报表附注规模已经对编制者产生主要负担，却并没有实现帮助使用者理解报表数据的目标。

国际会计准则理事会在 2013 年 1 月底召开了“披露论坛”，在论坛上回应了对报表披露过载的呼声，并将这次会议上收到的反馈意见，结合上述报告、苏格兰特许会计师协会和新西兰特许会计师协会、英国财务报告理事会等相关报告，修订其概念框架的披露部分。但这项工作还需要一些时间，尤其是在具体准则中特定披露的变化仍会持续很长时间。

国际会计准则理事会也指出，在实务操作中，一些公司已探索出一些能同时提高附注有用性和财务信息披露透明度的方式，或已经重新审视它们的信息披露方式，既减少了“混乱”，又符合国际会计准则和其他报告要求。它鼓励各国监管机构积极探索此类实践。

图5-1　国际会计准则要求年报财务数据情况表（以医药公司年报为例）

综上所述，改进报表附注披露质量是提高信息披露有效性和透明度的共识，但仍处于监管机构和会计准则制定机构研究的过程中，它不是一个简单的“多”或“少”的问题。国际上主要关注：（1）报表附注的冗余性对披露有效性的影响；（2）对决策相关性的影响。主要的技术问题是：（1）区分哪些是附注披露的内容，尤其是区分披露与确认、计量、记录的区别；（2）附注披露的形式、结构；（3）附注披露具体项目的改进，如会计政策披露的调整；（4）成本效益原则与持续修订。

第二节　我国财务报表附注披露的监管规则现状

除历史上曾有两类特殊企业规定外①，我国报表附注现有规则主要是财政部、中国证监会发文以及交易所的相关备忘录。其中，《公开发行证

① 《公开发行证券公司信息披露编报规则第6号——证券公司财务报表附注特别规定》（证监发〔2000〕76号）、《公开发行证券公司信息披露编报规则第11号——从事房地产开发业务的公司财务报表附注特别规定》（证监发〔2001〕17号）。

券的公司信息披露内容与格式准则第 1 号——招股说明书》（简称“招股说明书准则”）和《公开发行证券的公司信息披露编报规则第 15 号——财务报告的一般规定》（简称“15 号规则”）规定的都是最低披露标准。

招股说明书准则的“财务会计信息”部分，规定的附注内容要求较简要，主要包含：财务报表的编制基础、合并财务报表范围及变化情况；报告期内采用的主要会计政策和会计估计；分部信息等。相比之下，《企业会计准则第 30 号——财务报表列报》、相关指南和 15 号规则的规定更加细致，尤其是 15 号规则的要求最为详细。对比以上几个规则，存在以下几方面特征：

一是都要求披露公司的基本情况。除招股说明书规则设有“发行人基本情况”外，15 号规则、列报准则和指南，都要求披露公司的相关基本情况。前者要求首次公开发行证券的公司应简述“历史沿革、改制情况、行业性质、经营范围、主要产品或提供的劳务、主业变更、公司的基本组织架构等”，上市后的定期报告至少应简述“历史沿革、所处行业、经营范围、主要产品或提供的劳务等”。从这点看，都沿袭了监管报表的风格，与招股说明书一致。

二是会计政策和会计估计是要求的重点。招股说明书对财务会计信息的要求主要在会计政策与会计估计部分；列报准则和指南也要求披露重要会计政策的说明和重要会计估计的说明；15 号规则详细地列出了重要科目的会计政策要求，但要求详略及各项目要求有所差异。2013 年发布的 4 项解释性公告也都是关于在会计政策中对政府补助、可供出售金融资产减值、分步实现企业合并、分步处置对子公司投资者至丧失控制权等问题进行具体说明。

三是 15 号规则细化附注项目，并强化了重点监管要求。包含公司的基本情况；会计政策、会计估计和前期差错；税项；企业合并及合并财务报表；财务报表项目附注；资产证券化业务的会计处理；股份支付；关联方及关联交易；或有事项；承诺事项；资产负债表日后事项；其他重要事项；母公司财务报表的主要项目附注等项目。列报准则和指南则仅限于相关报表项目的附注说明，规定较原则化。

四是企业上市前后遵循的报表附注要求存在差异。IPO 材料中的报表附注只需遵循列报准则及指南和招股说明书的要求，上市后按 15 号规则附注要求内容更多。在具体附注项目上市前后披露中存在差异。

第三节　我国财务报表附注披露的典型问题——机构调研

本课题组调研了德勤、信永中和、天健、立信、致同等会计师事务所和广发、国泰君安、平安等券商和基金的研究人员，交流了对当前报表附注披露的看法。调研对象普遍认可现有规则的积极作用，但也谈到我国当前报表附注的一些改进空间，归纳为以下几方面。

一、投资者决策有用性不足问题较突出

调研中反映最多的问题是当前监管导向的报表，无论表内还是表外，是否能有效反映事项的经济实质？而后者对使用者分析决策最重要。例如，对重大的投资或交易的会计处理分散在各个报表项目中，也在各自附注中进行说明，但报表阅读者无法获得完整清晰的全部信息。增加对投资者决策有用性的需求看来更加迫切。

二、标准化是否过度，灵活性是否不足

在我国目前监管导向的报表中，为增强可比性，其对标准化的披露格式比较重视，为便于填制，2014 年 12 月修订前的 15 号规则中对报表附注内容格式有明确规定。但标准化表格也存在一些信息难以灵活披露，或只能归类于“其他”项目的问题，部分信息因为难以归类或公司认为无强制

性要求而不被披露。在企业经营和交易事项日益复杂化的情况下，标准化程度如果过高，企业披露的灵活度就会受限。

三、披露冗余大于披露不足

受访者比较一致的看法是：附注披露中原则性规定的冗余度较高，而结合公司实际情况披露不足。信息披露的强制性标准只能针对理性投资者，要求财务报告的披露满足所有投资者并不现实。如果针对一些非理性投资者或有特殊目的的投资者过多要求披露信息，可能会将重要信息淹没于其中，重要性信息不突出，最终表现为冗余。相反，一些项目的具体披露要求在规则修订前存在不足，如收入确认的时点；存货项目的规定，还不太清楚真正要披露的内容是什么？季节性变化较大的行业或公司相关因素和结果披露不足。此外，报表附注中容易存在舞弊、差错的项目披露不足，如往来款、存货、长期资产、预收账款、其他应付款等。

四、主要会计政策中差异化披露缺失

"重要会计政策、会计估计和合并财务报表的编制方法"等附注项目中，多数内容与监管规则重复，属于企业在会计政策中不能选择的内容，绝大部分公司披露内容完全相同。具体会计政策在使用过程中有所差异，或因公司的行业、经营模式差异存在不同，但一些公司没有披露这部分信息。从方便投资者角度看，可以简化与准则或规则重复的条文，如公司没有的部分项目，根据重要性原则，可选择不披露，统一说明即可；加强与公司行业、运营特点等有关的特有会计政策和估计的差异化披露。

五、披露要求存在差异或不一致

首先，一些项目附注披露要求存在差异。如列报准则要求应收账款按账龄披露，但2014年12月修订前的15号规则要求按单项金额重大分类披露；列报准则要求存货根据余额本期增减变动披露，但修订前的15号规则未规定；列报准则要求其他流动资产按全部项目披露，但修订前的15号规则未规定；列报准则要求可供出售金融资产、持有至到期投资披露期初期末值，修订前的15号规则要求披露债权投资等较多内容。

其次，同一名词在不同规则中存在差异。如“关联方、关联关系和关联交易”在《公司法》、企业会计准则以及修订前的15号规则中的定义、范围和分类有所不同。

此外，关于报表附注应当按哪个口径，有三个版本：一个版本是按财政部企业会计准则与中国证监会相关规则的最宽口径；一个版本认为财务报告是由企业会计准则规范，按财政部标准；还有一个版本认为上市公司应当按中国证监会的要求为主。还有技术上的一个问题是：中国证监会规则中规定审计师应出具意见的报告，有些不是附注内容，不属于财务报告，应该如何装订？

六、附注项目或与其他信息之间存在重复披露

首先，相同信息存在重复披露要求。如往来科目中单列5%股东往来余额、关联方往来余额，这些信息在关联方交易中已全部披露，存在赘述的情况。

其次，附注与财务报告以外部分也存在一些重复披露现象。包括非经常性损益、高管薪酬、主营业务及经营情况（分地区情况、分行业和产品情况）等。如《公开发行证券的公司信息披露内容与格式准则——第2号年度报告的内容与格式》（2017年修订稿）中，规定“报告期内公司销售费用、管理费用、财务费用等财务数据同比发生重大变动的，应当结合业务模式和费用构成，说明产生变化的主要驱动因素”，但此项一般在报表附注中已有；规定“结合公司现金流量表相关数据，说明公司经营活动、投资活动和筹资活动产生的现金流量的构成情况。若相关数据同比发生重

大变动，公司应当分析主要影响因素。若报告期公司经营活动产生的现金净流量与报告期净利润存在重大差异的，公司应当解释原因”，但此项在附注中也有，且有现金流量表补充资料；规定资产、负债状况分析内容也与部分报表附注内容重复。调研中，中介机构建议对这些重复部分可以删减，报表附注尽量以财务信息为主，公司年报或董事会报告以其他信息为主，相互印证。

七、持续披露繁简程度不同

由于目前招股说明书与年报的附注内容存在一定差异，而且为了满足IPO目的，公司对招股说明书中一些重要项目的附注披露较细，但上市后不愿过多披露。如收入的构成等在招股说明书较细，年报中就较粗略；成本方面内容，公司披露得比较少，对一些结构性的变化也未及时披露。这使投资者分析公司相关资料时，无法获得持续信息。

八、如何确定合理披露的尺度

有券商分析师指出，境外市场分析师的主要工作是分析和解读信息给一般使用者，他们认为分析师的主要精力应当放在对信息的分析，而不是忙于获取信息。但我国现实中，由于难以通过公司披露获取分析所需的一些收入、成本等信息，无法满足盈利预测、价值评估的要求，需要公司解释或调研。如果要求公司披露收入、主要客户、成本等信息，一些公司则以商业秘密等为由，不愿过多披露这些信息。如何把握披露尺度，让公司既能披露出使用者需要的信息，而又不过多地泄露商业秘密？为什么成熟市场的披露既满足了使用者的要求，又不会泄露商业秘密？

综上，中介机构作为专业的报表使用者，从他们的视角看，我国报表附注披露质量存在改进空间。国际上所关注的披露冗余度、格式等问题在我国的争议也十分突出，而我国由于披露体系正处于逐步完善过程中，披露不足、披露尺度、规则整合等问题也亟待解决。

第四节　我国财务报表附注披露的典型问题——公司数据

为了解上市公司附注披露的实际情况，本节以深交所创业板 2012 年全部公司年报问询函作为研究对象进行分析，合计 184 家公司 185 份样本①。选择样本的依据：（1）目前创业板公司比中小板公司在行业分布上更具有分散性，附注披露更具有代表性；（2）年报的事后审查方式，使年报与监管人员的问询意见都清晰可见。通过分析和归结年报问询函中的问题，有以下结论：

一、附注披露整体存在改进空间

184 家公司占 2012 年创业板公司数的 51.83%，每份问询函都涉及附注内容，说明近半数创业板公司年报附注披露存在不清晰或需进一步了解之处。其中，绝大多数问询函的问题数都在 5—10 个，每个问题有时又包含若干小问题，主要与附注有关。附注外的问题，比较集中于募投项目、超募资金使用等与募集资金相关的问题，少数问题也反映出与招股说明书披露口径或事实差异，以及相关事项是否及时披露。

二、收入确认政策等基本问题披露不清晰

收入是最主要的问题，有 90 份问询函涉及该问题，占比 49%，涵盖制造业，科学研究和技术服务业，信息传输、软件和信息技术服务业，交

① 浙江向日葵光能科技股份有限公司（证券代码：300111）有 2 份。

通运输、仓储和邮政业，租赁和商务服务业，采矿业，建筑业，农、林、牧、渔业，批发和零售业，水利、环境和公共设施管理业，卫生和社会工作业，文化、体育和娱乐业12个门类的行业①，基本覆盖了创业板的所有行业②。说明不同行业的收入披露都存在不清晰之处。

其中，最常见的问题是收入确认政策、会计处理问题，有28家企业涉及这一问题，涉及制造业，信息传输、软件和信息技术服务业，农、林、牧、渔业，文化、体育和娱乐业，租赁和商务服务业，信息传输、软件和信息技术服务业，建筑业七大门类行业。说明一些公司没有清楚地披露收入的会计政策。涉及的主要问题包含：节水工程收入的确认程序、方法；BOT（Baild - Operate - Transfer）等方式下收入的确认政策；版权互换确认收入、摊销；新业务盈利模式、收入确认的会计政策；“三朵云”（公有云、私有云、混合云）的盈利模式及收入；对订制产品收入的确认方式；融资租赁业务收入确认方式；在线业务、大数据业务确认的收入；渠道的收入确认政策；分期收款的销售政策所针对的产品类别、回款期限、分期销售商品确认收入的会计依据及会计处理过程；精密环境工程承包业务收入的确定依据和方法；不以完工百分比法确认收入的原因；完工但尚未达到结算条件的项目不确认收入的原因；城市智能化业务的执行进度及收入确认的合理性；通过外部租赁公司和自设控股租赁公司分别进行销售模式的异同及在收入确认方面的异同等。

其余涉及收入的问题主要包括：（1）营业收入波动原因或者营业利润、营业税金、应收账款、销售费用等变动幅度与营业收入不一致的原因；（2）营业收入下滑原因；（3）子公司、联营单位、某客户收入确认与变化；（4）子公司收入未达预期、相互持股、盈利能力与母公司差别大、母子公司间内部交易收入确认情况的原因；（5）外销收入；（6）收入结构方面的明细情况：主要业务收入明细，分产品收入结构变化原因，某

---

① 按中国证监会《上市公司行业分类指引（2012年修订）》（证监会公告〔2012〕31号），本书如未特别说明，均按此标准。

② 涉及除电力、热力、燃气及水生产和供应业（只有一家迪森股份）以外的创业板所有的行业。

片区营业收入增长原因，某单位结算方式，部分产品订单及收入情况；（7）差错，如前三大外销客户即超过所有外销收入总和的原因等。

从以上问题可以看出，不少公司营业收入的披露并不清晰，尤其对收入确认政策、收入构成及报告期内收入变化的解释并不能令人满意。而对收入与其他报表项目之间，如成本变化所致的毛利率变化、应收账款的此消彼长、运输费用、仓储费用、现金流等的反向变化，并没有进行合理说明。

三、对往来款项及主要客户的披露不充分

往来款项也是问询的一个重点，有 87 份问询函涉及往来款项，仅次于收入，占比 47%。往来款项包含应收账款、其他应收款、预付账款等科目。从涉及的问题看，主要包括：（1）往来款项上升的合理性及原因；（2）应收账款、其他应收款、预付账款等前五大客户；（3）大额超龄其他应收款未收回原因；（4）预付账款、大额其他应收款、其他应付款等明细；（5）与上年明显矛盾的原因或应收应付款项之间明显矛盾的地方。

其中，73 份问询函涉及应收款上升合理性，集中于：（1）应收账款增长比例高于收入的原因，或应收账款增长、营业收入下降的原因；（2）应收款账龄结构变化、某类应收款大幅增加；（3）变动的合理性、回收的可能性、大龄应收款未收回的原因；（4）波动的原因；（5）与其他应收、应付款项变动的差异；（6）核销部分应收账款的合理性。

56 份问询函问及主要客户情况，主要问询收入前五大客户的业务往来情况、变化、是否存在关联关系等，如部分主要客户是供货商还是销售商与招股说明书说明不一致；主要客户往来近年变化情况；某大客户全额为应收款，相关收入确认、信用政策等。

往来款项与收入真实性的关联度很高，对往来款项的披露不明晰，将直接影响收入真实性的验证。对往来款项及主要客户的关注，也说明监管部门对收入的重视度很高。

四、现金流勾稽关系存在不对应

54份问询函涉及现金流的问题，占比29%，主要包括：（1）现金流披露不完全，未披露某项现金流，如应收、应付利息、应付职工薪酬等；（2）勾稽关系不对应，数据不匹配的原因，如固定资产、在建工程、预付款、收入等勾稽关系，包含资产负债表中、利润表中的项目与现金流量表中项目不匹配、循环现金流勾稽关系不对应等，这是现金流的主要问题；（3）经营性现金流量与业务的不一致，如收入下滑，现金流上升，比例不一致；（4）现金流为负的原因；（5）选择“不适用”的原因。

从问询的问题看，现金流量表及其附注项目是解释性最差的报表，虽然问询函数量不是最多，但问询的问题都体现出现金流量披露不全、勾稽性不符、数据不匹配等问题。

五、减值准备合理性的说明不足

减值准备中，主要涉及存货跌价准备，52份问询函涉及计提或不计提存货跌价准备的合理性，占比28%，主要包含：（1）存货减值测试及跌价准备是否充分、计提的原因、库存商品跌价准备的说明；（2）存货管理方式、跌价准备的计算方法、计算依据；（3）不计提的依据；（4）大幅上升原因。

有23份问询函涉及其余项目计提或不计提减值准备的合理性，主要是商誉减值准备、坏账准备等，包含：（1）全额计提或不计提商誉减值准备的合理性；（2）一些不合逻辑的现象说明。如坏账准备增加额250万元，应收账款及其他应收账款本期增加额137万元，二者差异的原因；此外，还有无形资产、固定资产减值、在建工程减值等。

从减值准备的问询情况看，一方面，由于减值准备合理性的说明存在欠缺；另一方面，主要与存货库存量的合理性有关。此外，关于商誉等问题的计提依据披露并不充分，无论计提与否，部分企业都未能清楚解释原因。

六、成本、毛利率披露较少，存货库存合理性需要加强解释

35 份问询函涉及营业成本披露的问题，占比 19%，涉及问题主要有：（1）没有按《公开发行证券的公司信息披露内容与格式准则第 30 号——创业板上市公司年度报告的内容与格式》（2012 年修订）第二十四条的规定要求，披露报告期成本的明细构成项目、占比及变化；（2）成本结转方法的合理性或结转具体过程；（3）成本披露过于简单，要求补充披露；（4）主要构成、同比变动；（5）成本费用未与收入同步上涨或超收入增长原因、单位成本或人工成本等构成要素增长的原因；（6）质疑：销售量大于上期库存和本期生产的合计数等不合理现象的原因等。

值得注意的是，有 45 份问询函涉及存货库存量的合理性，主要包含：（1）变动的合理性，尤其是大幅上升的原因，产、销、库存量变动 30% 的原因；（2）库龄；（3）存货大幅增长与仓储费用的不匹配；（4）生产量、销售量、库存量或产销量勾稽关系存在出入，上期库存量 + 本期生产量 - 本期销售量≠本期库存量；（5）存货分项明细；（6）生物性资产库存数等。

41 份问询函涉及毛利率变动原因，主要包含：（1）毛利率与同行业或地区差异大的原因，内外销、渠道销售与直销毛利率差异；（2）大幅上升或下降原因，波动与收入不同步的原因，如产、销量大幅上升，但毛利率大幅下滑；（3）主要产品毛利率、新增项目毛利率、外销毛利率、分产品解释毛利率变动原因；（4）关联方部分差异；（5）异常毛利率，如负数。

对成本循环的问询虽然少于收入循环，但从问询的问题可以看出，涉及成本真实性的问题较多，多属于有可能异常问题的问询，尤其是对存货库存的问询数较多，且多数涉及毛利率问题。

七、费用上升的合理性

关于费用的问询主要集中于销售费用、管理费用和研发费用，除了验证前两项与收入的对应关系，以核实收入的合理性外，主要关注研发费用的真实性和资本化的合理性。从问询情况看，涉及费用与其他项目不一致的问题也较多，具体包括：

31 份问询函涉及销售费用上升的合理性，占比 17%，主要包含：（1）销售费用归集或上升的合理性；（2）运输费、装卸费、仓储费、技术服务费、职工薪酬费上升或下降的原因，行业差异，相互间变动的合理性，与收入变动不一致的合理性；如销售费用总额增长比例、运输费用增长比例与收入增长不匹配的原因。

13 份问询函涉及管理费用，占比 7%，主要包含：（1）上升的合理性；（2）职工薪酬比例上涨与人员变动不一致；（3）管理费用占营业收入比重上升或下降原因；（4）其他因素，如管理费用、销售费用明细中办公宣传费、会议咨询费、差旅费、运费、劳务费等金额较大的原因。

24 份问询函涉及研发费用资本化依据、波动的合理性，占比 13%，主要包括：（1）研发费用与现金流不一致的合理性；（2）研发支出资本化、费用化金额及其依据，尤其是大额资本化的合理性、费用化处理致亏原因；（3）研发投入明显增长的原因；（4）研发投入费用化比例；（5）在研项目情况；（6）董事会报告中研发投入与报表中研发费用不对应的原因；（7）研发费用资本化确认方法的一致性。

此外，还有 134 份问询函，分别问及承兑汇票、政府补助、收购成本、期货套保、股权激励成本处理、递延所得税资产的合理性、长期股权投资处理、在建工程转固定资产、收购会计处理、结转投资性房地产会计处理、固定资产增长原因、无形资产未摊销原因、递延所得税资产、折旧、调减采矿权原因、拆借事项、应收款买断会计处理、股东减持对税收优惠的影响、长期应收款、投资收益等科目中“其他”项的明细。

综上分析，报表附注是我国年报事后审查的重点，当前监管实践中关注的附注披露问题与中介机构存在异同点。不同点体现在以业绩为导向的审核模式下，监管中对投资者保护的关注点在于利润真实性，因此，审查重点围绕利润表，关注收入、费用等项目披露的真实性并兼顾募集资金、关联交易等重大事项。但从问询问题看，也体现出一些相同点：（1）披露存在冗余性，重要性原则应用不足，数十页甚至上百页的附注中，一些基本会计处理问题没有披露清晰；（2）披露存在不足，一些关键会计处理没有披露；（3）会计政策中差异化披露不足，公司特有信息缺失等。

在具体附注项目上，有必要通过改进披露质量水平，提高附注质量。仅从问询的情况看，现金流、会计政策、收入等项目披露都存在不同程度的薄弱环节，部分项目情况比较突出，部分公司对重要会计科目的披露存在过于粗放或重点不突出的问题，少数公司存在舞弊的可能。这一点从中国证监会《上市公司 2012 年年报现场监管情况通报》中可以得到验证。

第五节　改进财务报表附注披露质量的思考与建议

与成熟市场相比，我国报表附注披露质量问题有异同点。类同点体现在：（1）都有必要明确哪些是附注信息内容，以降低冗余度。（2）披露要求不应当被用作补偿在确认、计量或记录中不足的工具。虽然我国《企业会计准则（2006）》明确指出“不应以附注披露代替确认和计量”，但当前存在因确认问题不完善而增加的披露。（3）把握重要性原则，明确什么是与决策问题相关的信息。有必要加强披露的重要性原则，提高监管的针对性与有效性，防止投资者淹没于无效信息中。（4）考虑披露要求的灵活性。但这一点上，我国与成熟市场略有区别，我国目前反映的是过度的表格化，披露的灵活性不足，因此，更明显地表现为适度增加灵活性的问题。（5）考虑披露成本和披露结果，及时修订，以利于资源配置。而不同点则体现在我国还存在披露要求不统一、差异化披露缺失、附注项目与其他信息之间重复披露、繁简度不同等问题。

一、我国报表附注质量问题成因思考

以上异同点，除了我国会计准则已国际趋同，不可避免地受到国际会计准则的影响以及我国资本市场发展的阶段性等因素外，主要成因可归结为：

（一）多头监管形成的规则差异

我国附注披露问题由财政部和中国证监会发行部、上市部、会计部等不同部门监管，虽然规则内容上没有大偏差，但在披露要求上繁简不同，在具体操作中，形成规则间的差异。

（二）核准制下，强调可比性，弱化差异性

核准制下以业绩为导向的发行与审查方式，信息披露长期以“真实、准确、完整”为监管目的，更重视利润的真实性。这与成熟市场注册制下，信息披露在“真实、准确、完整”等可靠性目的外，更重视“投资者决策有用”的相关性不同。这使我国注册制改革前的报表附注更注重监管的可比性和易查核性，而弱化差异性披露要求。

（三）披露理念和体系的系统性和协调性不足

对披露的规范项目围绕监管重点，这也使附注项目之间、附注项目与财务报告以外的信息之间会存在重复披露现象。附注项目与“董事会报告”等项目之间的披露有时不清晰，易出现重叠现象。

（四）市场和投资者成熟度不高

除部分机构投资者和中介机构逐渐成熟以外，个人投资者的成熟度还不高，对报表披露并不太重视，缺少推进附注披露完善的动力。同时，由

于我国资本市场成熟度不高，执法力量比较薄弱，对内幕交易等违规行为的查证手段也较有限，一些投资者常常热衷于“股吧”“微博”等交流渠道，而对信息披露重视不足。

（五）中介机构缺少有效的沟通渠道和良好的执业环境

从本文的调研情况看，中介机构对改进报表附注质量有一些较好的观点，但与监管机构缺少有效沟通渠道。而且，目前我国部分监管要求难以在监管中核证，如会计政策的真实性依赖于审计，但由于中介机构执业环境不佳，恶性竞争导致压低审计费，审计中易于对监管薄弱环节也采用弱化审计的方式，这使公司运用会计政策随意性较大。

二、提升报表附注披露质量的建议

综合分析，改进报表附注披露质量的核心并不简单在于披露的“多”或“少”，减少无关信息的披露、突出披露重点是提高披露有效性的一种方法。随着我国发行制度从核准制向注册制的转变以及信息披露直通车的推进，强化以信息披露为中心、提高附注披露质量更显迫切。结合我国实际情况，可以考虑从以下方面进行完善：

（一）披露目标：适度增加决策有用性目标，现阶段可从增强“可理解性”和“重要性”着手

2013 年 11 月 30 日，中国证监会发布《关于进一步推进新股发行体制改革的意见》，要求“进一步提高信息披露质量。以投资者的决策需要为导向，改进信息披露内容和格式，突出披露重点，强化对发行人主要业务及业务模式、外部市场环境、经营业绩、主要风险因素等对投资者投资决策有重大影响的信息披露要求”，已明确以投资者决策有用性为导向。

由于我国以监管为导向的信息披露机制运行已久，可以考虑适度增加决策有用性目标。建议现阶段可从增强“可理解性”和“重要性”着手。

可理解性是财务报告重要的质量特征，但目前信息披露对投资者而言，可理解性较差，一方面表现为项目设置上未重视交易实质，而以项目为主，另一方面表现为阅读习惯上也以监管导向为主，此外，还涉及语言不够通俗简洁等问题，这些都造成了使用者对附注不少项目仍“不可理解”。可以考虑使用者的阅读习惯，结合“资产负债观”的要求和交易实质，整合相关披露项目，并简化披露语言，使披露内容简明易懂，以增加可理解性。同时，强调“重要性”原则，根据企业所处环境，从项目的性质和金额大小两方面判断对投资者决策的有用性。

（二）披露原则：加强对确认、计量问题的研究，减少将披露作为补偿确认、计量或记录不足的工具

前述问询问题中，由于新会计准则偏于原则化的要求，在不同经营模式下，一些公司的确认、计量方式可能与现有规则存在差异，采用披露方式进行补充，或部分企业采用不披露方式。建议对于这些问题，应当先在现有的确认、计量框架内考虑合理原则。现阶段可以从提高会计政策披露质量着手，通过在会计政策中加强企业行业、公司特有的会计处理方法的描述，以减少简单地以披露代替确认、计量的现象。

（三）披露框架：整合现有规则，促进披露体系的协调统一

除了继续跟进国际上对报表附注披露框架的改进以及对会计准则的修订外，建议可以先整合现有规则，促进披露体系协调统一。首先，有必要重新审视附注信息内容，降低冗余度。梳理附注信息内容，原则上附注信息用于归纳与会计信息披露有关项目，其余监管项目可纳入财务报告以外的项目进行披露。其次，梳理规则。统一同一名词在不同规则中的差异；减少同一事项在不同附注项目中的重复披露要求；减少同一事项在财务报告内、外的重复要求，如董事会报告中的重复描述。对一些涉及监管问题而不属于财务报表要素的内容，理论上应当调整出报表附注，在财务报告以外部分披露，以实现表外信息披露的协调性。

（四）披露内容：增加差异化信息披露要求和舞弊高发项目的针对性披露要求

首先，针对目前一些附注内容千篇一律、差异化信息缺失的情况，建议对于原则性的规定，可以采用索引的方式，引注相关规则，尤其在与招股说明书实现持续披露后，对类同方法也可以引注招股说明书，缩短不必要的篇幅。但对有明显公司特征的差异化信息，可以增加披露要求，在方法上，可以采用强制与自愿相结合的方式。其次，在披露重点方面，我国现有规则对附注项目的要求较平均，虽然已经过修订，但对一些易出差错或舞弊项目披露仍显得不足，如前文所述的收入、应收款项、往来款、存货等。实务中通过监管力度进行调节，如问询函重点在于与收入相关项目，以核实利润真实性。但近年舞弊案例显示，与成本、固定资产等循环相关的项目，也可以成为体外资金循环的部分，因此，有必要重新审视附注项目中防范舞弊的披露要点。从国际惯例看，监管政策具有适度弹性，在不同时期重点不同。建议加强对一些易出差错或舞弊项目的针对性披露要求，如细化明确不同收入确认的时点、存货的核算方式、成本的计算方法、毛利率变动的说明、在建工程转固定资产的依据、研发费用资本化的依据等，并应当根据舞弊行为变化加强规则的调整。

（五）披露形式：在表格化基础上，增加企业自由披露的灵活度

现有表格化披露程度较高，企业自由披露空间不大，建议适度增加企业披露的灵活度。一方面，对企业未发生项目可以汇总披露；另一方面，对企业认为应当补充披露的项目，可以细化披露。但在这一过程中，应当把握汇总披露尺度，在满足最低披露要求外增加一定的灵活性，但不能过度允许灵活性，因为如果过度放松，许多公司可能会选择不披露。

从中长期看，改进报表附注质量，还有赖于监管协调、披露框架的成熟、投资者教育的推进、中介机构执业环境的改善等要件的逐步落实。

第六章

完善商业模式信息披露体系

进入21世纪以来，以互联网技术为核心的信息科技对人们生产和生活的渗入之快、之广、之深超乎想象，新科技为多种产业提供了突破性的技术和平台，改变了不同产业间的分工与合作，更从根本上改变了人们传统的生产、生活和消费方式，激发新需求，从而不断催生世界范围内的商业模式创新。

第一节　商业模式创新激发更高的披露需求

一、商业模式创新信息是投资决策的重要依据

商业模式的创新与单纯的技术创新存在较大的差异，其在价值创造过程中任意环节的突破和改变都可能生成新的模式。比如有的超级手机，其赚钱的方式不是卖产品（手机），而是卖内容（电视剧、电影，收取会员费）：购买5年会员等于免费获得手机。这种模式下，用户的黏性非常强，而且公司签约了一些艺人，给其股份，由此，电视、手机的生产厂商、视频播放平台以及播放内容的源头全部串联起来，这种商业模式所能创造的

价值也与传统的模式有较大差异。

我国在商业模式创新方面展现了惊人的速度，成为世界领头羊。美国联博资产管理公司负责人塔索斯·阿纳斯塔索普洛斯认为中国正在颠覆全球商业模式（金融时报，2015）。欧洲工商管理学院（INSEAD）全球技术与创新教授 Serguei Netessine（2015）在参观了许多中国初创公司后，认为中国公司的商业模式创新非常出众，有些模式甚至在西方国家都不存在。中国的通信技术、支付系统、订单交付和物流之间无缝连接，使众多领域的商业模式创新远远领先于世界其他国家。

风险投资行业在寻找项目的时候，也最为看重商业模式。股票投资者也越来越关心上市公司究竟靠什么赚钱以及这种赚钱方式对长期价值创造有哪些正面和负面的影响。

二、复杂的商业模式需要更高的信息披露标准

商业模式信息的重要性已成为实务界及学术界的共识，但在全球范围内，上市公司的商业模式信息披露实践仍较为滞后。多数市场尚未制订专门的商业模式信息披露要求，部分国家虽然鼓励上市公司依照国际综合报告委员会（The International Integrated Reporting Council，IIRC）的概念框架披露商业模式信息，但实践效果并不理想。如 2015 年，日本上市公司中仅 10%（205 家）发布国际综合报告委员会综合报告，仅 91 家解释了商业模式，且其中有 52 家解释了商业模式与资本要素间的关系，有 15 家公司给出了长期的商业模式介绍，其余则是单纯描述短期业务和运营情况。

不过商业模式信息越来越受到重视。普华永道（2013）的一项对全球超过 400 家公司的调查显示，商业模式信息是近年来信息量增加最迅猛的几个领域之一。比如国际综合报告委员会致力于改进现有财务报告披露实践，提出了新的披露概念框架，并强调披露商业模式信息的重要性；英国也在推进上市公司全面披露商业模式信息。我国作为商业模式创新最活跃

的国家，应在商业模式信息披露研究中有更大作为。目前我国学术界很多专家学者正在发挥积极作用，如参与国际综合报告委员会国际组织，制定原则导向的商业模式披露指引；也有学者创建商业模式的理论框架，并在实践中有较好应用。有关部门也在积极推进商业模式的专利申请，降低商业模式信息披露给公司保密性带来的负面影响。中国证监会和交易所也在密切关注上市公司商业模式的变化，引导上市公司披露商业模式信息。

第二节　商业模式披露的两个现有框架

截至2015年[①]，在国际上，拥有较为完善的理论框架、在实践中被广泛应用的商业模式信息披露模型主要有两个。国际组织层面，国际综合报告委员会较早提出系统性披露商业模式，2013年出台了一套概念框架。全球25个资本市场（如日本、南非）采用了该框架，鼓励本国上市公司在该概念框架下披露包括商业模式信息在内的综合信息。在实践中，有些公司出具单独的综合报告，也有些在年报中专章披露。国家层面，英国财务报告理事会较早开始重视并探索商业模式信息披露，也提出了一套原则导向的披露框架。尽管国际综合报告委员会和英国财务报告理事会的披露框架在细节上存在差异，但两者商业模式信息披露的核心均是描述公司创造价值的过程。

一、国际综合报告委员会的披露框架

（一）国际综合报告委员会商业模式的构成要素

国际综合报告委员会综合报告要传递给投资者的信息是：公司如何创

① 后续欧盟可持续发展报告准则的制定机构等组织对战略与商业模式也提出新的披露框架，本文的分析未全部涵盖。

造价值、价值如何受到外部环境影响；价值创造因素之间的相互关系；与利益相关者之间关系的性质和质量。商业模式居于整个综合报告的核心，其披露要素包括：投入、经营活动、产出和成果。

图6-1展示了国际综合报告委员会综合报告对价值创造过程的理解：着眼于公司的使命和愿景（mission and vision），在外部环境（external environment）和公司治理（governance）的作用下，公司通过特定的商业模式（business model），投入各种资源和关系［称为资本，包括财务资本（financial）、制造资本（manufactured）、智力资本（intellectual）、人力资本（human）、社会与关系资本（social and relationship）、自然资本（natural）］，通过经营活动，产生新的资本和其他产出。综合报告的其他披露要素，如外部环境（external environment）、治理（governance）、风险和机遇（risks and opportunities）、战略和资源配置（strategy and resource allocation）、绩效（performance）、前景展望（outlook）等，都紧密围绕公司的商业模式。表6-1给出了国际综合报告委员会商业模式中各核心要素的具体披露内容和披露要求。

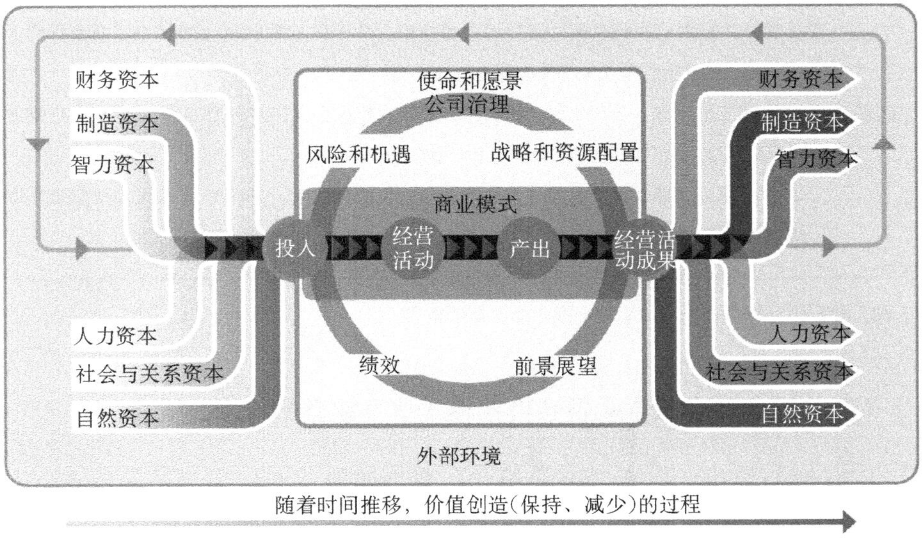

图6-1 国际综合报告委员会综合报告披露体系

表 6-1　　国际综合报告委员会商业模式中各核心要素

核心要素	具体内容
投入	1. 投入要素是指若干关键资源和关系，包括财务资本、制造资本、智力资本、人力资本、社会与关系资本、自然资本。 2. 披露的投入要素并非面面俱到，仅披露关键要素，其关键性反映在： （1）对于商业模式的坚实程度和韧性至关重要； （2）公司依赖或使公司具有差异化优势； （3）对短期、中期和长期内创造价值的能力有重要影响
经营活动	包括但不限于： 1. 公司如何使自己在市场中有别于其他机构（如产品差异化、市场细分、配送渠道和营销）； 2. 商业模式对完成初始销售后所产生收入的依赖程度（如延长保修计划或网络使用费用）； 3. 公司如何满足创新需要； 4. 如何设计商业模式以适应变化； 5. 流程改进、员工培训和关系管理等行动对公司长期成功的贡献
产出	公司的关键产品和服务
成果	对成果（特别是外部成果）进行识别和描述，从更广的角度来考虑资本，而不仅限于那些归公司所有或受公司控制的资本，包括但不限于： 1. 内部成果（如，员工士气、机构声誉、收入和现金流）和外部成果（如，客户满意度、纳税额、品牌忠诚度以及社会和环境影响）； 2. 积极成果（即带来资本净增长并因此创造价值的成果）和消极成果（即引起资本净减少并因此减少价值的成果）

注：根据国际综合报告委员会综合报告概念框架整理。

（二）国际综合报告委员会商业模式信息披露的特点

国际综合报告委员会的商业模式信息披露有三个较为显著的特点：

一是遵循重要性原则，强调披露公司创造价值的核心要素。国际综合报告委员会概念框架要求公司对商业模式关键要素清晰识别，并辅以这些要素对公司创造价值相关性的清晰说明；识别关键利益相关者、对要素的依赖性，以及影响外部环境的重要因素。

二是遵循简洁性原则，强调文字简明化，图文并茂。基于公司的特定情况，采用富有逻辑性的文字叙述、简单清晰的图表，对商业模式加以描述。

三是遵循完整性原则，注重呈现价值创造的全过程。商业模式信息各要素之间要互相关联，清晰呈现整个价值创造的过程，同时将商业模式信息关联到其他内容元素项下的信息，如战略、风险以及绩效（包括 KPI 及诸如成本控制和收入等财务考虑）等。

（三）典型案例

案例 6－1 是可口可乐公司依照国际综合报告委员会的披露框架披露的商业模式，由于其本身的商业模式并不复杂，因此披露也比较简单，基本遵循了国际综合报告委员会商业模式流程图的形式，也是实践中较为常见的一种方式。它最突出的特点：一是简洁，不需要非常详尽地介绍每个环节的具体内容，而只用几组短语进行描述；二是清晰呈现整个价值创造的过程。

案例 6－1

可口可乐装瓶公司（HBC）商业模式节选

可口可乐装瓶公司在商业模式信息中披露了其各投入要素的内容，包括财务、人力等六项资本内容以及原材料（包装、原料、资源）；经营活动的内容主要是描述装瓶、分销和销售的过程细节；在产出部分介绍了产品以及消费者；最后披露了成果，包括品牌、环保、社区支持等。

资料来源：Coca－Cola Hellenic Bottling Company，综合报告 2014。

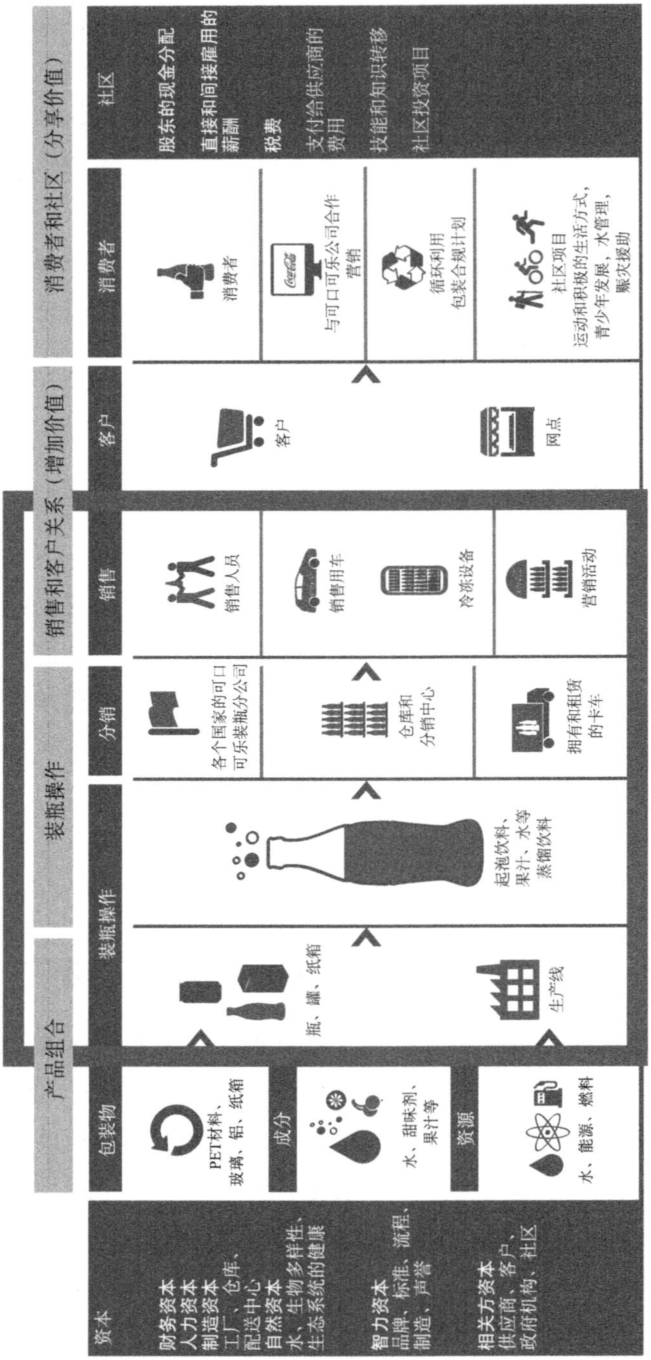
产品组合
装瓶操作
销售和客户关系（增加价值）
消费者和社区（分享价值）
资本
财务资本
人力资本
制造资本
工厂、仓库、配送中心
自然资本
水、生物多样性、生态系统的健康
智力资本
品牌、标准、流程、制造、声誉
相关方资本
供应商、客户、政府机构、社区
包装物
PET材料、玻璃、铝、纸箱
成分
水、甜味剂、果汁等
资源
水、能源、燃料
装瓶操作
瓶、罐、纸箱
生产线
起泡饮料、果汁、水等蒸馏饮料
分销
各个国家的可口可乐装瓶分公司
仓库和分销中心
拥有和租赁的卡车
销售
销售人员
销售用车
冷冻设备
营销活动
客户
客户
网点
消费者
消费者
与可口可乐公司合作营销
循环利用
包装合规计划
社区项目
运动和积极的生活方式，青少年发展，水管理，赈灾援助
社区
股东的现金分配
直接和间接雇用的薪酬
税费
支付给供应商的费用
技能和知识转移
社区投资项目

案例6－2是日本罗森（Lawson）公司综合报告中关于商业模式的披露分析。罗森是24小时营业的便利店，商业模式也比较简单，但是其就商业模式的披露近10页，在对每个关键要素的介绍中都很好地展示了公司如何创造具有竞争优势的价值，如何使公司与众不同。不同于案例6－1中可口可乐装瓶公司逐步列示投入、商业活动、成果和产出，罗森公司突出自身创造价值的五大核心内容，并围绕核心内容，用简明的语言来描述相关投入、活动和产出及成果。

案例6－2

罗森公司商业模式信息披露分析

罗森公司为报告使用者呈现了丰富且有条理的商业模式信息。它提出了公司创造价值的5个核心内容：(1) 使用数据分析及采购高质量的原材料来实现客户驱动的产品开发；(2) 从原材料采购到市场营销，不断改善供应链结构；(3) 推动新鲜蔬菜销售，使客户从食物中获得健康；(4) 满足客户日常健康需求，是社区的健康站；(5) 居家方便，在家也可方便购物并创造乐趣。

每一个部分，报告均图文并茂地介绍了公司为创造这一价值而进行的投入（包括技术、财力），具体的做法，取得的产品和成果，并配以具体数字和实例。

以第（2）部分供应链管理为例，公司介绍了其小型商业区内制造型零售商的商业模式，说明作为一个制造零售商，公司如何深入地参与到其供应链中，以为公司利润、社区服务和环境保护增加更多的价值。

报告中说明了5个关键环节以及每个环节公司创造价值的具体做法。值得一提的是，报告对于成果的理解更为广义，涵盖对社区、环境保护的影响，如何降低碳排放等信息作为降低成本的重要数据在报告中多次出现（见表6－2）。

业务
分析和利用会员的购买行为
以低成本采购高质量的原材料，充分发挥我们及时销售的能力
利用我们的业务规模优势，一次性采购原材料，将它们作为不同产品线的基本原料。以鲑鱼为例，我们在生产饭团和三明治时，应用此类采购方式，可以以低成本采购高质量的材料，既降低了原材料供应商的风险，也增加了我们的毛利率
鲑鱼片
三明治
五花肉，饭团的原料
罗森独特的HACCP体系对原厂产品进行严格的质量控制
建立了一套独特的HACCP体系，对饭店业进行食品卫生控制，防止食物中毒和异物混入。集中的控制项目，如烹饪时间和生产温度都被记录下来，以便立即跟踪，系统化响应
利用IT优化产品阵容
通过我们的信息技术分析Ponta数据，我们实现了最优的商品分类，及时满足客户的需求。当顾客在我们的商店里找不到他们需要的东西时，我们会量化和说明销售机会的损失。我们在减少这些差距的同时，也减少了产品处理产生的损耗
产品开发(研究与开发)
原料采购
制造业
分布(配送中心)
营销(商店)
供应链消耗(CO_2排放)及其减少
=
降低成本
社会和环境
使用环保材料容器和包装
为了更有效地利用有限的资源，我们采用了泡沫材料作为容器和包装，使它们变成更薄，更高效的形状。我们还采用更环保材料，与2006财年相比，2012财年焚烧容器和包装的污染物排放量减少了30.8%
◀生物环保材质容器
▶聚乳酸容器(PLA)材料
我们在2012年推广应对全球变暖的措施，得到了环境部长的赞扬
减少二氧化碳
通过推广环保驾驶和提高运输卡车的效率，降低配送系统的排放
通过优化多点配送协调和配送频率，我们提高了配送系统的效率。我们还采用了环保轮胎和交通控制系统，以改善运输过程。通过培训司机提高他们的环保意识，敦促他们停车时关闭引擎，防止噪音，我们促进了安全、环保的驾驶
16.0
7.0
1989
2012
随着节能设备的使用，每个商店能源使用产生的二氧化碳排放量与2006财年相比减少了9.6%
作为一项在2012财年之前实现的自愿行动目标，我们设定了从2006财年起将门店运营产生的二氧化碳排放量减少10%的目标。我们在2012财年实现了9.6%的减排
我们与东京大学工业科学研究所进行了关于有效减少存储二氧化碳排放的联合研究。我们在8家门店实施了人工智能程序能源监测和控制系统，共同检查每家门店能源使用情况，作为我们减少整体二氧化碳排放努力的一部分

表 6－2　　5 个关键环节

环节	做法
产品开发	为客户提供会员卡，通过客户的购买信息获取数据并进行分析
原材料采购	一次采购大量原材料，并将其使用在不同的产品线中（比如三文鱼可作为米饭团和三明治的原材料），以此降低原材料成本；用环保材料进行包装
制造	使用罗森公司独特的 HACCP 系统来严格控制质量
分销	降低二氧化碳排放，采用更有效和环保的派送方式
销售	利用 IT 技术优化产品展示，帮助客户快速找到所需产品；实施能源管理，便利店二氧化碳排放量相较 2006 年降低 9.6%

通过阅读罗森公司的整合报告中关于商业模式的介绍，读者可以很清晰地知道公司是做什么的，靠什么创造价值，整个描述形成一个完整的体系，信息并非是碎片化的。

资料来源：Lawson，Inc. 综合报告 2013。

二、英国财务报告理事会的披露框架

（一）英国战略报告中商业模式披露框架

英国自 2013 年开始以法规的形式要求所有上市公司在年度报告的子报告——战略报告中以不披露即解释的原则披露商业模式[①]。2017 年 1 月 1 日以后，根据新的欧洲非财务信息和多元化信息披露指令，欧洲其他国家的上市公司也要披露他们的商业模式。

英国财务报告理事会财务报告实验室的研究报告中，将商业模式定义为当前公司在做什么、怎样做并且怎样创造经济价值。商业模式与战略报告其他披露要素的关系见图 6－2。商业模式的关键要素和驱动因素是披露

① 英国上市公司年报包括 5 个子报告：战略报告、公司治理报告、董事薪酬报告、财务报表、董事会报告。战略报告中主要披露 3 类内容：（1）商业模式和主要的战略及目标；（2）主要风险及影响；（3）过去的表现。根据英国财务报告理事会调查报告，2015 年年报中，所有公司都披露了商业模式，有 70 家左右被列为披露详细或非常详细。

公司战略的基础，公司战略的作用是维护和发展商业模式的关键要素；风险部分应披露商业模式的驱动因素及相关战略的风险，反映商业模式及战略的可行性；KPI 以及报酬政策用来衡量结果。

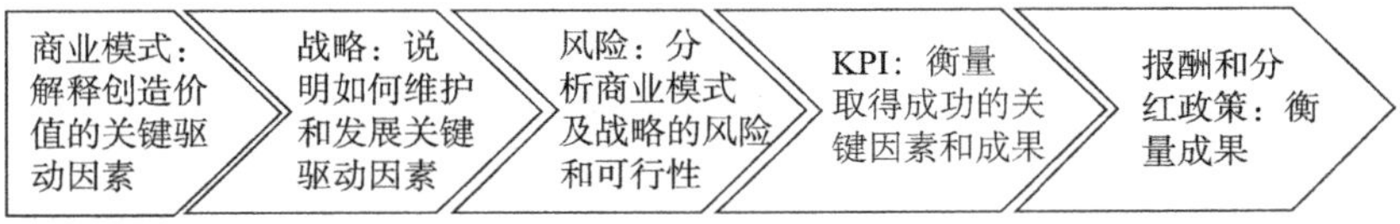

图 6－2　英国财务报告理事会战略报告商业模式的核心位置

（二）英国财务报告理事会商业模式披露核心要素

英国财务报告理事会商业模式披露核心要素主要有以下六项：

1. 长期来看公司如何生成和保有价值

这一部分着重介绍公司主要的收入和利润驱动因素是什么以及如何将其货币化，哪些核心的资产和负债支持了价值创造过程以及如何强化。比如一家医药公司研发新药，其价值创造的核心部分是开发药物和获得许可，因此商业模式的表述过程要重点强调这一环节。案例 6－3 介绍了资产管理公司 AuM 公司年报中对价值创造过程的描述。

案例 6－3

资产管理公司 AuM 价值创造过程节选

公司根据资产管理水平收取费用。收费取决于资本管理金额和渠道，因此产品组合对收入水平有较大影响。

公司致力于扩大资产管理业务，通过支付具有竞争性的价格来有选择地收购，以获得新的业务和团队。公司在吸纳新资本方面有非常强的历史表现。

当然，公司也预期有部分客户会将资金抽回，我们致力于管理关注长期投资的资产，满足客户需求。资产管理的规模也将会随着市场波动而增减。

当收入增加时，公司现金流增加。生成的现金会确保我们有强大的资本基础。因此，我们会通过战略性的收购、分红和其他方式增加股东价值、回报股东。

资料来源：AuM 公司 2015 年年报。

2. 公司在做什么以及为什么这样做

这部分着重清晰描述公司的活动以及公司在价值链条中的位置。见案例 6－4。

案例 6－4

BP 石油公司商业模式中业务活动和在价值链条位置的节选

BP 在全世界范围内销售能源产品和服务。

通过两条主要经营分部——上游和下游，我们发现、开发和生产能源产品原材料，将它们转换为产品。我们也购买和销售各阶段的烃类化合物。在可再生资源方面，主要产品是生物燃料和海上风能。

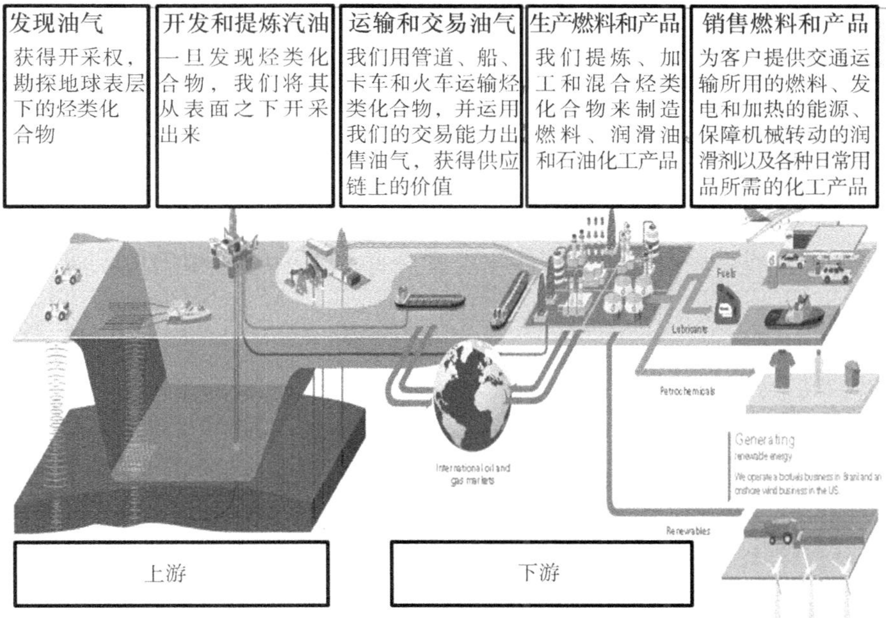

资料来源：BP 公司 2015 年年报。

3. 什么使公司与众不同

这部分介绍的是与同行竞争的核心要素，见案例6-5。

案例6-5

Ashmore Group PLC 商业模式中竞争优势的节选

Ashmore 关键竞争性优势：专业的新兴市场聚焦。公司拥有超过20年独立投资于新兴市场的经验。新兴市场在经济、政治和社会发展方面快速成长，人均GDP向发达市场靠拢。Ashmore 充分发展新兴市场并将其转化为对投资者和股东的价值回报：

——Ashmore 拥有投资新兴市场的悠久历史，1987年开始投资股票，1992年开始投资固定收益产品。

——公司较早就意识到新兴市场将成为全球经济发展的主要驱动力。现今，全球GDP的50%来自新兴市场，未来还将有更大份额的增长。

——（新兴市场）资产分级的多元性和无效率性提供了公司巨大的投资机会，但同时也需要更专业、积极的基金经理能力。

资料来源：Ashmore Group PLC 2015年年报。

4. 公司结构是什么

这部分着重介绍公司有哪些主要的分部、对公司的相关贡献如何。见案例6-6。

案例6-6

Vodafone 商业模式中业务分部的节选

我们主要提供移动网络和固定网络。收入占比如下：移动网络占76%，固定网络占20%，其他占4%。

移动通信服务

移动服务。我们面向客户提供广泛的移动通信服务，使客户可以打电话、发短信、上网、下载音乐和观看视频，不论其是在家还是在世界各地，只要在我们漫游服务的范围内。40%的客户使用移动数据。

我们的移动资产。我们通过超过28万个基站装置覆盖的网络来提供上述服务。

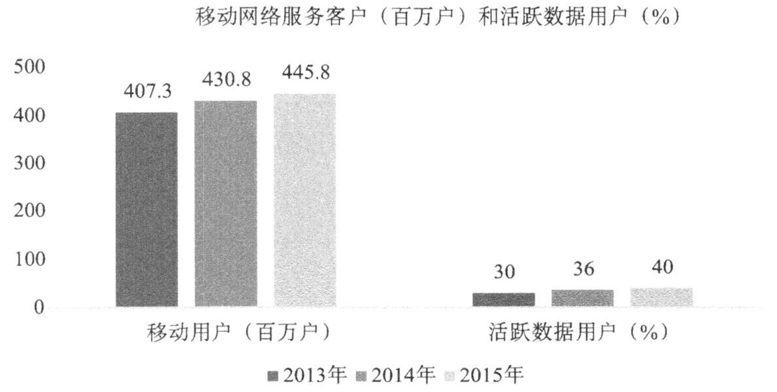

固定网络服务

我们向大部分市场提供固定网络服务，包括声音、宽带和电视服务，并且向企业用户提供云端、虚拟主机和IP－VPN服务。

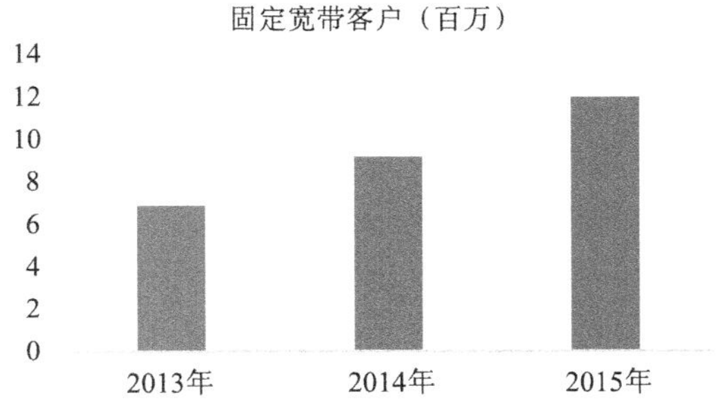

资料来源：Vodafone PLC 2015年公司年报。

5. 公司所处的市场情况是什么

这部分着重披露公司的关键客户、客户集中度风险、市场占有率及资料来源，公司如何与市场主体合作等（见案例6－7）。

案例6－7

Vodafone商业模式中市场分布的节选

我们在26个国家（以合资企业和联营企业的形式）提供移动网络，并在其中17个国家提供固定网络服务。在另外57个市场中，我们不持有任何股权，但与当地移动运营商签订了合作协议，让他们使用我们的产品和服务，在某些情况下使用我们的品牌。

66%的收入来自欧洲				32%的服务来自非洲、中东、亚太等新兴市场（AMAP）		
核心市场	移动网络客户（百万）	移动网络市场份额（%）	固定网络市场份额（%）	核心市场	移动网络客户（百万）	移动网络市场份额（%）
德国	30.3	33	20	印度	198.0	22
英国	18.2	24	5	Vodacom集团	70.4	50
意大利	24.1	32	6			
西班牙	14.3	28	22			

资料来源：Vodafone公司2016年年报。

6. 关联方的性质、资源和其他使公司获得成功的投入要素是什么

这部分一般指公司需要哪些要素来执行商业模式，包括人力和专家、研发投入、技术合作、供应链、财务支持等要素。

案例6－8

YouGov 数据分析公司商业模式中成功要素节选

我们不只收集数据，也连接数据。YouGov 是一个国际数据分析组织。我们的价值链是一个良性循环，其中包含被高效利用的在线咨询专家、创新的数据收集方法、强大的分析技术、高边际利润的独特数据、专家意见及权威媒体。我们的核心数据来源于全球500万人参与的小组，该小组提供了持续不断的数据流。我们通过各种数据收集平台捕获数据，并将其储存在独特的连接数据库 YouGov Cube 中。我们利用领先的数据分析技术和强大的研究专长，以最大化数据的价值，为客户提供创新和系统的研究服务，以及提供用于规划、管理和完善所有类型活动的营销平台。

资料来源：YouGov 公司2015年年报。

三、商业模式披露模型小结

（一）商业模式信息在披露要素中的位置

在国际综合报告委员会和英国财务报告理事会的概念框架中，商业模式信息处在整个价值链条的中心或领头的位置。值得注意的是，许多市场提出了对战略的披露要求，并将商业模式等同于战略信息。在这两个概念框架中，商业模式与战略信息是独立且并列的披露单元，两者有区别，却又相互联系。一家公司可能有很多具体的阶段性目标，并通过这些阶段性目标来达成最终的目标或使命。那么为了达成这些阶段性目标，公司采用的方法和途径就是战略。因此，战略的准确表述是为实现目标而采取的战略，这可能与部分商业模式的内容重合，也可能涉及商业模式的改变与强化。清晰披露商业模式的关键要素和驱动因素是披露公司战略的基础，公司战略的作用是维护和发展商业模式。

（二）两种商业模式信息披露的共同特点

国际综合报告委员会和英国财务报告理事会框架中商业模式信息虽然披露要素和整体披露结构存在差异，但有如下四个共同特点：

一是均跳出了现有财务报告披露要素中常用的战略、组织、营销、运营、财务等要素框架，建立了完整的商业模式体系。

二是均体现重要性原则，注重战略和面向未来，强调信息连通性及整合思维，突出简洁和可理解性。

三是原则导向，以优秀案例方式推广，没有固定的披露指标，可能造成公司间披露的差异性较大。

四是适用简单商业模式的披露，具有创新性、复杂性的商业模式需要更为细致的指引。

第三节 美国科技型企业商业模式信息披露实践

采用国际综合报告委员会和英国财务报告理事会模式披露的公司很多都是传统的制造业和服务业，商业模式较为简单。在现有的披露规则下，针对复杂的科技型企业商业模式，如何避免冗余、简单明了地披露业务信息，值得探讨。美国虽然并未采用特定的商业模式披露框架，主要是专章对公司的业务信息进行描述，但从信息决策有用性来看，其业务信息的披露质量很高，对我国现有商业模式信息披露有很好的借鉴意义。本章重点分析美国科技型企业如何披露业务信息。

一、美国商业模式信息披露情况概述

（一）披露规则指引

美国与商业模式最为相关的信息披露要求是《证券法》（the Securities Act）中的 Schedule A，要求公司披露正在从事和即将从事的业务的一般特征。

一是公司业务发展的一般信息。要求公司披露过去 5 年的业务发展情况。其中第一条要求披露如下内容：公司成立时间和组织形式；公司或重要子公司发生破产的性质和结果；公司或重要子公司发生重新分类、并购的性质和结果；非正常购买或处置重大资产情况；商业模式发生重大变化的情况。

二是业务的叙述性描述。要求公司对从事的业务和专门事项进行叙述性描述，专门事项涵盖以下 13 个内容：主要的产品和服务；新的产品和分部；原料的来源和获取；知识产权；商业的周期性；流动资本情况；对某个客户的依赖程度；未交货的订单总额；政府订单的重新签订或终止；竞争情况；研发情况；法律环境；员工人数。

（二）披露的基本结构与特点

在实践中，上市公司一般先总体介绍使命、客户、产品、战略、分部等，进而对竞争、知识产权、营销、经营、政府规定、员工等部分依次介绍。篇幅与公司业务本身的复杂程度有关，一般 5—30 页不等。

披露有如下特点：

一是美国上市公司披露的最大优点是语言简明化，如对产品的描述没有过分的修饰，平实地叙述产品和服务的功能。

二是在介绍产品和服务时，会提到公司的消费群体是谁，有何种需求，提供的产品和服务有什么特点，公司如何提供这些产品和服务以满足消费者的需求。例如百度的产品种类比较多，每种产品有不同的消费群体和不同的提供商品和服务的方式，公司就依照不同类别的产品分项加以介绍；亚马逊则是分不同的客户群体加以介绍。

三是大部分公司将盈利模式信息融入产品和服务的描述中，但部分公司在收支来源和收支方式的描述上略显不足。比如百度，其每种产品的盈利模式存在较大差异，但在披露文件中更多的是描述产品的功能属性，而如何通过产品获利披露不足。披露较好的如 Alphabet、Facebook，会专门介绍公司的盈利模式，并对利益相关者有详细的介绍。

四是在披露层次上，大部分公司都能完整地披露公司在做什么、产品和服务是什么、公司的结构（分部）、市场、营销、运营、研发、人员等信息。部分公司会披露更为深入的内容，包括公司如何获取价值，公司获取成功的重要资源（Alphabet、Apple、Alibaba），公司的愿景和战略（Microsoft、Baidu、Alibaba、Amazon），未来的机会（Microsoft）等。

五是目前美国商业模式信息披露还是以列点式的孤立描述为主，尚无法达到国际综合报告委员会商业模式概念框架中提到的深入分析投入和产出要素、描述整个商业流程完整闭环的披露水平。

二、商业模式信息披露典型案例[①]

（一）Alphabet（字母表公司）

整体而言，Alphabet 公司的披露与英国财务报告理事会商业模式框架较为对应，公司创造价值的方式及核心竞争力阐释得非常清晰，主要要素如下：

一是梳理公司不同的业务分部。Alphabet 包含不同的业务，除了最大的 Google（谷歌），还包括其他与主要网络产品差异较大的业务，如

① 案例分析均基于上市公司 2015 年年报。

Verily 等。

二是披露公司如何获取价值、在做什么、什么使公司与众不同。公司的搜索和广告服务不断创新，使得公司网站获得广泛应用并成为世界上最被认可的品牌之一。公司产生收益的方式是提供在线广告，这些广告令消费者觉得相关，广告商觉得性价比高。公司的核心产品有搜索、地图、支付等，每月每一种产品都有十亿的活跃用户。

三是介绍了在搜索服务和广告服务中公司的竞争性优势。在搜索方面，公司开发了快捷搜索、语音搜索等功能，同时提供了各种插件产品，令使用者可以更快和更容易地获取信息。在广告服务方面，公司主打功能广告和品牌广告，报告中介绍了两者的特性。

四是介绍了所处的市场。市场是全世界使用网络的客户。世界上还有很大一部分人口无法使用网络，因此公司开发了很多项目致力于帮助新兴市场发展硬件和软件。

五是获取成功的重要资源。公司获取成功的重要资源在于时刻紧跟科技变革的前沿，寻求突破，不像一般公司仅满足于微小的改变。通过收购 Youtube 和 Android 以及开发 Chrome，公司逐渐成为数字影像和移动设备的重要平台和更安全、更受欢迎的浏览器。公司仍不断着眼未来，继续开发长期项目。

六是盈利模式。针对功能广告的推送，当用户点击时，便可直接与发布广告的商家联系，这部分广告，商家按用户点击率付款。品牌广告主要是为了维持用户对产品和服务的认知，通过视频、文字、图像和其他交互方式的广告，公司收取广告费用。

（二）Apple（苹果公司）

苹果公司在年报中重点介绍了产品和服务、营销渠道、客户、竞争、部件供应商、研发、专利商标版权执照、国内外地理区域数据、季节性、保修、滞销、员工、公司相关信息获取途径、合作项目。产品和服务篇幅较长，其他部分篇幅较短。

公司对如何生成和保有价值以及重要的关键资源的介绍较为直观。公司价值创造的核心要素是致力于为客户带来最佳的用户体验。一方面，公司利用其独特的设计和自行开发操作系统、硬件、应用软件和服务的能力，为客户提供具有创新设计、卓越易用性和无缝集成的产品和解决方案。同时，公司通过 iTunes Store 继续扩大发现和交付第三方数字内容和应用程序的平台，以补充公司的产品。另一方面，公司认为高品质的购买体验——能够传达公司产品和服务价值观的销售人员大大增强了吸引和留住客户的能力。因此，公司的战略还包括建立和扩大自身零售、网上商店及其第三方分销网络，有效接触更多的客户，为他们提供高品质销售和售后支持服务的体验。综上，公司认为持续投入研发、营销和广告对于开发和销售创新产品和技术至关重要。

（三）Microsoft（微软公司）

微软公司的商业模式信息披露中除了产品本身的介绍，对于公司的愿景和战略、目标以及未来机会的披露非常翔实。其他要素还包括：经营、研发、分销、知识产权、客户、办公室、员工、公司相关信息获取途径等，各部分依次介绍。经营部分篇幅很长，是对各产品的介绍，并分析了各产品的竞争环境，其他部分篇幅较短，只是概括描述。值得借鉴的披露要素包括：

一是产品。包括操作系统、跨设备产品应用、服务器应用、业务解决方案应用、桌面和服务器管理工具、软件开发工具、视频游戏以及计算机系统集成商和开发商的培训和认证。公司还设计、制造和销售设备，包括个人电脑、平板电脑、游戏机和娱乐设备、手机、其他智能设备和相关配件，与云基产品相融合。公司提供一系列服务，包括软件、服务、平台和内容的云基解决方案，并提供解决方案支持和咨询服务。公司还向全球观众提供相关的在线广告。

二是愿景和战略。微软是一家以使地球上的每个个人和组织获得更多成就为使命的科技公司。微软的战略是为移动为先、云为先的世界提供一流的平台和产品服务。移动不是关注单一设备，而是与云相伴。微软正在改变业务，使其能够引领数字化转型的方向，使其客户和合作伙伴在这个不断进化的世界中蓬勃发展。

三是目标。为了实施其战略，微软的研究和开发工作侧重于三个相互关联的目标：重塑生产力和业务流程、构建智能云平台、创建更多的个人计算机。

四是未来的机会。微软正在投入大量资源：在自己和第三方的服务器和设备之间建立 Windows 平台；开发更加自然的交互方式的新设备，包括语音、笔、手势和增强现实全息图。

（四）Baidu（百度公司）

百度详细地介绍了公司定位、业务范围和服务对象，以此来说明公司创造价值的路径。

一是公司定位。百度是中国领先的互联网搜索提供商。作为技术基础媒体公司，目标是提供最好和最多的公平的方式让人们找到他们正在寻找的东西。除了为个人互联网搜索用户提供服务外，还提供一个有效的平台帮助企业接触潜在客户。

二是业务范围。百度的业务包括搜索服务、交易服务和爱奇艺三个部分。搜索服务是基于关键字的针对互联网用户搜索查询引发的营销服务，主要包括 P4P 服务和其他在线营销服务。交易服务包括百度糯米、百度外卖、百度地图、百度连接、百度钱包等。爱奇艺是一个在线视频平台与内容库，包括许可的电影、电视剧、漫画、综艺节目和其他节目。

三是服务对象。为三种类型的在线参与者提供服务：用户，在百度网站上提供中文搜索平台，使用户能够在线查找相关信息；客户，向各种行业的多元化客户群提供在线营销服务；百度联盟会员，由大量第三方网络内容、软件和移动应用程序提供商组成。

（五）Alibaba（阿里巴巴公司）

阿里巴巴介绍了使命、愿景、价值观、业务、战略以及生态系统的各组成部分、科技、竞争、分销、社会责任、法律法规、组织结构等多方面的内容。核心要素有：

一是使命。公司的使命是使利用其平台做生意的人在任何地方都能轻松做生意。阿里巴巴支持小企业，用互联网为小型企业提供便利，利用创新和技术来平衡竞争环境，在国内和国际经济中更有效地发展和竞争。

二是愿景。公司的目标是建立未来的商业基础设施。阿里巴巴设想未来客户会广泛使用互联网的电商平台、物流体系、金融服务、云计算及跨境服务。阿里巴巴的文化、商业模式和制度是建立在可持续的基础上的，以便其可以实现长远的发展。

三是业务。阿里巴巴的业务包括核心商务、云计算、移动媒体和娱乐以及其他创新计划。通过投资关联公司、菜鸟物流和口碑分别参与物流和本地服务业。另外，阿里巴巴有蚂蚁金融服务有限公司的利益分享，是通过支付宝经营的金融服务集团，中国领先的第三方在线支付平台。零售业务包括淘宝、天猫和聚划算；批发包括 1688. com；娱乐、媒体方面，阿里巴巴收购了 UC 网络、优酷土豆等；还有农村扩张和国际化的项目。

四是战略。通过地域扩张、改善客户体验和新产品、服务类别，增加活跃用户数和阿里的钱包份额；向消费者提供超越实体商品的服务，包括数字娱乐、医疗保健和当地服务；通过数据驱动、综合在线和离线分销渠道和世界级技术，增加阿里巴巴平台上商家、品牌和其他业务的成功率；通过开发市场导向的、拥有数亿用户的移动应用来扩大其移动领导力；应用大数据和云计算技术，继续成为产品和技术的创新者以及商业模式和现有行业价值链的挑战者。阿里巴巴的长期战略目标是为全球 20 亿消费者提供服务，并支持 1000 万家企业盈利。阿里巴巴实施了三项重大举措，以实现这一战略目标：全球化，农村扩张，大数据（云计算）。

（六）Facebook（脸书公司）

脸书公司介绍了使命、产品、盈利模式、竞争、科技、经营、营销、知识产权、政府规定、员工、公司相关信息获取途径。核心要素如下：

一是使命。给予人们分享的权利，使世界更加开放和紧密联系。公司的首要任务是开发有用和有吸引力的产品，使人们能够通过移动设备和个人电脑进行连接和共享；还帮助人们发现和了解周围世界正在发生的事情，使人们能够与朋友和公众分享他们的意见、想法、照片、视频以及其他活动。

二是产品。Facebook、Instagram、Messenger、WhatsApp、Oculus。Messenger 是一种可用于各种平台和设备上的移动和网络的消息应用程序，使人们能够立即和简便地接触他人，并使企业能够与客户无缝安全地接触。WhatsApp 是一种快速、简便和可靠的移动消息应用程序，人们可在世界各地各种移动平台上使用。Oculus 是虚拟现实技术和内容平台产品，让人们进入完全沉浸式和互动的环境，玩游戏、消费，并与他人联系。

三是盈利模式。脸书通过向营销人员销售广告投放位置来实现其所有的收入。脸书的广告让营销人员接触到包含年龄、性别、地理位置、兴趣和行为因素的各类人。营销人员可以购买的广告投放位置包括 Facebook、Instagram 和第三方应用程序、网站。

（七）Amazon（亚马逊公司）

亚马逊公司介绍了客户与服务、竞争、知识产权、季节性、员工的相关信息，特别是客户群的一一介绍，体现了亚马逊以客户为中心的特点。

对公司创造价值方式的描述如下：公司通过零售网站为消费者服务，专注于选择、价格和便利。数百万种独特产品由公司和第三方通过公司网站销售。公司还制造和销售电子设备，包括 Kindle 电子阅读器、Fire 平板、Fire 电视和 Echo。公司每天提供定价和运输优惠，并提高运营效率，以保持最低价格。此外，还提供 Amazon Prime 年度会员计划，包括数百万项目的无限免费送货、无限制即时访问数以千计的电影和电视剧等。公司以多种方式完成客户订单：自营的北美和国际运输网络、一些国家联合和外包运输安排以及数字交付；在全球范围内设立客户服务中心。

第四节　我国商业模式信息披露建议

一、我国商业模式信息披露所处的阶段

当前各市场有关商业模式信息的披露要求和实践处于不同的阶段。普华永道（2016）将商业模式披露归纳为四种类型，从初级到高级依次为：商业概览（Business Overview）、商业流程（Business Process）、商业活动（Business Activities）和商业生态（Business Ecosystem）。各概念见表6－3。

表6－3　商业模式披露阶段

阶段	内容
商业概览	公司是做什么的；结构是什么（如几个分部）；市场细分是什么
商业流程	公司是做什么的；商业如何运作
商业活动	公司如何长期生成或保有价值；公司如何通过拥有和（或）管理关系和资源来获取价值
商业生态	公司是做什么的；公司如何在长期内生成或保有价值；公司所处的生态环境，包括关键资源和关系的属性，公司如何为核心利益相关者创造价值

商业生态的披露范式包括更为深入地分析投入和产出要素以及整个商业流程的完整闭环，它与商业活动的差异在于：后者会指出一些重要的资源（如人力、技术和客户），但是倾向于孤立地描述，不会识别出整个公司经营模式中核心的外部投入，或者解释整个商业流程如何运作以及如何与更广泛的经济生态环境联系。

国际综合报告委员会和英国财务报告理事会对于商业模式的披露指引，主要是价值创造的部分，这一概念与商业活动和商业生态更接近。我国目前现有的对于商业模式（或称业务）的披露方式更接近于商业概览，一些披露比较好的公司更接近于商业流程。美国上市公司虽然在语言简明化方面较优，传递的商业模式信息更为清晰，但在披露层次上也更接近于商业概览和商业流程。

从我国商业模式信息披露制度来看，上市公司需要在年报的特定章节披露与商业模式息息相关的主要业务和价值创造流程等信息。在 2015 年以前，大部分与经营流程、价值创造等相关的商业模式信息披露还属于上市公司自愿性披露信息；仅有部分上市公司在“公司简介和主要财务指标”“董事会报告”或“管理层讨论与分析”章节进行描述，而且信息披露位置和内容并未统一和固定。2015 年，中国证监会关于《公开发行证券的公司信息披露内容与格式准则第 2 号——年度报告的内容与格式（2015 年）》第二十三条规定，上市公司应在“业务概要”章节披露企业商业模式等相关内容。自此，对上市公司整体而言，商业模式信息属于原则性披露范畴，大量上市公司开始在年报固定位置集中披露与企业价值增值等相关的商业模式信息。

二、我国商业模式信息披露的建议

我国在商业模式创新方面处于世界领先水平，因此在商业模式信息披露方面也应该走在前沿。建议分步推进商业模式披露，规范披露商业模式流程，向投资者清晰、简洁地呈现公司是做什么的，商业如何运作，鼓励披露商业活动和商业生态的内容，即公司如何长期生成或保有价值；公司如何通过拥有和（或）管理关系和资源来获取价值，公司的模式如何与更广泛的经济生态环境联系。

（一）规范披露商业模式流程

一是公司的产出是什么、消费者对象及需求是什么、提供的产品和服务有什么特点？清晰阐述公司为客户提供的是产品（如出售家电）、服务（如安装服务）、解决方案（系统集成商为企业提供一整套的硬件、软件加培训服务的信息化系统）还是赚钱工具（连锁加盟品牌商为加盟商提供一整套管理规则、后台支撑系统等）；还需要解释清楚产品或服务的产权转移方式，是使用权、收益权还是转让权；还可以进行更为细致的分割，如占有权、开发权、改善权、改编权、消费权、出售权、捐赠权、抵押权、出租权、借贷权等。

二是公司如何获得为消费者提供的产品或服务。要描述清楚，在此过程中公司需要和哪些利益相关者交易，交易什么，怎么交易。这其中涉及对经营活动各关键环节的描述，如研发、制造、渠道、营销、仓储物流等；还涉及对投入要素及其获取方式的描述，如投入要素是购买、自产还是授权第三方生产，由谁负责维修和保养等。

三是披露盈利模式。盈利模式是商业模式信息中的关键信息，决定了收入的确认与计量，解释收入与成本的配比，帮助投资者理解业绩等财务数字变化的真正原因。我国最新的收入确认准则已发生重大变革，盈利模式信息将成为判断收入确认与计量的重要依据，因此，完善盈利模式的披露十分重要。盈利模式通俗理解为收入从哪里来、成本向哪里支出、怎么收入、怎么支出。

四是行业定位、业务分部、市场情况、规模、人员等对公司价值创造有重要判断的信息。我国上市公司目前的披露实践中对这些信息已有披露，需要进一步思考如何将这些碎片化的信息与公司创造价值的方式结合起来，更有逻辑性地进行报告。

（二）鼓励披露商业活动和商业生态

一是鼓励公司披露关键投入要素（关键资源和能力）以及什么使公司

拥有竞争性优势。国际综合报告委员会和英国财务报告理事会的两种商业模式模型对公司投入的关键资源和能力都非常重视。但这部分信息需要加入公司的主观判断，很难有具体的指引，因此规则层面应以原则导向为主，在灵活性和框架规定之间达到适当平衡，认可在各个不同公司的特定情形之间存在很大差异，但同时又使各个机构之间具有足够的可比性，以满足相关的信息需求。鼓励公司通过具体案例和数字加以阐释，避免夸大。

公司可能使用到的关键资源和能力如下：

资源方面：（1）金融资源：来自各利益相关者的货币资源或可交换为货币的资源，如权益所有者、债券持有者、银行的金融资产等；（2）实物资源：包括实物技术（如企业的计算机软硬件技术）、厂房设备、地理位置等；（3）人力资源；（4）信息资源：丰富的相关产品信息、系统和软件、专业知识、深厚的市场渠道，通过此渠道可以获取有价值的需求供应变化的信息等；（5）无形资源：技术、商誉、文化、品牌、知识产权、专利；（6）客户关系；（7）在行业价值链中的优势地位。

能力方面：（1）组织能力：公司承担特定业务活动的能力；（2）物资能力：包括原材料供应、零部件制造、部件组装和测试、产品制造、仓储、分销、配送等能力；（3）交易能力：包括订单处理、发货管理、流程控制、库存管理、预测、投诉处理、采购管理、付款处理、收款管理等；（4）知识能力：如产品设计和开发能力、品牌建设和管理能力、顾客需求引导能力、市场信息的获取和处理能力等；（5）机会发现与识别的能力：对环境和机会的敏感性和感知能力、正确判断该机会的性质的能力等。

二是鼓励公司披露商业模式与资本的匹配性，以及资本间的重要相互依赖关系。

三是鼓励公司披露如何调整商业模式及战略，以及对外部环境和自身面临的风险和机遇作出回应。

（三）持续跟踪综合报告最新进展

综合报告是商业模式信息披露的未来发展趋势，它所提供的非财务信息不是孤立地描述，而是识别出在整个公司经营模式中核心的外部投入，或者解释整个商业流程是如何运作以及与更广泛的经济生态环境联系。要求公司从更广的角度来考虑资本，而不仅限于那些归公司所有或受公司控制的资本。例如，可能要求披露对价值链上下游资本的影响（如，机构制造产品所造成的碳排放以及主要供应商的用工行为）。综合报告对产出的描述不限于为客户提供的产品或服务，还包括财务资本、人力资本、知识资本、品牌、基础设施和对利益相关者的影响；此外还包括对成果的描述，内部成果如员工士气、机构声誉、收入和现金流等，外部成果如客户满意度、纳税额、品牌忠诚度以及社会和环境影响等。

综合报告提供的商业模式信息更为全面，是否需要披露取决于收益和成本的评估，目前境外市场也尚属于自愿披露阶段。随着资本市场的发展，当投资者需要更多的信息对公司创造价值的能力进行判断时，披露综合报告将成为一种趋势。

（四）倡导简明化披露，推广流程图

目前我国商业模式披露实践中，除了缺乏必要的信息，公司用晦涩的语言夸大商业模式误导消费者也是常见的问题之一。除了增加必要的披露项，如何化繁为简，推动披露语言简明化，直观、清晰展示公司的商业模式也是监管部门及投资者非常关心的问题。在国际综合报告委员会和英国财务报告理事会的披露实践中，大量使用流程图、短语式描述等是值得借鉴的方式。建议通过优秀案例展示、最佳实践推介等，推广采用流程图方式披露商业模式。

一是通过流程图呈现公司创造价值的全过程，提高投资者整体认知。流程图从投入要素、经营活动、产出要素及成果、外部环境等维度描述商业活动，形成一个完整的闭环。公司在整个产业链条中扮演的角色、与各

个利益相关者的关系、投入及产出都一目了然。

二是在流程图中，尽量用短语式词汇描述关键信息，必要时在流程图之外再用简洁、浅显易懂且富有逻辑的语言对具体情况进行介绍。简洁的语言能够避免公司通过堆砌辞藻来模糊其核心活动，同时也提高投资者对报告的理解能力。

三是突出重要信息。流程图不能面面俱到，要抓住公司创造价值的核心要素和关键环节。

第七章

实现信息披露语言简明化

当前，投资者普遍关注上市公司信息披露有效性不足的问题，其中一个重要问题是披露清晰度不足。制作简明清晰的披露文件，是提高信息披露有效性的有效方式之一。它有助于提高披露信息的可理解性，并能提高投资者决策相关性。因此，近年来，如何实现披露的简明化，是在国际上广受关注的问题。美国等成熟市场国家，先后明确了简明写作的要求。美国在 1998 年出台了对公众公司简明化披露的规则要求，推行至今效果良好。

我国资本市场成立以来，监管规则中也一直强调简明化披露问题。但从现有信息披露文件、历年年报审阅情况和已有研究看，披露不简明、形式和言辞冗余、避重就轻等，仍是披露中长期存在的突出问题。为何监管规则实行多年，却始终难以改善与消除?

在新一轮资本市场改革发展中，在推出以信息披露为中心的注册制的背景下，对信息披露的相关要求将进一步细化和具体化，首要解决的就是如何制作简明易懂的披露文件问题，这也是投资者保护的核心要求之一。2013 年 12 月 27 日，国务院办公厅发布《关于进一步加强资本市场中小投资者合法权益保护工作的意见》(国办发〔2013〕110 号)，提出“增强信息披露的针对性。有关主体应当真实、准确、完整、及时地披露对投资决策有重大影响的信息，披露内容做到简明易懂，充分揭示风险，方便中小投资者查阅”“强化董事会秘书等相关人员职责，制定自愿性和简明化的信息披露规则”等要求，进一步加大了研究这一问题的迫切性。

结合境外市场简明化披露产生和发展的国际经验分析，本章拟在总结美国简明化披露的具体规则、指南等相关经验的基础上，归纳我国上市公司信息披露文件主要问题及其成因，研究适用于我国国情的简明化披露要求，引导或鼓励公司试用。

第一节　简明化披露的产生与演进的国际经验

一、简明化披露的产生与定义

简明化披露的产生，源于 20 世纪末境外发达国家兴起的一项简明英语（Plain English）① 写作的政府公文要求。它在美国、英国、澳大利亚、新西兰、加拿大等国家都被广为推行，旨在使晦涩、难懂的公文变得简单明了。“简明英语”的定义在各国有所差异，例如，英国定义②为：“预期受众只需读一遍就可以理解并据此采取行动的语言。简明英语不仅强调语言，也强调外观设计和排版。”澳大利亚定义③为：“简明英语是一种恰当、清楚的写作方法，它以尽可能简单的方式，达到有效沟通的结果。但简明

① “plain”在中文中有“清晰的、清楚的、明白的”意思，可以有平白、浅白、简洁、平实、直白等多种解释，但结合各国实施中所包含的内涵，本文认为它有“简洁明晰”的意思，即不但包括简洁直白的语言，还包括清晰明了的结构。结合国内“中国期刊网”内已有文献的译法，本书采用了“简明”一词。

② “We define plain English as something that the intended audience can read, understand and act up on the first time they read it. Plain English takes into account design and layout as well as language.” ——Plain English Campaign, U. K.

③ “Plain English is good, clear writing which communicate as simply and effectively as possible. But it is not a childish or simplistic form of English.” ——Plain English at Work, Australia.

英语不是幼稚或过分简单化的英语形式。”加拿大定义[①]为：“简明英语是以读者感到清楚的方式组织信息的技巧。简明英语使用直白、具体和常见的词汇。”虽然其定义在各国存在一些差异，但总体上包含了简单易懂的语言和清晰、有序、可理解的组织方式等内容。

什么是简明化披露？我国尚没有定义。按照美国证券交易委员会的界定，“是用清晰有序的方式对复杂信息予以阐述，从而让投资者更好地去理解”。它是运用简明英语达到的明晰披露的结果，因此，可以把简明英语与简明化披露理解为一种写作过程运用与结果的关系。本书在写作过程中，并不刻意区分这二者，认为无论是简明英语，还是简明中文，最终都希望达到简明化披露的效果。

由于简明英语要求有所差别，各国对简明化披露的要求也略有差异，但通常都包含语言与形式方面的要求。以要求最具体的美国来看，其包含以下四个方面：（1）在确定公告所使用的词、句或段落之前，分析和决定投资者决策需要哪些信息；（2）按照使用者能理解的程度，经济地使用词汇；（3）语句结构严谨，语调友好和直接；（4）样式直观。本章的研究也将采用这一口径。

二、简明化披露的发展与演进

简明英语在政府公文写作中带来的提高阅读者的可理解性等优点，使其随后被引入商务界，在实践中也为企业带来了多种好处，如节省高管修改文稿的时间，节省制作说明书的成本等。在20世纪末，它开始被美国等一些国家和地区引入资本市场，旨在降低披露材料制作等成本，进而降低披露成本，实践中效果显著，因此从招股说明书的制备开始，被监管部门加以推广使用。

---

① “Plain English writing is a technique of organizing information in ways that make sense to the reader. It uses straightforward, concrete, familiar words.” ——Minister of Multiculturalism and Citizenship of Canada.

以这一过程发展最清晰的美国为例，1977 年美国纽约州首先通过了一项改革性的法律，即《简明语言法》（Plain Language Law），于 1978 年实施。时任美国总统卡特后来要求联邦政府各部门保证颁布的每项法令“以简明易懂的语言撰写，以使须依法办事的人都能看懂”。1998 年，美国前总统克林顿在执政时，与副总统戈尔共同发布了一项总统备忘录，要求美国联邦政府所有的文件一律使用简明英语。此后，随着公众知情权和政府服务意识的增强以及商家竞争的加剧，倡导使用简明英语的范围已经远远超过政府文件范围，涵盖了社会生活的各个方面，包括法律、金融、商业、医疗等一切实用性文本。

1998 年，美国证券交易委员会发布了《简明英语披露》（Plain English Disclosure）的最终规则[①]和工作人员第 7 号公告（Staff Legal Bulletin No. 7）[②]。1998 年 8 月，美国证券交易委员会的投资者教育与援助办公室（以下简称“投教办公室”）出版了《简明英语手册：如何制作清晰的美国证券交易委员会披露文件》（A Plain English Handbook：How to create clear SEC disclosure documents，以下简称《简明英语手册》）等文件，强制要求和指导公司运用简明英语撰写招股说明书等披露文件，鼓励其在其他披露文件中也采用简明英语，并表示将持续改进这些要求。2008 年，证券交易委员会要求共同基金招股说明书概要也用简明英语写作。

2010 年，美国出台了《2010 年简明写作法案》（The Plain Writing Act of 2010）。根据该法案，证券交易委员会和其他联邦机构一样，必须采用简明写作，法案要求写作必须“清晰、简洁、结构良好，并且按其他的规则领域或阅读者所需要的最好实践要求来进行”。这个法案要求美国证券交易委员会从 2011 年 10 月开始，在撰写新的文件和实质修改文件时，必须遵守《联邦简明英语指南》（Federal Plain Language Guidelines）的要求。同时，作为一个披露机构，美国证券交易委员会被要求与投资者用简单易

① 17 CFR Parts 228，229，230，239 and 274，http：//www. sec. gov/rules/final/33 – 7497. txt.

② http：//www. sec. gov/interps/legal/slbcf7. htm.

懂的语言进行交流。对美国证券交易委员会及其文件的简明化要求，被纳入立法层面。

英国自 1979 年就发起一项“简明英语运动（Plain English Campaign）”。中国香港在1998 年1 月也发布了《如何撰写清晰的招股说明书》（How to Create a Clear Prospectus），要求用简明方式编写招股说明书。在香港证监会和港交所等官网上也都能查找到关于使用简明清晰语言制作材料的要求。澳大利亚在《公司法经济改革》（Corporate Law Economic Reform）中鼓励使用简明英语但并不强制。加拿大在 1990 年的《金融消费者法案》（Financial Consumers Act）中，要求以下文件需要使用简明化语言和形式：（1）提供给想要投资金融产品的消费者的申请表格；（2）金融产品协议的条款；（3）消费者需要的其他信息及描述信息和责任人的条例；（4）条例中提到的其他文件等。

三、简明化披露的成本收益分析

（一）简明化披露的优点与收益

美国证券交易委员会投教办公室认为，简明化披露能使公司使用投资者容易理解的语句，清楚阐释作出明智决策所需的信息，促进公众公司和投资者的沟通，并提高投资者保护意识。它的优点显而易见，包括：

（1）加强投资者与公司之间的关系；

（2）投资者更容易理解要购买的证券，对持有或出售能够作出更明智的判断；

（3）在信息披露文档越来越多地依赖网络和电子化方式传递时，简明化版本会比高深莫测用语的版本更易于阅读；

（4）当客户能够轻松快速地读懂和理解披露文件时，经纪人和投资顾问也就可以提供更佳的投资建议。

而带来的收益除了这些优点外，还包括：

（1）通过给投资者更高的理解确信度，增加投资者的兴趣；
（2）允许投资者更好地评估风险和投资机会的报酬；
（3）减少投资者因为不理解披露文件而进行投资失误的可能性。
此外，还能减少发行人的一些成本，包括但不限于：
（1）通过减少投资者阅读和理解信息所需时间，降低信息分析成本；
（2）降低花费成本的法律争论，因为投资者能更好地理解披露文件；
（3）减少投资者在发行中询问发行人的问题，降低发行成本；
（4）通常会减少文件长度，节省公司打印和邮寄成本。

（二）简明化披露的主要成本

在实践中，有部分市场意见认为“用简明英语写文件，可能会对公众公司增加可观的成本”。但是，美国证券交易委员会认为“随着时间推移，公司在学会使用简明英语原则准备文件后，这部分成本会消失。即使有这部分成本，公众公司也应当承受这部分由于规则要求的很少的成本”。因为，它相信对投资者和公开市场而言，潜在的收益大于成本。

（三）简明化披露的成本效益分析——来自美国证券交易委员会的调研数据

1. 美国证券交易委员会的先行试验活动数据

美国证券交易委员会在 1998 年正式推行简明化披露要求之前，由其公司金融部在 1996 年组织了一次超过 75 家公司志愿参加的先行试验活动，用来测试简明化披露文件所需要的成本。试验中所撰写的披露文件，不限于其后规则中要求的招股说明书等，还包括代理权表、财务报表附注、财务状况和经营结果的管理层讨论等所有美国证券交易委员会要求的披露文件。

美国证券交易委员会在这次活动中，随机询问包括 IPO 发行人在内的参加者。所询问的参加者都认为投资者受益于更清晰、可读、不冗余的披露。有参加者认为，投资者误读或误解的现象将减少，且用简明英语写文件时，能用更少的时间回答投资者问题。参加者还发现传统的采用法律和技术术语的写作成本比简明英语高15%。传统写作中，这部分占48%左右的时间。但是，由于熟悉简明英语的写作方式需要一定的时间成本，根据参加者的数据，美国证券交易委员会预计整体的负担时间在第一年上升7%。

同时，参加者们认为的一个共同好处是：平均减少注册文件长度11%。如果S－1表平均长度116页，减少13页；如果S－3表平均长度52页，减少6页；如果S－4表平均长度219页，减少24页。由于运用简明英语能缩短文件长度，一些参与者预测能降低印刷和分发成本。按当时注册文件的平均成本，即使成本只降低5%，公司每份文件也将节省约3160美元。按当时的公众公司数计算，公司如果都使用简明英语的要求，一年将合计节省2400万美元。

2. 美国证券交易委员会的统计数据

美国证券交易委员会采用1997年全年发行人提交的注册表数据进行测算，预计公众公司采用简明英语写作的第一年，每份文件需要增加7%左右的额外时间成本，约60个小时，按每小时120美元，每份文件大约增加成本7200美元。表7－1显示每份文件采用简明英语写作前后预计的负担时间。基于参加者的经验，美国证券交易委员会预期随着公司从简明英语规则与使用中获得经验，未来所需时间和成本将下降，反复递交文件的公司成本会下降得更快。

表7－1　运用简明英语写作成本的变化情况　（单位：小时）

表格	预计用时——简明英语规则出台前的文件	预计用时——简明英语规则出台后的文件	预计改变时间	文件/年	规则出台后预计负担的时间
S－1	1267	1358	91	1067	97097
S－2	470	504	34	145	4930
S－3	398	427	29	3137	90973

续表

表格	预计用时——简明英语规则出台前的文件	预计用时——简明英语规则出台后的文件	预计改变时间	文件/年	规则出台后预计负担的时间
S－4	1233	1322	89	2044	181916
F－1/S－20	1868	2002	134	162	21708
F－2	559	599	40	3	120
F－3	166	178	12	220	2640
F－4	1308	1402	94	243	22842
S－11	147	158	11	68	748
SB－1	710	761	51	8	408
SB－2	876	939	63	434	27342
合计				7531	450724

并且，美国证券交易委员会认为第一年预计增加7%的成本有所高估，因为它来自上文参加者，而当时并没有范例或指南可以参考，所以，发布相关规则和指南后，未来发行人所用时间应当更少。此外，律师等中介机构从不同客户那里反复写作得到的经验，将帮助加速向简明英语的过渡。一些公司在一年内上交多份归档文件，如果都采用简明英语方式积累写作经验，那么在以后文件所花的时间将会更少。

以上结果与美国公司秘书协会（American Society of Corporate Secretaries）调查结果一致。后者调查了57名成员公司，其中有12名成员至少准备了一份简明英语文件，认为简明英语不会明显增加负担或时间，有一家公司甚至认为没有额外成本。

所以，美国证券交易委员会认为使用简明英语准备文件能提高投资者的理解，并帮助他们作出充分知情的投资决策。而后续出台的规则与手册，将使发行人能显著提高披露文件的清晰度，并降低成本。

第二节 美国简明化披露规则及实践要点分析

一、美国证券交易委员会对简明化披露的规则要求

（一）美国证券交易委员会对简明化披露的看法

美国证券交易委员会认为，完整和公平的披露是在联邦法律下投资者保护的基石，投资者需要在联邦证券法律的保护下阅读和理解披露文件。如果一份招股说明书无法清楚地交流信息，投资者就无法得到最基本的保护，因此，必须用简明英语这种易于理解的方式来进行披露。在强制要求使用简明英语之前，招股说明书常常使用复杂、墨守成规的语言，经常让财务或法律专家以外的人感到陌生。交易和证券的日趋复杂化加重了这一问题。证券业及其监管者面临的一个主要挑战，是保证财务和经营信息能用投资者容易阅读和理解的方式传递给他们。

为应对这种挑战，美国证券交易委员会对发行人应当如何向投资者披露信息进行了根本性的修订，而新出台的规则将挑战所有注册公开发行的招股说明书，其目的在于使招股书更加简单、清楚、有用，并且希望能被更广泛地阅读。虽然新规则于 1998 年 10 月 1 日开始采用，但美国证券交易委员会鼓励所有发行人在此之前就开始使用简明英语规则，并继续努力帮助公司运用简明英语写作。

（二）美国证券交易委员会简明化披露规则的要求

1. 简明英语规则（Plain English Rule）——新增 421（d）规则

421（d）规则要求公司对招股说明书前面部分必须使用简明英语，包括在组织、语言方面，以及前后封面、概要和风险因素部分。在撰写这些

部分的语言时，必须遵循以下基础原则：短句；明确定义、具体、日常英语；主动语态；对复杂材料列表列示或报告列表；尽可能没有法律术语或高度技术化的业务术语；没有多重否定。

此外，封面、概要和风险因素部分的设计必须使投资者易于阅读，并突出对投资者重要的信息。该规则允许公司使用照片、图、表和其他设计元素，以使招股说明书易于理解。

2. 清晰、具体和可理解的招股说明书（Clear，Concise and Understandable Prospectuses）——修订 421（b）规则

美国证券交易委员会根据各方建议，对 421（b）规则进行修订，修订后的 421（b）规则要求整份招股说明书都必须清晰、简洁和可理解。这比上述 421（d）的简明英语规则只运用于招股书的前面部分要求更广。

修订后的规则，列示了在撰写整份招股说明书时必须遵循的四个常见技巧：

（1）用清楚、具体的段落语句清晰地列示信息。如果可能，使用短的解释性句子和报告表。

（2）使用描述性的标题和副标题。

（3）避免频繁使用词汇表或术语定义作为招股说明书中主要的解释性信息。只有当它们在文中意义不清晰时，才用词汇表或其他工具界定。只有能使投资者易于理解披露时才使用词汇表。

（4）避免法律的和高度技术性的业务术语。

规则中还对如何遵循规定提供了指南，并列出一些可以防范的常见问题，以避免使文件难以阅读，包括但不限于：

（1）复杂的陈述，使披露难以理解。

（2）含混的解释，易于导致误解。

（3）直接从法律文件中获取的复杂信息，没有进行任何清晰或简要的解释。

（4）重复披露以增加文件的规模，但并没有提高信息质量。

3. 如何应对高科技企业的简明化披露问题——美国证券交易委员会的意见

在规则出台前后，有一些意见认为美国证券交易委员会不应当过于限制公众公司使用业务术语，例如，高科技企业必须使用技术术语以与行业其他公司区分产品或服务。但美国证券交易委员会并没有采纳这点意见，它认为，公司可能会认为这些业务术语对描述经营活动是必需的，但是，由于招股说明书用于投资者阅读，公司应避免使用过多的技术行话，否则只有竞争者或行业专家才能理解，或投资者必须使用术语字典才能理解。公司应当在招股说明书中进行针对投资者的披露。如果某一技术术语不可避免，则应当在第一次使用时，尽力解释其意思。

此外，美国证券交易委员会认为，清晰的交流必须关注对投资者的披露。因此，虽然推行简明化披露，但美国证券交易委员会并没有要求公司限制摘要的长度、限制风险因素的数量或优先化风险因素。

（三）美国证券交易委员会对 S－K 规则的相应修改

根据推行简明化披露的要求，美国证券交易委员会也修订了 S－K 规则中相关的披露要求。具体内容包括：

1. 注册表的前部和外部（Forepart of Registration Statement and Outside）——501 条

（1）前封面。美国证券交易委员会不再对前封面有设计要求，但要求将前封面控制在一页以内，并使披露易于阅读和理解。目的在于允许发行人设计一个能使投资者关注发行关键信息的封面，并鼓励阅读招股说明书中的重要信息，避免在封面放不需要的信息。同时，希望能给公司所需要的足够灵活性，设计一个适用于发行人和发行的封面。发行人能自由使用照片、图表和其他设计以准确地描述企业、经营、产品和财务状况。美国证券交易委员会对于这些方面并没有过多限制，但发行人必须让其明显，并且必须使印刷版易于阅读。例如，全部使用大写字母不但不会显著，反而读起来更困难；一个设计良好的封面并不是挤满图表等。同时，接受各方建议，在封面中保留对招股说明书说明中风险因素的交叉指引，必须指明风险因素并列明这一点从哪一页开始。封面和风险因素部分都必须采用简明英语规则和相关披露要求。此外，美国证券交易委员会认为，不需要为其他一些特定类型发行的封面信息采用特别的要求，如合并、交换发行或限制性的合伙发行等。对501条的其他修改对比见表7－2。

表7－2　　S－K规则第501条修改前后的变化

修改前	修改后
注册表封面	相同
公司名称	相同
发行证券的标题、数量与描述	相同
卖出证券持有人的报价	相同
风险的交叉索引	相同，除了必须包括页码、特别的印刷类型
有格式的分配表格，显示价格、承销模式、委托和消息所得	删除了分配表格，使用告示或其他强调发行的方式
显示真实、准确地对最高发行价和发行数量的估计范围	相同
如果未设定价格，显示如何确定价格	相同
有格式的最佳披露和分配表	删除分配表，使用告示或其他强调信息的方式
委托图例	使用简明英语，包括州证券委员会的指引。没有特别的类别
州证券委员会的要求图例	相同
发行人的超额配售权、发行费用、其他方支付的委托费、非现金部分和佣金	确定期权及其份额，把其他部分都移到分配计划部分
不要求明确证券市场、交易标识、承销商和承销协议	要求明确
招股说明书日期	相同
招股说明书“仍有待完善”标识	保持简明英语，包括州证券委员会的要求
没有页数限制	限制在一页以内

（2）内部前页和外部封底（Inside Front and Outside Back Cover Pages of Prospectus）——502条。修改了关于内部前页和外部封底的要求，以限制

发行人在这些页面所放的重要信息，给发行人更大的自由度，可以站在投资者的角度更自由地安排信息。修改前后的变化详见表7－3。

表7－3　　　S－K规则第502条修改前后的变化

修改前	修改后
总体上从证券交易法报告中可以获得	转到描述业务部分或短期注册表包含指引性披露
明确证券的市场	移到封面
股东对年度报告的可获得性，包含外国发行人的财务报表和其他在代理人规则中没有包含的内容	移到业务部门描述部分
短式注册表中要求的证券法报告的可获得性	移到参考披露部分
稳定性图例	移到分配部分
被动做市活动图例	在分配的部分删除保留的披露
交易商招股书传送封面	保留在封底
对外国人联邦法律的强制性义务	移到业务描述部分
内容表	相同，如果招股说明书电子化传递，必须马上跟随在封面后页

（3）摘要信息、风险因素、盈利与固定费用比例（Summary Information，Risk Factors and Ratio of Earnings to Fixed Charges）——503条。

①摘要信息。如果发行人有摘要，必须简要及运用简明英语。即使没有标为“摘要”，但有对公司业务运作或财务状况的总结性描述，也必须运用简明英语。虽然美国证券交易委员会并没有限制摘要长度，但这部分应当强调发行的最重要特征。例如，不应当对公司业务和经营战略进行冗长描述，因为这种细节信息更适合在招股说明书主体内容中披露。

美国证券交易委员会没有强制性要求公司发行人招股说明书中必须有“摘要”部分，因为认为不一定适用于所有发行情况。例如，在短期注册表中并不适用。也并没有详细规定在摘要中应包含的信息，认为发行人需要足够的灵活度来撰写适合发行的招股书。但美国证券交易委员会认为：财务报表是公众公司披露的重要部分，公司应当采用投资者容易理解的方式，持续在摘要中强调财务信息。

②风险因素。如果发行人在招股说明书中包含一个风险因素，应使用简明英语描述，并避免公式化的风险因素，让投资者能理解投资于该企业及其运作的特定风险。

③盈利与固定费用的比例。发行债务或优先证券时，应当披露盈利与固定费用的比例。这时需要一个摘要，并将这一数据作为总结性财务数据的一部分。

二、美国证券交易委员会对简明化披露的指南与实践要点

上文提及，美国证券交易委员会在 1998 年发行的《简明英语手册》中，提供了如何制作清晰的披露文件的指南与范例，在前述强制性规则执行范围外，公司可以根据自己的计划、文件以及预算随时进行调整，挑出合适部分进行运用。

根据沃伦·巴菲特的看法，这份手册能使披露达到有效沟通的目的，并能防范在披露中出现以下问题：发行人不想让投资者知道依法应当披露的问题；投资者不具备发行人披露中要求的专业知识以理解其意思；具备披露意愿的发行人难以准确传达信息给投资者；发行人自身不清楚撰写的内容是什么。

美国证券交易委员会时任主席列维（Arthur Levitt）认为，向简明英语的转换需要新的思维方式和写作风格，无论中介机构还是美国证券交易委员会工作人员，都需考虑过去的写作方式是否能够突出重要信息，帮助投资者决策进行质疑。为了更清晰地沟通复杂的信息，传统的各种专业术语必须为日常用语让路；并且，他希望公众公司都能自觉运用简明英语，在或长或短的文档中，无论是招股说明书还是股东报告都能够使用投资者易于理解的语句，清楚地向他们阐释作出明智投资决策所需的信息。

简明化披露并不意味着删除复杂信息而使文件更易理解，而是用清晰有序的方式对复杂信息进行阐述，从而让投资者更好地去理解。包括需要分析投资者作出明智的投资决策需要什么样的信息，考虑字词、句式以及

段落设置等。在读者所能理解的水平上使用较简洁的语句，且句式结构较紧凑，语气友好而直接，布局具备吸引力。

在写作之前，先考虑以下事项：文件的长度？全文还是部分内容使用简明英语来写作？距离上交文件的时间还有多久？涉及写作的人员可以是一个人，几个人或一个团队，包括：团队领导、了解披露情况的公司律师或主承销商、知晓投资者财务熟练程度的投资者关系专家、合规官、了解技术问题及复印、邮寄文件成本的生产操作人员、了解市场调研及投资者民意调查情况的营销人员、信息设计师等。

在整体步骤上，它包括了解受众、了解需要披露的信息、重组文档、简明英语写作、设计文档、运用省时技巧、使用可读性公式和风格检查工具、评估文档等。具体如下：

（一）了解受众

即分析投资者，了解投资者的大致特征。这是确保文件对现有及潜在投资者具备可理解性的重要一步。要写出可理解的文件，需要衡量投资者的财务知识掌握程度。可以通过调研和其他市场调查工具等方法，或者通过投资者关系人员或主承销商来了解谁已经购买以及谁将购买他们的证券。包括：年龄、收入、受教育程度、工作经验；对投资和财务术语的熟悉程度；阅读习惯；是否会同时阅读竞争对手的文件等。虽然受众千差万别，但最不熟练的投资者对于文件披露的可理解程度要求最高，可以通过一些附加基础教育信息来帮助他们。

（二）了解需要披露的信息

1. 阅读并概述现有文档

首先通读文档，整体理解和把握文件所涵盖的信息。第二次阅读时，记录下文档传达的信息及自己的存疑。阅读过程中考虑以下问题：投资者理解该语言吗？文档是否突出对投资者重要的信息？是否遗漏了重要信息？文档是否包括依法无须披露且对投资者决策没有帮助的信息？

2. 解决问题

与原文档作者或其他理解该文档的团队成员会面，帮助解答疑问，并对文档中一切事物的必要性提出疑问。“一直都有”并不是一个充分的理由，在进行合法推断后，若并未得出该信息必须存在的理由，可以考虑是否将其删除。

3. 消除冗余信息

对重复信息的必要性提出质疑。减少重复的段落或语句，不仅有利于阅读者，还能减少印刷和邮寄费用。

4. 讨论封面和摘要

封面应起简介的作用来吸引投资者阅读文档，并提供一些关键因素，但不要穷尽所有事项。如果它太密集且包含太多复杂的细节，没人会想去阅读它。如果看起来像律师的法律文件，许多投资者甚至不想阅读它。因此，要想创建一个有吸引力的封面，需要剥离掉那些一般都会包含但并非必要的信息。

当审视封面时，想想每个条目为何在此处出现？有些信息可能比较重要，但是否必须出现在封面上？一般在封面后会附有一份文件，可以在这些页面中将一些信息按照逻辑顺序予以呈现。那么，封面上呈现哪些信息对投资者来讲是有价值的呢？通过上文的“了解受众”，会有明智的决定。

摘要也是如此，用于强调要点。现在许多摘要和文档一样长，并且详尽了文中主体的所有信息，如复制一样，是不合适的。

5. 谨慎使用定义术语

尽可能少用术语。在封面和摘要中对一些术语下定义，会使许多读者望而生畏。记忆很多新的生僻词汇令投资者不堪重负，并且还要时不时返回首页找最初的定义，不少投资者难以坚持阅读下去。

（三）重组文档

重组文档有一些常用原则：

一是在陈述细节前先展示整体概况。招股说明书通常开篇先详细介绍证券，读者可能会在了解公司主要生产情况及并购原因之前看到这些内容，而在不了解情况的前提下，想读懂这些细节相当困难。投资者只有在了解总体情况时才能对这些独立的信息有更深入的理解。

二是通过描述性标题和副标题将文档分解为各个可控的部分。招股说明书通常都包含大量信息，如果将这些信息分割为条块呈现，会更容易理解。要确保标题能清晰告诉读者接下来所要阐述的主题，而诸如“概况”“背景”之类的标题并没有太大用处。

三是始终将相关信息进行汇总，这会帮助作者判断并删除重复信息。

四是读者的投资技术水平会影响文档的组织方式。

五是从头到尾将文档重读一遍，考虑可以如何重新组织内容以更加符合逻辑：包括读者概况、页边注释、决定采用的封面和摘要、在回答问题的过程中所获取的信息。

（四）简明英语写作

完成文档的重组后，即可列出新大纲，成为后期写作的目录。而在写作中常见问题包括：

1. 长难句

例如，这是招股说明书中的一个常见语句：

没有任何人被授权提供本联合委托书（招股说明书）之外的任何信息或陈述，如果获取了这些信息或陈述，请不要像信任被正式授权的信息那样信任它。

（原文：No person has been authorized to give any information or make any representation other than those contained or incorporated by reference in this joint proxy statement/prospectus, and, if given or made, such information or repre - sentation must not be relied upon as having been authorized.）

可以用简明英语作如下改写：

你可以仅信赖该文档所包含的以及我们所提到的信息，我们并没有授权其他任何人来提供不同的信息。

（原文：You should rely only on the information contained in this document that we have referred you to. We have not authorized anyone to provide you with information that is different.）

2. 使用主动语态及强势动词

乏味冗长的披露文件会使很多读者渴望读到清晰简短的语句，最快捷的解决办法是使用带有强势动词的主动语态。强势动词可以使语句生动紧凑，让信息跃然纸上，当开始改写或编辑时，可以先尝试突出显示所有动词。弱动词经常与两个不受欢迎的语法形式相伴：被动语态以及隐藏动词，它们一起使语句变得含混拖沓。

3. 主动语态和被动语态

读者能够更快更好地理解主动语态，因为它遵从我们对信息的思考和处理方式，而被动语态常常迫使读者进行分外的思考，以将被动转化为主动。在英文中，常见的会有“to be”“by”等。例如：

主动语态：

投资者购买股票（原文：The investor buys the stock.）

在主动语态中，句子的主语“投资者”来完成动作“购买股票”。

被动语态：

股票被投资者购买（原文：The stock is bought by the investor.）

在被动语态中，句子主语是“股票”这一动作对象，而执行动作的人或其他事物则由“被”字连接，但有时执行动作的人或事物却被删掉了。

删减后的被动语态：

股票购买（原文：The stock is bought.）

读者不知道谁买了股票。读者还会在披露文件中发现许多删减的被动语态的例子。

但是，并不是禁止使用被动语态，而是建议斟酌使用。当执行动作的人或物是相对次要的一方时，被动语态的使用是十分有意义的。因此被动语态的使用需要有合理的理由，如果有疑问，那么请选择主动语态。

4. 找到隐藏的动词

句子中是否包括了任何形式的“to be”“to have”或者其他弱动词，它们是否可以和一个名词一起转换为强动词？在这些句子中，强动词隐藏在名词化结构中，从动词衍生而来的名词通常以“-tion”结尾。找到这类名词并试着把它转换为句子中的动词，当把这些名词变为动词后，文章会变得不那么抽象并且更有活力。

5. 尝试人称代词

使用人称代词来写作，能显著提高文章的清晰度，原因在于：

第一，人称代词会帮助读者深入理解，清楚什么是适用于他们的；

第二，能使作者直接与读者对话，营造出和谐的沟通氛围；

第三，帮助避免抽象的表达，代之以具体和常用的语句；

第四，使语句变得简短；

第五，第一和第二人称代词没有性别属性，可以避免选择“他”或“她”的窘境。

例如：

修改前：

这份摘要并不是完备的，更详细全面的信息包含在委托书及其附件中，所有这些资料都应被仔细查阅。

（原文：This Summary does not purport to be complete and is qualified in its entirety by the more detailed information contained in the Proxy Statement and the Appendices hereto，all of which should be carefully reviewed.）

修改后：

因为这只是一份摘要，并不包含所有可能对您重要的信息，您可以在投票前仔细阅读委托书及其附件来帮助决策。

（原文：Because this is a summary，it does not contain all the information that may be important to you. You should read the entire proxy statement and its appendices carefully before you decide how to vote.）

6. 变抽象为实际

金融业充满了抽象，卡内基梅隆大学曾进行过一项研究，认知心理学家和英语教授发现，当读者面对复杂的书面信息时，他们动辄会以创建情境的方式来帮助理解。也就是说，他们通常会将此概念用于一个需要执行动作的假设情景中，来使抽象的概念变得易于理解。可以通过为读者呈现一个投资者的画面来使复杂信息简单易懂，这个技巧解释了为何“问答”的形式经常成功，而叙述及抽象的形式时常失败。

例如：以下抽象度逐渐递减：

资产—投资—证券—股权—股票—普通股—IBM 一份普通股

（原文：Asset→Investment→Security→Equity→Stock→Common stock→One share of IBM common stock）

7. 省略冗余词汇

省略冗余词汇是一种改善信息披露文件的最简单的方法，因为它不需要修改句子结构。当可以用相同意思的更少的词来替换某些词时，意味着这些词是冗余的。

例如：

冗余	简化
in order to	to
in the event that	if
subsequent to	after
prior to	before
despite the fact that	although
because of the fact that	because, since
in light of	because, since
owing to the fact that	because, since

冗余词汇的另一个来源是使用大量的词汇，以期望至少有一个能传达想表达的意思。最简单的解决办法是用一个能充分表达意思的单词或短语取代一堆形容词。

8. 以“肯定”的方式写作

肯定的语句相比于否定语句更短且更易于理解，

例如：

修改前：

除了第一受益人，其他人不能被分到股利。

（原文：Persons other than the primary beneficiary may not receive these dividends.）

修改后：

只有第一受益人可以收到股利。

（原文：Only the primary beneficiary may receive these dividends.）

同样，如果使用具有同样意义的单词来替换否定短语，会使语句变得简短和易于理解。

例如：

否定组合	单一词汇
not able	unable
not accept	reject
not certain	uncertain
not unlike	similar，alike
does not have	lacks
does not include	excludes，omits
not many	few
not often	rarely
not the same	different
not … unless	only if
not … except	only if
not … until	only when

9. 使用简短语句，用简短的常见词汇来替换专业术语

许多招股说明书充斥着涵盖大量信息的冗长的句子，且这些句子充满

了行话和法律术语。句子越长越复杂，读者的理解就变得越困难。事实上，一个长句可以分解为若干个短句，从一般到具体，包含简短的常见词汇，并且以主动语态进行改写，只需要读一遍就能理解它的意思。将法律及专业术语消除，用简短的常见词汇来传达要点。

10. 选择简单的同义词

使用简短常见的词汇来阐述复杂的观点，例如，用“end”来代替“terminate”，“explain”代替“elucidate”，“use”代替“utilize”。如果存在一个更简短易懂的同义词，那么请使用它。

11. 保持主、谓、宾的紧凑

简短的句子能够进一步强化简短词汇的有效性。英语的自然语序是主语—谓语—宾语。如果遵循这个顺序，句子将会更加清晰。

例如：

修改前：

A 级和 B1 级凭证的持有者将享有在每个付款日收现的权利，前提是有可用的资金（但不超过 A 级和 B1 级的账户余额）。

[原文：Holders of the Class A and Class B－1 certificates will be entitled to receive on each Payment Date，to the extent monies are available therefor（but not more than the Class A Certificate Balance or Class B－1 Certificate Balance then outstanding），a distribution.]

修改后：

只要资金充裕，A 级和 B1 级凭证的持有者在每个付款日都可以收现。

（原文：Class A and Class B－1 certificate holders will receive a distribution on each payment date if cash is available on those dates for their class.）

12. 保持句式结构平行

长句往往缺少平行的结构，平行性仅仅意味着确保一系列项目是使用平行词性，如名词或动词。

（五）设计文档

简明英语文档能够反映经过深思熟虑的设计，好的设计会使文档更易阅读和理解，而不好的设计则使一个编写良好的文档难以发挥沟通的效果。

一些文档因为不懂如何进行基础设计而变得不易阅读，如字体选择等。这些基础设计在很大程度上决定了一篇文章是否易读。对于简明英语来讲，设计的目的是尽可能地将信息清晰传达。在这一过程中的要点是：好的设计要基于作者和设计师之间良好的沟通，保持顺畅开明的沟通；向设计师解释文档中的细微差别；完成了终稿再提交给设计师，一旦文档被放入页面排版软件，或者一旦开始印刷，再想变动将会是烦琐和昂贵的。

在设计过程中包括五个基本的设计元素，以及如何使用它去创作一份简明英语文档，包括：层级或不同层次的信息、排版、布局、图形、色彩。例如，选择字体时，仔细思考该字体将出现在文档中的什么位置，是一般文本还是需要强调或介绍性语句中？有些字体比其他的更难以阅读，且不适用于文本中，例如：

1. 波多尼体（Bodoni Poster）或者其他粗体、斜体等只应用于标题或大号字体中

波多尼体（Bodoni Poster）：

Justified text was the style for many years—we grew up on it. But there has been a great deal of research on readability (how easy something is to read) and it shows that those disruptive, inconsistent gaps between the words inhibit the flow of reading. Besides, they look dumb. Keep your eyes open as you look at professionally-printed work... and you'll find there's a very strong trend now to align type on the left and leave the right ragged.

Robin Williams, *The Mac Is Not a Typewriter*

可以混合使用不同字体，但需要谨慎，并不是所有类型的字体都能很好地搭配。一般规则是，不要在一个文档中同时使用超过两种字体，但不包括同一种字体的黑体或斜体。

2. 选择易辨认的字号

字号太小会难以阅读，太大则不够美观，通常都是 10—12 号字体。如果在易辨认方面有特殊的需求，尤其是面向年长的读者，应该考虑使用 12 号或更大的字体。

3. 构图版式

设计师应仔细思考空格、列宽、行间距以及段落长度。这些设计因素决定了阅读是容易还是需要花费大量的体力和脑力。

4. 有效利用空格

空格一般用于加强可读性，有助于强调重要信息，并优化文档的整体外观，尤其对于披露文件的影响更为显著，因为该类文件常常由密集的文本块组成。应该打消用文本或图表占满整个页面的想法，一个较宽的左边栏或右边栏可以使文档更易于阅读。在章节或分段之间的空格也能帮助读者认识到哪些信息是相关的。

5. 使用行间距来优化页面

正如字号可以用磅值法一样，行间距也可以使用该方法。例如有一种描述是 12/16，这意味着 12 号字 4 磅行距。足够的行间距可以使一个长段落变得明晰，给人“轻快”的感觉，并且更易于阅读。要避免设置没有行间距的格式（例如 10/10 或 12/12），有时这也被称为“满排”。

6. 使每行保持合理的长度

对于大多数读者来说，每行合适的长度是 32—64 个字符，如果比这个长的话，读者阅读时会很容易看岔行。一个安全规则是：字体越小，每行应越短。这也正是为何当我们拿起任何一种报纸、杂志或大书时，很少看到正文像披露文件那样，从页面的一边一股脑地写到另一边。分栏也有助于读者在阅读大量文本时迅速换行，一般的平均列宽是 25—40 个字符，要记得在两栏之间留有充足的空白。

7. 使用表格或图表来提高清晰度

使用表格来提高清晰度，并简化文本。表格、图表相对于文本通常能够更快更清晰地传达和列示信息。

此外，还有设计简洁、按比例绘图、图形分组时保持一致、组织数据、不逆向排列数据、利用颜色及阴影等技巧。

在简明化披露过程中，还要学会运用省时技巧、使用可读性公式和风格检查工具，并在完成后请不同的人评估文档等。

第三节 美国运用简明化披露的典型范例分析

为了更直观地展示使用简明化披露前后的要求与效果，美国证券交易委员会展示和分析了一些典型范例，指导公司进行简明披露。

具体如下：

一、美信银行（MBNA America Bank）招股说明书

修改前

美信银行招股说明书封面

注释：美信银行依据当时的 SEC 规则提交该披露文件

完全对齐的文本和冗长的段落使得页面看起来过于密集且呈条块

大量的抽象术语和法律术语

大量的被动语句，增加了句子的长度

将定义的术语从封面删除

长句——多于60个单词

为什么要将这些常用术语大写

长句——多于50个单词

很多超过40个单词的长句

居中的文本和大写的单词增加了阅读的难度

注解使用了法律术语

墨守成规的法律措辞——501条款要求披露所有的这些信息吗

所有信息都以一种方式来呈现：该页面需要重点关注的是什么

无衬线字体较难阅读

整个页面的文本长度过大

PROSPECTUS

MBNA Master Credit Card Trust II

Asset Backed Certificates

MBNA America Bank, National Association

Seller and Servicer

The Asset Backed Certificates (collectively, the "Certificates") described herein may be sold from time to time in one or more series (each, a "Series") in amounts, at prices and on terms to be determined at the time of sale and to be set forth in a supplement to this Prospectus (a "Prospectus Supplement"). The Certificates of each Series will represent an undivided interest in MBNA Master Credit Card Trust II (the "Trust"). The Trust has been formed pursuant to a pooling and servicing agreement between MBNA America Bank, National Association ("MBNA"), as seller and servicer, and The Bank of New York, as trustee. The property of the Trust will include receivables (the "Receivables") generated from time to time in a portfolio of consumer revolving credit card accounts (the "Accounts"), all monies due in payment of the Receivables and certain other property, as more fully described herein and, with respect to any Series, in the related Prospectus Supplement. MBNA initially will own the remaining undivided interest in the Trust not represented by the Certificates issued by the Trust and will service the Receivables.

Each Series will consist of one or more classes of Certificates (each, a "Class"), one or more of which may be fixed rate Certificates, floating rate Certificates or other type of Certificates, as specified in the related Prospectus Supplement. Each Certificate will represent an undivided interest in the Trust and the interest of the Certificateholders of each Class or Series will include the right to receive a varying percentage of each month's collections with respect to the Receivables of the Trust at the times, in the manner and to the extent described herein and, with respect to any Series offered hereby, in the related Prospectus Supplement. Interest and principal payments with respect to each Series offered hereby will be made as specified in the related Prospectus Supplement. One or more Classes of a Series offered hereby may be entitled to the benefits of a cash collateral account or guaranty, a collateral interest, a letter of credit, a surety bond, an insurance policy or other form of enhancement as specified in the Prospectus Supplement relating to such Series. In addition, any Series offered hereby may include one or more Classes which are subordinated in right and priority to payment of principal of, and/or interest on, one or more other Classes of such Series or another Series, in each case to the extent described in the related Prospectus Supplement. Each Series of Certificates or Class thereof offered hereby will be rated in one of the four highest rating categories by at least one nationally recognized rating organization.

While the specific terms of any Series in respect of which this Prospectus is being delivered will be described in the related Prospectus Supplement, the terms of such Series will not be subject to prior review by, or consent of, the Certificateholders of any previously issued Series.

Potential investors should consider, among other things, the information set forth in "Risk Factors" beginning on page 19 herein.

THE CERTIFICATES WILL REPRESENT INTERESTS IN THE TRUST ONLY AND WILL NOT REPRESENT INTERESTS IN OR OBLIGATIONS OF MBNA AMERICA BANK, NATIONAL ASSOCIATION OR ANY AFFILIATE THEREOF. A CERTIFICATE IS NOT A DEPOSIT AND NEITHER THE CERTIFICATES NOR THE UNDERLYING ACCOUNTS OR RECEIVABLES ARE INSURED OR GUARANTEED BY THE FEDERAL DEPOSIT INSURANCE CORPORATION OR ANY OTHER GOVERNMENTAL AGENCY.

THESE SECURITIES HAVE NOT BEEN APPROVED OR DISAPPROVED BY THE SECURITIES AND EXCHANGE COMMISSION OR ANY STATE SECURITIES COMMISSION NOR HAS THE COMMISSION OR ANY STATE SECURITIES COMMISSION PASSED UPON THE ACCURACY OR ADEQUACY OF THIS PROSPECTUS. ANY REPRESENTATION TO THE CONTRARY IS A CRIMINAL OFFENSE.

Certificates may be sold by MBNA directly to purchasers, through agents designated from time to time, through underwriting syndicates led by one or more managing underwriters or through one or more underwriters acting alone. If underwriters or agents are involved in the offering of the Certificates of any Series offered hereby, the name of the managing underwriter or underwriters or agents will be set forth in the related Prospectus Supplement. If an underwriter, agent or dealer is involved in the offering of the Certificates of any Series offered hereby, the underwriter's discount, agent's commission or dealer's purchase price will be set forth in, or may be calculated from, the related Prospectus Supplement, and the net proceeds to MBNA from such offering will be the public offering price of such Certificates less such discount in the case of an underwriter, the purchase price of such Certificates less such commission in the case of an agent or the purchase price of such Certificates in the case of a dealer, and less, in each case, the other expenses of MBNA associated with the issuance and distribution of such Certificates. See "Plan of Distribution."

This Prospectus may not be used to consummate sales of any Series of Certificates unless accompanied by the related Prospectus Supplement.

The date of this Prospectus is September 2, 1997.

美信银行招股说明书封面　　　　**修改后**

注释：美信银行依据当时的SEC规则提交该披露文件

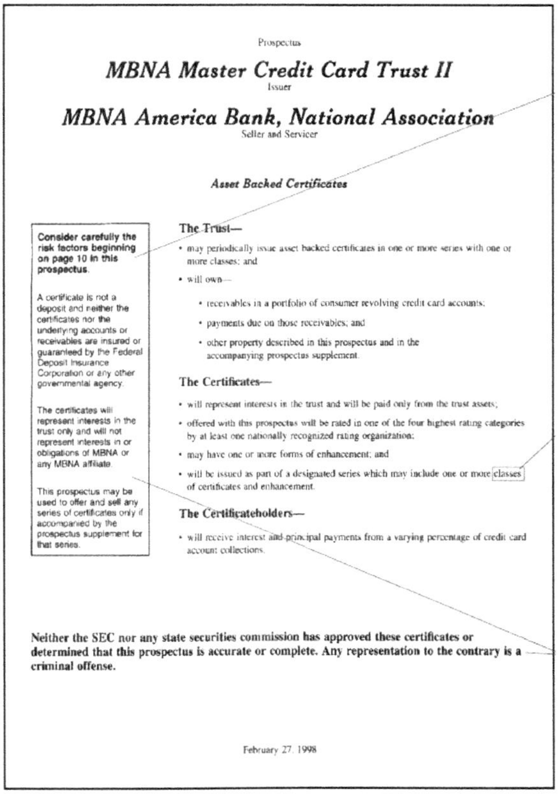
Prospectus

MBNA Master Credit Card Trust II

Issuer

MBNA America Bank, National Association

Seller and Servicer

Asset Backed Certificates

Consider carefully the risk factors beginning on page 10 in this prospectus.

A certificate is not a deposit and neither the certificates nor the underlying accounts or receivables are insured or guaranteed by the Federal Deposit Insurance Corporation or any other governmental agency.

The certificates will represent interests in the trust only and will not represent interests in or obligations of MBNA or any MBNA affiliate.

This prospectus may be used to offer and sell any series of certificates only if accompanied by the prospectus supplement for that series.

The Trust—

- may periodically issue asset backed certificates in one or more series with one or more classes; and
- will own—
  - receivables in a portfolio of consumer revolving credit card accounts;
  - payments due on those receivables; and
  - other property described in this prospectus and in the accompanying prospectus supplement.

The Certificates—

- will represent interests in the trust and will be paid only from the trust assets;
- offered with this prospectus will be rated in one of the four highest rating categories by at least one nationally recognized rating organization;
- may have one or more forms of enhancement; and
- will be issued as part of a designated series which may include one or more classes of certificates and enhancement.

The Certificateholders—

- will receive interest and principal payments from a varying percentage of credit card account collections.

Neither the SEC nor any state securities commission has approved these certificates or determined that this prospectus is accurate or complete. Any representation to the contrary is a criminal offense.

February 27, 1998

关键信息周边留有足够的空隙，使页面具有吸引力

页面布局对风险因素的交叉索引起到了强调作用

清晰的句式使用了准确且常用的语言，并用主动语态来呈现

没有冗长、条块状的段落

信息主要分三类来呈现：

- the trust
- the certificates
- the certificateholders

没有定义的术语

常用术语，例如classes,并没有大写

长句分解为列表形式

左对齐文本和简短的句式更易阅读

衬线字体比无衬线字体更易阅读

用简明英语及小写字母来书写注解相比于用大写字母更易阅读

二、优质雪茄国际公司（Premium Cigars International）招股说明书

修改前

完全对齐的文本和冗长的段落使得页面看起来过于密集且呈条块

将定义的术语从封面页删除

无票面价值对投资者而言是有用信息吗

关键信息，例如每股价格，并没有与一般的文本相区别

交叉索引转移了读者对关键信息的注意力

注解使用了法律术语

使用了一些法律术语，例如set forth and when, as and if delivered

为脚注提供了表格和引用，表格后的段落比较墨守成规

刻板的法律语气——501条款要求披露所有的这些信息吗

优质雪茄国际公司封面

Information contained herein is subject to completion or amendment. A registration statement relating to these securities has been filed with the Securities and Exchange Commission. These securities may not be sold nor may offers to buy be accepted prior to the time the registration statement becomes effective. This prospectus shall not constitute an offer to sell or the solicitation of an offer to buy nor shall there be any sale of these securities in any State in which such offer, solicitation or sale would be unlawful prior to registration or qualification under the securities laws of any such State.

PROSPECTUS
SUBJECT TO COMPLETION DATED JUNE 25, 1997

PREMIUM CIGARS INTERNATIONAL, LTD.

2,000,000 Shares

Premium Cigars International, Ltd. ("we" or "PCI"), distributes moderately priced premium cigars and other cigars, which are sold from our humidors placed primarily in convenience stores in the United States and Canada. By this Prospectus, we are offering you shares of PCI Common Stock, no par value ("Shares").

This is our initial public offering, and no public market currently exists for PCI's Shares. We estimate that the initial public offering price will be $5.01 per Share. The Offering Price per Share will be determined by negotiations between PCI and the Representative, and may not be indicative of the market price of Shares after the Offering. Factors used to determine the initial public offering price are set forth under "Underwriting."

We will apply to have our Shares listed on The Nasdaq SmallCap System under the symbol PCIG on completion of the Offering.

THIS INVESTMENT INVOLVES A HIGH DEGREE OF RISK AND IMMEDIATE AND SUBSTANTIAL DILUTION. YOU SHOULD PURCHASE UNITS ONLY IF YOU CAN AFFORD A COMPLETE LOSS. SEE "RISK FACTORS."

THESE SECURITIES HAVE NOT BEEN APPROVED OR DISAPPROVED BY THE SECURITIES AND EXCHANGE COMMISSION NOR HAS THE COMMISSION PASSED UPON THE ACCURACY OR ADEQUACY OF THIS PROSPECTUS. ANY REPRESENTATION TO THE CONTRARY IS A CRIMINAL OFFENSE.

	Price to the Public	Underwriting Discounts and Commissions (1)	Proceeds to the Company (2)
Per Share	$5.01	$.50	$4.51
Total (3)	$10,020,000	$1,002,000	$9,018,000

The Shares are being offered by the Underwriters when, as and if delivered to and accepted by the Underwriter and subject to various prior conditions, including their right to reject orders in whole or in part. W.B. McKee Securities, Inc. will act as representative of the Underwriters ("Representative"). We expect that Share certificates will be delivered in Phoenix, Arizona, on or about ______________, 1997.

W.B. McKEE SECURITIES, INC.

The date of this Prospectus is July __, 1997

优质雪茄国际公司封面　　　　修改后

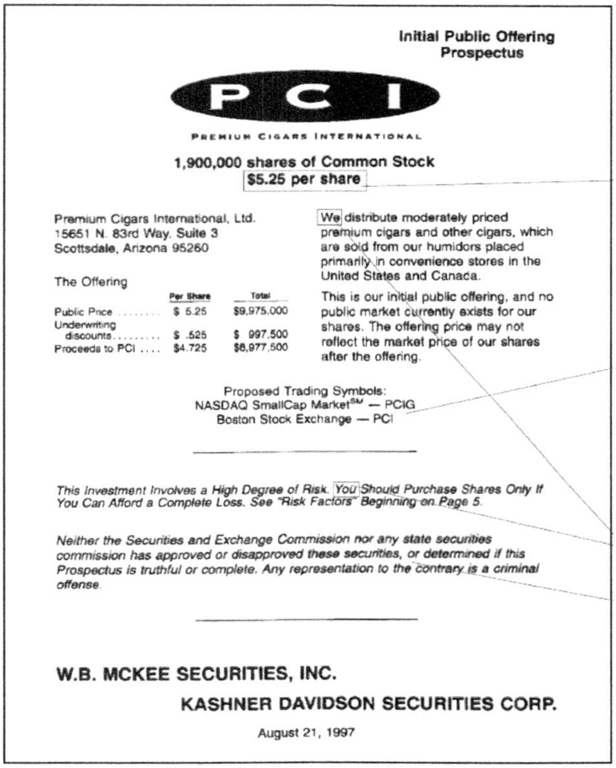

Initial Public Offering Prospectus

PCI

PREMIUM CIGARS INTERNATIONAL

1,900,000 shares of Common Stock
$5.25 per share

Premium Cigars International, Ltd.
15651 N. 83rd Way, Suite 3
Scottsdale, Arizona 95260

The Offering

	Per Share	Total
Public Price	$ 5.25	$9,975,000
Underwriting discounts	$ .525	$ 997,500
Proceeds to PCI	$4.725	$8,977,500

We distribute moderately priced premium cigars and other cigars, which are sold from our humidors placed primarily in convenience stores in the United States and Canada.

This is our initial public offering, and no public market currently exists for our shares. The offering price may not reflect the market price of our shares after the offering.

Proposed Trading Symbols:
NASDAQ SmallCap Market[SM] — PCIG
Boston Stock Exchange — PCI

This Investment Involves a High Degree of Risk. You Should Purchase Shares Only If You Can Afford a Complete Loss. See "Risk Factors" Beginning on Page 5.

Neither the Securities and Exchange Commission nor any state securities commission has approved or disapproved these securities, or determined if this Prospectus is truthful or complete. Any representation to the contrary is a criminal offense.

W.B. MCKEE SECURITIES, INC.
KASHNER DAVIDSON SECURITIES CORP.

August 21, 1997

封面只呈现关键信息

新股信息清晰易读

足够的空白具有视觉吸引力，并且强调了关键信息

关键信息，例如每股价格，被突出显示

左对齐文本消除了条块状的外观

两栏格式比贯穿页面的一栏式更易阅读

设计和布局突出显示了市场和交易代码

简短的句式使用了准确、日常的语言

没有使用法律和专业术语，也没有非必需的交叉引用

人称代词，虽然并非必需，但是可以增强可读性

注解使用了简明英语

三、通用汽车公司（General Motors Corporation）摘要

修改前

法律和专业术语，例如 pursuant to the terms and conditions set forth, and effected largely pursuant to transactions, 等

对定义的交叉索引扰乱了信息流，摘要中术语的定义必须结合上下文做到清晰明确

像“certain”“appropriate”类的术语其意义是模糊、不明确的

被动语态——是谁完成了这些交易

附加说明段落比较墨守成规，并且扰乱了信息流

小写“i”比较墨守成规，如果使用项目符号列表会更易于阅读

根据交易机制而非股东决策信息需求来对信息进行组织

交易对股东的影响直到第二栏才提及

GM修改公司注册证书的细节在摘要中有必要提到吗

通用汽车公司摘要

RAYTHEON

Raytheon is an international, high technology company which operates in four businesses: commercial and defense, engineering and construction, aircraft and major appliances. On July 11, 1997, Raytheon completed its acquisition of the business of Texas Instruments Defense. Immediately after the completion of the Hughes Transactions, Raytheon will merge with Hughes Defense.

For additional information regarding the business of Raytheon, see "Overview of Raytheon Business."

THE HUGHES TRANSACTIONS

Description of the Hughes Transactions

The Hughes Transactions will be completed through two principal steps:

(1) the Hughes Reorganization (consisting of several transactions which prepare Hughes Defense for the spin-off from General Motors, separate the businesses of Hughes Defense, Delco and Hughes Telecom and effect the transfer of Delco to General Motors); and

(2) the Spin-Off Merger (a merger transaction which effects the spin-off of Hughes Defense and the recapitalization and conversion of GM Class H Common Stock into New GM Class H Common Stock).

Step 1: The Hughes Reorganization. Pursuant to the Hughes Reorganization, among other things, (i) certain assets and liabilities will be transferred among Hughes Defense, Delco and Hughes Telecom so that each entity will have the appropriate assets and liabilities for its business; (ii) Hughes Telecom will be separated from Hughes Defense (which we refer to as the "Hughes Telecom Spin-Off"); (iii) Delco will be transferred from Hughes Electronics to General Motors; and (iv) Hughes Defense will recapitalize its capital stock into Class A Common Stock and Class B Common Stock. The Hughes Reorganization will be effected largely pursuant to transactions described in the Master Separation Agreement and the agreements contemplated by that agreement. See "Description of the Hughes Transactions—General—Hughes Reorganization" and "Separation and Transition Arrangements."

Step 2: The Spin-Off Merger. Pursuant to the terms and conditions set forth in the Spin-Off Merger Agreement, a wholly owned subsidiary of General Motors formed in order to effect the Spin-Off Merger will merge with General Motors. General Motors will be the surviving corporation of the Spin-Off Merger. See "Description of the Hughes Transactions—General—Spin-Off Merger" and "—Spin-Off Merger Agreement."

As a result of the Spin-Off Merger, the following will occur:

- each outstanding share of GM Class H Common Stock will be recapitalized and converted automatically into one share of New GM Class H Common Stock and each GM Class H Common Stockholder will receive a distribution of the Per Share Class H Distribution (as defined under "Background—The Distribution Ratio") of Class A Common Stock;
- each outstanding share of GM $1⅔ Common Stock will remain outstanding and each GM $1⅔ Common Stockholder will receive a distribution of the Per Share $1⅔ Distribution (as defined under "Background—The Distribution Ratio") of Class A Common Stock; and
- the GM Certificate of Incorporation will be amended to delete provisions relating to the GM Class H Common Stock (including the provisions that require GM Class H Common Stock to be recapitalized into GM $1⅔ Common Stock at a 120% exchange ratio under certain circumstances) and to add provisions setting forth the terms of the New GM Class H Common Stock.

For additional information regarding the Hughes Transactions, see "Description of the Hughes Transactions—General."

For a description of the methodology used to determine the allocation of Class A Common Stock between the two classes of GM common stockholders and a description of the post-closing payment to be made between Delco and Hughes Telecom, see "Background—Distribution Ratio."

通用汽车公司摘要

...ss H Com... Stock outs...nding a... time. For most calculations ... ment which use the Class H Fraction, we have used the Class H Fraction as of September 30, 1997 (approximately 25.6%).

INTRODUCTION TO THE HUGHES TRANSACTIONS

THE HUGHES TRANSACTIONS

We are proposing three related transactions to enhance the value of the businesses operated by our Hughes Electronics subsidiary. We need your consent in order to accomplish these "Hughes Transactions."

(1) Hughes Defense

We propose to spin off the defense electronics business of Hughes Electronics to our common stockholders. We call this business "Hughes Defense." Immediately after the spin-off, Hughes Defense will merge with Raytheon Company. Based on the Recent Raytheon Stock Price, these transactions have an indicated value of approximately $9.5 billion.

The merged company will be the nation's third largest defense company and one of the largest providers of defense electronics in the world. The merger should enable it to compete more effectively in the U.S. defense industry, where significant consolidation has been occurring. We call the merged company "New Raytheon."

GM common stockholders will receive all of the Class A Common Stock of Hughes Defense, representing approximately 30% of the common stock of New Raytheon after the merger. This stock has an indicated value of approximately $5.2 billion based on the Recent Raytheon Stock Price. Approximately 58.7% of the Class A Common Stock would be distributed to GM Class H Common Stockholders and approximately 41.3% would be distributed to GM $1⅔ Common Stockholders based on the Recent Raytheon Stock Price.

Hughes Defense will be permitted to have approximately $4.3 billion of debt when it is spun off. Substantially all of the proceeds of this debt will be made available as new capital for Hughes Telecom. The obligation to repay this debt, however, will remain with New Raytheon (in which GM's common stockholders will have an approximately 30% equity interest).

The indicated transaction value of approximately $9.5 billion consists of the sum of (1) the value of the Class A Common Stock to be distributed to GM's common stockholders and (2) the amount of debt that Hughes Defense is permitted to have at the time of the spin-off. We believe that this amount represents a substantial premium to the enterprise value of Hughes Defense under its current ownership structure.

(2) Delco Electronics

We propose to transfer Delco Electronics, our automotive electronics business, from Hughes

3　　CHAPTER 1: INTRODUCTION

修改后

信息从股东的视角来进行组织，即把交易对他们的影响置于首位

主动语态帮助股东更简便地根据步骤来参与交易

摘要中不包含定义的术语

准确、日常的语言替代了 pursuant to the terms, conditions set forth, effected largely pursuant to transactions 等法律术语

数字相比于小写"i"更易被读者接受

左对齐的两栏格式更易于阅读

人称代词，虽然并非必需，但是可以增强可读性

四、巴尔的摩天然气和电力公司（Baltimore Gas & Electric Company）招股说明书

修改前

巴尔的摩天然气和电力公司
招股说明书中的部分内容

段落冗长且呈条块状

副标题很有用，但如果能再多一些就更好了

“见下文定义”？下文是指哪里？交叉引用并没有起到作用

长句——超过85个单词

许多定义的术语其具体含义都在其他地方。你能根据上下文明白意思吗

长句——超过90个单词

将列表嵌入文本中，复杂的表述

Interest Rate

General

Each Note will bear interest from its date of issue at the fixed rate per annum or at the rate per annum determined pursuant to the interest rate formula, stated therein and in the applicable Pricing Supplement, until the principal thereof is paid or made available for payment. Interest will be payable on each Interest Payment Date (as defined below) and at Stated Maturity or, if applicable, upon redemption. Each payment of interest payable at Stated Maturity or, if applicable, upon redemption shall include interest accrued to, but excluding, the date of Stated Maturity or redemption. Interest will be payable generally to the person (which, in the case of Book-Entry Notes, shall be the Depositary or its nominee) in whose name a Note (or any predecessor Note) is registered at the close of business on the Record Date (as defined below) next preceding each Interest Payment Date; *provided, however,* that interest payable at Stated Maturity or, if applicable, upon redemption, will be payable to the person (which, in the case of Book-Entry Notes, shall be the Depositary or its nominee) to whom principal shall be payable. The first payment of interest on any Note originally issued between a Record Date and an Interest Payment Date or on an Interest Payment Date will be made on the Interest Payment Date following the next succeeding Record Date to the registered owner on such Record Date. Interest (other than interest payable at Stated Maturity or, if applicable, upon redemption) will be paid, at the Company's option, by check mailed to registered holders or by wire transfer to any holder of record. For additional information with respect to payments of interest on Book-Entry Notes, see "Book-Entry Notes" below. Interest rates, or interest rate formulas, will be subject to change by the Company from time to time, provided that any change in interest rates, or interest rate formulas, will not affect any Note previously issued or which the Company has agreed to sell. The interest rate on the Fixed Rate Notes and the Floating Rate Notes will in no event be higher than the maximum rate permitted by Maryland law, as the same may be modified by United States law of general application.

Fixed Rate Notes

The applicable Pricing Supplement relating to a Fixed Rate Note will designate a fixed rate of interest per annum payable on such Note. Unless otherwise indicated in the applicable Pricing Supplement, interest with respect to Fixed Rate Notes will be paid semi-annually each May 1 and November 1 and at Stated Maturity or, if applicable, upon redemption. If any Interest Payment Date or the Stated Maturity (or, if applicable, the date of redemption) of a Fixed Rate Note falls on a day that is not a Business Day, payment of principal, premium, if any, or interest will be made on the next Business Day as if it were made on the date such payment was due, and no interest will accrue on the amount so payable for the period from and after such Interest Payment Date or the Stated Maturity (or the date of redemption), as the case may be. The Record Dates for such Notes will be the April 15 and October 15 next preceding the May 1 and November 1 Interest Payment Dates. Unless otherwise indicated in the applicable Pricing Supplement, interest payments for Fixed Rate Notes shall be the amount of interest accrued to, but excluding, the relevant Interest Payment Date. Interest on such Notes will be computed on the basis of a 360-day year of twelve 30-day months.

Floating Rate Notes

The applicable Pricing Supplement relating to a Floating Rate Note will designate an interest rate formula for such Floating Rate Note. Such formula may be: (a) the Commercial Paper Rate, in which case such Note will be a Commercial Paper Rate Note, (b) the Prime Rate, in which case such Note will be a Prime Rate Note, (c) the CD Rate, in which case such Note will be a CD Rate Note, (d) the Federal Funds Effective Rate, in which case such Note will be a Federal Funds Effective Rate Note, (e) LIBOR, in which case such Note will be a LIBOR Note, (f) the Treasury Rate, in which case such Note will be a Treasury Rate Note, (g) the CMT Rate, in which case such Note will be a CMT Rate Note, or (h) such other interest rate formula as is set forth in such Pricing Supplement. The applicable Pricing Supplement for a Floating Rate Note also will specify the Spread and/or Spread Multiplier, if any, applicable to each Note. Any Floating Rate Note may also have either or both of the following: (a) a maximum numerical interest rate limitation, or ceiling, on the rate of interest which may accrue during any interest period (the "Maximum Interest Rate"); and (b) a minimum numerical interest rate limitation, or floor, on the rate of interest which may

5

巴尔的摩天然气和电力公司招股说明书中的部分内容

The interest rate on the notes will either be fixed or floating. The interest paid will include interest accrued to, but excluding, the date of maturity, redemption or repurchase. Interest is generally payable to the person in whose name the note is registered at the close of business on the record date before each interest payment date. However, interest payable at maturity, redemption, or repurchase will be payable to the person to whom principal is payable. The first interest payment on any note originally issued between a record date and interest payment date or on an interest payment date will be made on the interest payment date after the next record date. Interest payable other than at maturity, redemption or repurchase will be paid, at our option, by check or wire transfer.

Fixed Rate Notes

The applicable pricing supplement will designate the fixed rate of interest payable on a note. Interest will be paid May 1 and November 1, and upon maturity, redemption or repurchase. If any payment date falls on a day that is not a Business Day, payment will be made on the next Business Day and no additional interest will be paid. The record dates for such notes will be April 15 (for interest to be paid on May 1) and October 15 (for interest to be paid on November 1). Interest payments will be the amount of interest accrued to, but excluding, each May 1 and November 1. Interest will be computed using a 360-day year of twelve 30-day months.

Floating Rate Notes

General

Each floating rate note will have an interest rate formula. The formula may be based on:

- the commercial paper rate;
- the prime rate;
- the CD rate;
- the federal funds effective rate;
- the LIBOR;
- the Treasury rate;
- the CMT rate; or
- another interest rate index.

The applicable pricing supplement will also indicate the Spread and/or Spread Multiplier, if any. In addition, any floating rate note may have a maximum or minimum interest rate limitation.

Upon request, the Calculation Agent will provide the current interest rate and, if different, the interest rate which will become effective on the next Interest Reset Date.

Date of Interest Rate Change

The interest rate on each floating rate note may be reset daily, weekly, monthly, quarterly, semi-annually, or annually. The Interest Reset Date will be:

- for notes which reset daily, each Business Day;
- for notes (other than Treasury rate notes) which reset weekly, the Wednesday of each week;
- for Treasury rate notes which reset weekly, the Tuesday of each week;
- for notes which reset monthly, the third Wednesday of each month;
- for notes which reset quarterly, the third Wednesday of March, June, September and December;
- for notes which reset semi-annually, the third Wednesday of the two months of each year indicated in the applicable pricing supplement; and
- for notes which reset annually, the third Wednesday of the month of each year indicated in the applicable pricing supplement.

7

修改后

段落简短易读

都是短句——最长的句子也只有36个单词

左对齐的两栏格式，虽然并非是要求的，但会使摘要看起来更加友好

更多的副标题将密密麻麻的文本进行了分拆，帮助读者更快捷地查找信息

最大限度地减少定义术语，与此同时，上下文中术语的含义是清晰的

项目列表帮助投资者更加轻松快捷地阅读和理解信息。

第四节　我国简明化披露的主要问题与典型案例

一、简明化披露的现有要求与实施情况

我国对简明化披露没有明确的立法要求，但在监管规则中，长期有相关规定。企业从发行上市开始，披露内容的简明通俗，就是招股说明书的撰写要件。2001 年，《公开发行证券的公司信息披露内容与格式准则第 11 号——上市公司发行新股招股说明书》第十一条，即要求“招股说明书的

文字应简洁、通俗和准确”。2006 年修订的《公开发行证券的公司信息披露内容与格式准则第 1 号——招股说明书》的第十条“（五）招股说明书应使用事实描述性语言，保证其内容简明扼要、通俗易懂，突出事件实质”。上市后，也一直要求公司年报披露突出重点，简化披露内容。《公开发行证券的公司信息披露内容与格式准则第 2 号——年度报告的内容与格式》在 2011 年修订版第六条即指出：“在不影响信息披露完整性和不致引起阅读不便的前提下，公司可采取相互引证的方法，对相关部分进行适当的技术处理，以避免不必要的重复和保持文字简洁。”2014 年修订版第三条、第四条也有明确规定：“鼓励公司以简明易懂的方式对投资者特别是中小投资者披露信息……”“……以避免不必要的重复和保持文字简洁”。2020 年 3 月开始实施的新《证券法》对于信息披露义务人的信息披露新增了简明清晰、通俗易懂的要求，旨在督促上市公司不断提高信息披露质量，便于投资者阅读和理解。从监管要求中也可以看出，其对简明化披露预达的效果，与美国等境外市场的预期比较接近，即简明易懂，让投资者易于理解，并突出披露重点。

但近年的研究表明，披露冗余、可理解性差仍是我国上市公司披露中的重要问题。篇幅较长、有效性不足、重复性披露等问题突出①。尤其是个人投资者认为有效信息含量明显不足，绝大多数调查对象认为存在重复披露问题，如摘要信息中冗余现象明显，而董事会报告等披露不足的现象较突出。问题可归结为：信息披露的重要性不突出，重要信息淹没于冗余信息中；准确性不足，对公司经营重大变化的原因说明不清晰不准确；可理解性不足，有大量的文字与数据，但没有合理的原因说明，使投资者难以理解主要的经营活动、重大变化等。

这在中介机构的调研中②也反映出：原则性规定的冗余度较高，而结合公司实际情况披露不足。另外，将特殊目的投资者的要求列入一般性要

① 详见深交所内部研究报告《上市公司信息披露有效性问题研究》（深证综内字第 0088 号，陈华敏）。

② 详见深交所内部研究报告《改进财务报表附注披露质量研究》（深证综内字第 0134 号，陈华敏）。

求中，过多要求披露信息，形成冗余。

二、简明化披露的主要问题及典型案例分析

本章随机抽取了一些公司的招股说明书，总结了其中普遍存在的简明化披露方面的问题与案例，发现仍是长期存在的重复披露、披露冗余、规避重点或重点不突出、难以理解等问题。具体而言，其表现为以下几方面：

（一）重复披露

1. 语句重复，同一语句在文中重复多次，甚至十数次，增加了阅读量

案例 7－1

TXGF 公司

6. 公司控股股东、实际控制人、董事长徐×、持有发行人股份的董事、高级管理人员高×、高××、林×、林××承诺：本人所持公司全部股票在锁定期满后两年内减持的，本人减持价格（如果因派发现金红利、送股、转增股本、增发新股等原因进行除权、除息的，须按照深圳证券交易所的有关规定作复权处理）不低于发行价；公司股票上市后 6 个月内如股票连续 20 个交易日的收盘价（如果因派发现金红利、送股、转增股本、增发新股等原因进行除权、除息的，须按照深圳证券交易所的有关规定作复权处理）低于发行价，或者上市后 6 个月期末收盘价低于发行价，本人持有发行人股票的锁定期限自动延长至少 6 个月。在上述承诺履行期间，本人职务变更、离职等原因不影响本承诺的效力，在此期间本人仍将继续履行上述承诺。

减持价格：本人减持股份的价格（如果因派发现金红利、送股、转增股本、增发新股等原因进行除权、除息的，须按照深圳证券交易所的有关规定作复权处理，下同）根据当时的二级市场价格确定，并应符合相关法

律法规及深圳证券交易所规则要求；本人在发行人首次公开发行前所持有的股份在锁定期满后两年内减持的，减持价格不低于首次公开发行股票的发行价格。

2. 发行概况、重大事项、承诺内容相同且不同主体反复陈述

案例 7－2

1.公司控股股东、实际控制人徐×承诺： 本人作为发行人的实际控制人、控股股东，按照法律法规及监管要求，持有发行人的股票，并严格履行发行人首次公开发行股票招股说明书披露的股票锁定承诺。	2.持股5%以上的股东特思尔投资、星月创投、汇金立方、好望角投资承诺： 本公司作为持有发行人5%以上股份的股东，按照法律法规及监管要求，持有发行人的股票，并严格履行发行人首次公开发行股票招股说明书披露的股票锁定承诺。
减持方式：在本人所持发行人股份锁定期届满后，本人减持股份应符合相关法律法规及证券交易所规则要求，减持方式包括但不限于二级市场集中竞价交易方式、大宗交易方式、协议转让方式等。 减持价格：本人减持股份的价格（如果因派发现金红利、送股、转增股本、增发新股等原因进行除权、除息的，须按照深圳证券交易所的有关规定作复权处理，下同）根据当时的二级市场价格确定，并应符合相关法律法规及深圳证券交易所规则要求；本人在发行人首次公开发行前所持有的股份在锁定期满后两年内减持的，减持价格不低于首次公开发行股票的发行价格。	减持方式：在本公司所持发行人股份锁定期届满后，本公司减持发行人的股份应符合相关法律法规及深圳证券交易所规则要求，减持方式包括但不限于二级市场集中竞价交易方式、大宗交易方式、协议转让方式等。 减持价格：本公司减持发行人股份的价格（如果因派发现金红利、送股、转增股本、增发新股等原因进行除权、除息的，须按照深圳证券交易所的有关规定作复权处理，下同）根据当时的二级市场价格确定，并应符合相关法律法规及证券交易所规则要求；本公司在发行人首次公开发行前所持有的发行人股份在锁定期满后两年内减持的，减持价格不低于首次公开发行股票的发行价。
减持期限：在锁定期满后的12个月内，本人减持股份数量不超过本人持有公司股份总数的20%；在锁定期满后的24个月内，本人减持股份数量累计不超过本人持有公司股份总数40%。 本人在减持所持有的发行人股份前，应提前三个交易日予以公告，并在6个月内完成，并按照深圳证券交易所的规则及时、准确、完整地履行信息披露义务。	减持期限：在锁定期满后12个月内，本公司减持发行人股份的比例为本公司所持有发行人股份的100%以内。 本公司在减持发行人股份前，应提前3个交易日予以公告，并按照深圳证券交易所的规则及时、准确、完整地履行信息披露义务。
本人将严格履行上述承诺事项，并承诺将遵守下列约束措施：如果未履行上述承诺事项，本人将在公司的股东大会及中国证监会指定报刊上公开说明未履行承诺的具体原因并向公司其他股东和社会公众投资者道歉；如果未履行上述承诺事项，本人持有的公司股票的锁定期限自动延长6个月；如果未履行上述承诺事项，致使投资者在证券交易中遭受损失的，本人将依法赔偿投资者损失。	本公司将严格履行上述承诺事项。并承诺将遵守下列约束措施：如果未履行上述承诺事项，本公司将在发行人股东大会及中国证监会指定报刊上公开说明未履行承诺的具体原因并向发行人的其他股东和社会公众投资者道歉；如果未履行上述承诺事项，本公司持有发行人的股票的锁定期限自动延长6个月；如果未履行上述承诺事项，致使投资者在证券交易中遭受损失的，本公司将依法赔偿投资者损失。

案例 7－3

HLL 公司

本次发行前股东所持流通股份的限制和自愿锁定承诺	1. 本公司控股股东好利来控股有限公司及实际控制人×××、×××、×××承诺：自发行人首次公开发行股票并上市之日起 36 个月内，不转让或者委托他人管理本次发行前已直接或间接持有的发行人的股份，也不由发行人回购该部分股份。如发行人股票上市后 6 个月内其股票连续 20 个交易日的收盘价均低于发行价（如发行人在此期间有派息、送股、公积金转增股本、配股等情况的，发行价格作相应调整，下同），或者上市后 6 个月期末收盘价低于发行价，持有的发行人的股份的锁定期限自动延长 6 个月。在上述锁定期满后两年内转让发行人股份的，每年减持的股份数量不超过其所持有的发行人股份总数的 10%，转让价格不低于股票发行价。 2. 本公司股东旭昇亚洲投资有限公司承诺：自发行人首次公开发行股票并上市之日起 36 个月内，不转让或者委托他人管理发行前直接或间接持有的发行人的股份，也不由发行人回购该部分股份。如发行人股票上市后 6 个月内其股票连续 20 个交易日的收盘价均低于发行价，或者上市后 6 个月期末收盘价低于发行价，持有的发行人的股份的锁定期限自动延长 6 个月。在上述锁定期满后两年内转让发行人股份的，每年减持的股份数量不超过其所持有的发行人股份总数的 10%，转让价格不低于股票发行价。 3. 本公司其他股东厦门衡明企业管理咨询有限公司和厦门乔彰投资咨询有限公司承诺：自发行人首次公开发行股票并上市之日起一年内，不转让或者委托他人管理发行前直接或间接持有的发行人的股份，也不由发行人回购该部分股份。 4. 担任发行人董事、监事、高级管理人员的×××、×××、×××、×××、×××、×××、××和担任发行人管理人员的×××、×××、×××、×××、×××承诺：对直接或间接持有的发行人股份，除各自的前述锁定期外，在任职期间每年转让的股份不超过其直接或间接持有的发行人股份总数的 25%；离职后半年内不转让其直接或间接持有的发行人股份；离职 6 个月后的 12 个月内，减持股份不超过上一年末其直接或间接持有发行人股份总数的 50%。如发行人股票上市后 6 个月内其股票连续 20 个交易日的收盘价均低于发行价，或者上市后 6 个月期末收盘价低于发行价，持有的发行人的股份的锁定期限自动延长 6 个月。在上述锁定期满后两年内转让发行人股份的，转让价格不低于股票发行价。

3. 重大风险提示与风险提示重复

案例 7 -4

HNKY 公司

一、铁矿石价格波动导致经营业绩下滑的风险

本公司主要产品为铁矿石产品，铁矿石的价格受宏观经济状况、供需关系、海运价格、汇率等多方面因素影响，近年来波动较大。国内铁矿石现货均价（以遵化66%干基含税铁精粉价格为例）2006 年 6 月至 2007 年 7 月一直在 600 元/吨到 900 元/吨之间徘徊。从 2007 年第四季度开始，国内铁矿石价格快速上涨，最高价达 1615 元/吨。2008 年下半年开始，受金融危机的影响，国内铁矿石价格大幅下降，并在 2009 年 4 月探底至 650 元/吨。2009 年下半年以来，随着经济环境复苏，国内铁矿石价格重新开始上涨，2011 年全年均价上涨到 1350 元/吨左右。2011 年第四季度以来，随着经济下行压力的增加，钢铁行业面临下游需求减弱、库存增加等困境，钢铁行业的不景气导致铁矿石需求减弱，港口铁矿石库存增加，铁矿石价格也随之走低。2012 年、2013 年和 2014 年上半年，国内铁矿石平均价格分别约为 1073 元/吨、1049 元/吨和 955 元/吨。如钢铁行业仍不能摆脱目前不景气的经营环境，预计未来铁矿石产品价格仍将无法回升甚至下滑。

铁矿石价格的大幅波动对本公司的盈利能力具有直接影响，报告期内本公司盈利水平存在较大波动。2011 年、2012 年和 2013 年，公司主营业务毛利率分别为 74.82%、70.25%和 65.38%；2011 年、2012 年和 2013 年度，公司营业收入分别较前一年度增加 14.25%、减少 14.74%和增加 20.94%，归属母公司股东净利润分别较前一年度增加 19.03%、减少 37.57%和增加 30.15%。

2014 年上半年，受铁矿石价格大幅下跌影响，本公司上半年主营业务毛利率下降至 63.70%，铁矿石产品销量同比下降 29.34%，营业收入同比下降 37.66%，归属母公司股东净利润同比下降 46.85%。

重大事项提示中的风险（P4）与风险因素的部分内容（P40）完全一致，造成重复。

4. 发行基本情况与发行概况重复

案例 7－5

ZLGF 公司

一、本次发行基本情况

1. 股票种类：人民币普通股（A 股）

2. 每股面值：1.00 元

3. 发行股数：本次发行股票数量 2988 万股，占发行后公司总股本的比例为 25.01%。本次公开发行的股票包括公司公开发行新股和公司股东公开发售股份（即老股转让），其中公开发行新股 2349 万股，公司股东公开发售股份 639 万股（即本次公开发行中设定 12 个月限售期的股票数量为 639 万股），公司股东公开发售股份所得资金不归公司所有。股东本次公开发售股份数量根据该股东持有符合发售条件的股份数量与全体股东持有符合发售条件的股份数量之和的比例确定，其中张育政公开发售 274.6103 万股，林建伟公开发售 183.0735 万股，江小伟公开发售 122.0490 万股，颜玲明公开发售 30.5122 万股，苏州普乐投资管理有限公司公开发售 28.7550 万股。

4. 每股发行价格：16.42 元（由公司与主承销商根据向询价对象的询价结果确定）。

5. 发行市盈率：20.95 倍（每股收益按照 2013 年经审计的扣除非经常性损益前后孰低的净利润除以本次发行后的总股数计算）。

6. 发行前每股净资产：3.53 元/股（按 2014 年 6 月 30 日经审计的净资产除以本次发行前总股本计算）。

7. 发行后每股净资产：5.77 元/股（按 2014 年 6 月 30 日经审计的净资产加本次发行募集资金净额之和除以本次发行后总股本计算）。

8. 市净率：2.85 倍（按询价后确定的每股发行价格除以发行后每股净资产确定）。

9. 发行方式：网下向询价对象配售与网上资金申购定价发行相结合的方式。

本次发行基本情况许多内容与开头的发行概况重复。

（二）冗长或者不直观

案例7－6

XLGF公司股利分配政策

1. 利润分配的形式

公司可以采取现金、股票或者现金与股票相结合的方式分配利润，利润分配不得超过累计可分配利润的范围，不得损害公司持续经营能力。在符合现金分红的条件下，公司应当优先采取现金分红的方式进行利润分配，原则上每年度进行一次现金分红，公司董事会可以根据公司盈利及资金需求情况提议公司进行中期现金分红。

2. 公司现金分红的具体条件

公司在当年盈利且累计未分配利润为正，且保证公司能够持续经营和长期发展的前提下，公司应当采取现金方式分配股利。

3. 公司现金分红的比例

在符合现金分红的条件且公司未来12个月内无重大资金支出安排的情况下，公司每年以现金方式分配的利润不少于当年实现的可供分配利润的20%或连续3年以现金方式累计分配的利润不少于该3年累计实现的可供分配利润的20%。

公司董事会应当综合考虑所处行业特点、发展阶段、自身经营模式、盈利水平以及是否有重大资金支出安排等因素，区分下列情形，并按照公司章程规定的程序，提出差异化的现金分红政策：

（1）公司发展阶段属成熟期且无重大资金支出安排的，进行利润分配时，现金分红在本次利润分配中所占比例最低应达到80%；

……可以另行增加股票股利分配和公积金转增股本。公司接受所有股东、独立董事和监事对公司分红的建议和监督。

关于公司利润分配政策及未来股东回报规划的具体内容，请参见本招股说明书“第九节 财务会计信息与管理层分析”的相关内容。

语言不简洁，改用表格形式可以更简洁、直观。

案例 7-7

JLT 公司

行业背景描述冗长

照明行业的发展历史是伴随着电光源的发现、普及而逐步进入人们的日常生活中。人类最早发明的电光源是弧光灯和白炽灯。1807 年英国的戴维制成了碳极度弧光灯；1878 年，美国的布拉许利用弧光灯在街道和广场照明中取得了成功。照明行业真正出现快速发展得益于爱迪生的发明。1879 年 10 月 21 日，爱迪生发明高阻力白炽灯，它连续点燃了 40 个小时。1879 年 11 月 1 日其申请碳丝灯专利。1880 年，爱迪生又发明了实用白炽灯，揭开了电灯应用于日常生活的序幕。以后到 1908 年，将灯泡改用钨丝灯泡普及开来。

此后，由于应用领域的逐步拓展，对于光源的要求也越来越高，白炽灯、卤钨灯、荧光灯、气体放电灯、LED 灯等产品相继诞生。可以说，照明产品的产生和应用普及对于人们生活和行为方式的改变产生了巨大影响，几乎在任何一个领域都能找到照明产品的身影，其已经成为工业和居民生活所必不可缺的产品。

在照明行业获得迅速发展的同时，人们对于照明产品的依赖性也与日俱增。照明产品在光源技术获得重大突破、带来更高使用便利性的同时，却依然受到能源供应的限制。首先，普通照明产品只能在交流电的环境下使用，且只能在固定的位置进行照明，使用范围和照明半径都受到了限制。在许多电力设施不完善、供电无法获得保障的情况下，照明产品的应用普及遇到了极大阻碍。由于长时间的缺电、断电，居民无法最大限度地享受照明产品带来的便利性，迫切需要在缺电时依然能够提供稳定照明的产品。其次，在发达国家及发展中的我国，由于生活水平的逐步提升，户外运动和户外生活成为提升生活品质的重要方式，具有便携性、能满足一定照明时间的产品则是进行户外活动的必备条件。最后，随着全球各地的自然灾害日益增多，在居民生活设施受到重大破坏的情况下，提供应急所需和救灾需要的照明产品迫在眉睫。在上述三种市场需求的综合作用下，可充电备用照明产品应运而生，填补了普通照明不足之处的同时，将照明产品的应用领域和触角进一步延伸。

P104 的这段描述，从 200 多年前开始写起，显得过于冗长了。

（三）重要内容披露模糊不清，或未披露重点内容

案例 7－8

HLL 公司

募集资金项目含糊不清

1. 加快募集资金投资项目建设

截至 2014 年 6 月 30 日，公司已经以自有资金先期投入 959 万元用于募集资金投资项目的建设土地购买，1752.66 万元用于募投项目机器设备的购买，6753.23 万元用于募投项目厂房建设。募集资金到位后，公司将进一步加快募投项目的建设进度：

（1）公司一直致力于成为“全球电路保护领域的领军者”，紧跟市场发展趋势，从新技术、新产品研发出发，不断增强公司的核心竞争力。目前公司已具有丰富的产品研发经验，已取得多项实用新型专利和一项发明专利，拥有 60 人的研发团队，具备了较强的研发实力。本次发行后，将通过研发中心建设项目提升公司研发能力和检测水平，在巩固现有产业的基础上，不断开发新的产品、丰富公司产品线，逐步拓展新能源发电、电动汽车、UPS、工业伺服器、自复保险丝锂电池用及个人数码产品领域用等应用领域，使其成为公司新的利润增长点，巩固和提升公司的行业地位。

（2）募投项目电路保护元器件扩产建设项目在公司现有的产品技术储备、客户资源和品牌等优势的基础上引进先进的生产设备，建设高水平的电路保护元器件产品生产线。通过扩产项目的建设，优化公司生产流程、提高生产自动化程度、增加公司产品的产能。在扩产项目达产后，公司将

通过加强销售团队建设、产品的宣传推广、国内外销售网络建设，并针对各系列产品采取差异化的产品消化措施，以有效消化募投项目新增产能，实现投资项目盈利能力的释放，提高公司盈利能力，降低上市后投资者即期回报被摊薄的风险。

公司没有对募集资金进行专门说明。

说明笼统。

案例7－9

FLH公司

（1）国内销售模式

本公司的国内销售模式是直销，即通过细分市场和提供异质化产品，基本采取直销的方式对顾客进行销售。

双方在签订购销合同的同时已明确了双方履行的各项条款义务，客户一般可在收到货物后10个工作日内提出质量异议，若10个工作日内未提出异议或客户已确认则开具发票。信用账期根据公司与客户之前的协商，一般分为30天、45天和60天不等，目前约80%的国内客户按出票日30天的信用账期付款，约20%的国内客户按出票日45—60天的信用账期付款。

按行业分类看，在国内市场，其中半导体用石英玻璃材料及制品、太阳能用石英玻璃材料及制品类客户一般在收到产品30日内确认质量，公司接到确认数量及质量信息后确认收入同时开发票寄出。对外销售的光伏用电弧坩埚，一般在收到产品一周内确认数量与质量，公司收到信息后确认收入同时开发票寄出。

光通讯用石英玻璃材料及制品领域客户，如长飞光纤光缆股份有限公司购买公司石英棒、石英管产品，公司在对方处设置了一个存储库，公司保证按订单将产品送入存储库，并安排业务员实地查看库存情况，对方在领用并确认质量后，于每月20日左右向公司发出已领用并确认的数量，本公司据此确认收入，同时开发票寄出。如江苏亨通公司、江苏通鼎公司购买公司的石英棒、石英管产品，一般在收货后20—25天以内确认数量与质量，公司收到信息后确认收入，同时开发票寄出。

航空航天用石英纤维及制品领域客户一般会在收到产品15天以内确认数量与质量，公司收到信息后确认收入，同时开发票寄出。

本公司针对客户所处行业的发展态势、客户在所处行业的地位以及资信度评价等系列综合评估，相应确定合同的签订条款，信用期收款总体来看较为稳定。本公司大部分国内客户均在信用期内及时支付货款，若出现客户自身资金链紧张的情况，客户则会提出支付额度，一般情况是先支付当期货款的80%。若遇到经济危机及行业波动等因素，信用度也会存在一定风险，本公司国内市场部会积极关注时事动态，若出现前述情况则及时上报，采取必要的方式确保前期货款的回收。

（2）国外销售模式

本公司的国外销售模式基本上也是直销，根据客户所属行业划分对应责任区域，每个业务经理负责其责任范围内老客户的维护以及新客户的开发工作。对于国外少数客户要求通过代理商方式的，本公司将配合以代销方式进行销售。

在国外市场，公司根据贸易条款（分客户或结算方式）选择将产品委托货运代理公司办理报关手续，公司从代理报关公司取得报关单、提单、核销单、箱单等单据，同时公司开通中国海关电子口岸系统，一般在产品发出后的月底登录中国海关电子口岸系统查询出口报关信息，根据报关出口信息时间确认当期收入。由于产品从发货到国外客户收到货物周期一般较长，若客户在60日之内未对产品的质量、数量及其他方面以书面形式向本公司提出任何异议，则视为对方已确认该批货物全部验收合格（在基本交易合同中涵盖）。

本公司对国外客户的信用账期按客户重要性、交货地点远近为基准划分，并以基本交易合同中的账期为准，一般分为30天、45天和60天不等。本公司一般采取现汇（T/T）方式结算，若为新客户则采取先收汇后发货，若新客户资信情况较好或为潜在大客户时，本公司可采取先预付货款50%，待发货时再将剩余货款付完的原则。

P61—P62对销售模式进行了详细说明，但对一些重点问题没有披露：

1. 各类模式的比例。

2. 各类模式的费用。

这在不少公司的其他生产模式、研发模式等方面普遍存在，分类笼统，没有披露公司的重点内容。

（四）术语过多，非专业投资者难以读懂

案例7－10

DRYL公司

7. 公司竞争优势

（1）技术优势

①已拥有多项专利技术

经过20多年的自主研发和创新，公司积累了较多核心技术，如用于尿液分析仪的自动追光技术、基于模糊技术的抗干扰算法，用于尿沉渣分析仪的自动聚焦技术。平面流式细胞技术，用于生化分析仪的精密加注机构和注射机构设计、系统控制流程及协同调度技术，用于血细胞分析仪的高精度激光整形和散射光收集系统、流体控制技术等。截至本招股说明书签署之日，公司已获得的专利有159项（其中发明专利26项）、已登记的软件产品44项、软件著作权45项。

②参与行业标准制定且拥有一定的技术储备

公司作为全国医用临床检验实验室和体外诊断系统标准化技术委员会的委员，参与起草了正在执行的尿液分析仪、尿液分析质控液两项行业标准。

公司拥有一定的技术储备，正在研发的技术包括显微镜景深拓展技术、抗原抗体制备技术等。正在研发的产品包括：CS－9200全自动生化分析检

测流水线、FUS－3000全自动尿液分析工作站、BF－7500网织红细胞五分类血细胞分析仪、CM－960全自动化学发光免疫分析流水线等医疗检验仪器及相关配套试剂。

（2）已建立一支研发团队

截至2014年6月末，公司研发人员共294人，占职工总数的22.24%，拥有机械、光学、电子、计算机软件、数学、流体力学、化学、临床医学、管理等各方面的人才。

技术是该公司业务的重要环节，但这部分介绍一般投资者不易读懂。

（五）分析有名无实，或引用数据陈旧

案例7－11

THFW公司

3. 单兵便携式防空导弹指挥系统的市场容量

从趋势上看，由于近年来末端防空安全需求增加和信息化革命的推动，世界各国对便携式防空导弹系统及便携式防空导弹指挥系统的市场需求迅速增大。由于世界各国对其便携式防空导弹及作战指挥系统的装备数量、生产数量严格保密，公司无法获知市场需求、市场份额等的具体信息。但是，根据便携式防空导弹的装备数量推测，预计便携式防空导弹指挥系统具有较大的市场容量：

（1）目前全世界便携式防空导弹数量50多万枚，单兵肩扛作战是便携式防空导弹作战的主流模式，为单兵作战配备指挥控制系统是最能提升单兵便携式防空作战效能的解决方案，但由于相关技术，尤其是信息技术发展的制约，该类产品在全球出现时间较晚（20世纪90年代），目前世界各国装配数量较少，绝大多数发展中国家尚未装配。假设按照每套单兵便携式防空导弹指挥系统配置4—12个射手，每个发射装置配备2—5枚导弹，3—5套便携式防空导弹指挥系统配备1套野战通信指挥系统测算，全世界所需便携式防空导弹指挥系统约8300套，野战通信指挥系统约1600

套（以上均按照最少配置量计算）。再考虑到每年新增的便携式防空导弹数量，该类产品具有较大的市场容量。

（2）根据瑞士独立智库“小武器调查”研究报告“Big Issue，Big Problem？——MANPADS”（2004年4月28日），全球装备便携式防空导弹的国家约有105个，其中大多数为发展中国家，且装备数量较大。目前世界各国装配便携式防空导弹指挥系统的数量较少，绝大多数发展中国家尚未装配。公司产品的最终用户国对该类产品的采购尚处于起步阶段，仍具有后续的持续性需求；其他装备了便携式防空导弹的国家也有较大的潜在需求。

在P101中，对某款产品的市场容量进行分析，选取的是全球的角度，给出了全球这款产品的需求量，这显然与公司的定位有所差别。全球的市场容量目前与公司关系不大，或者应该说明公司大致可以获得的市场比率。

案例7－12

JLT公司

销售情况如下图所示：

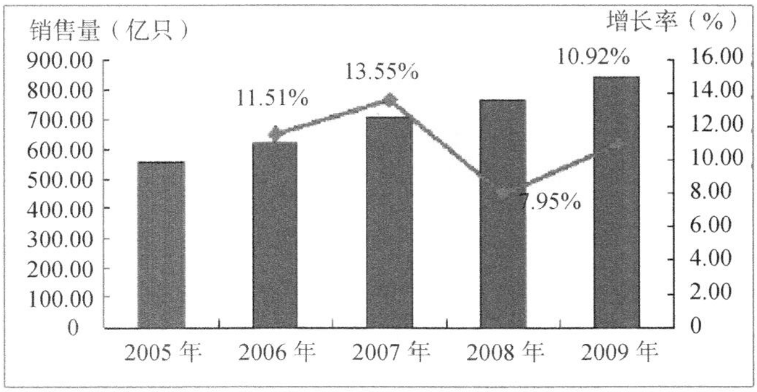

数据来源：《世界工业卷》。

2005年全球照明市场规模在6469亿元左右，2006年总体市场规模在

7490 亿元左右，2007 年市场规模为 8463 亿元，年度环比增长速度达到 13.26%；2008 年由于受到世界金融危机的影响，增长速度稍有回落，实现了 11% 的增长。2009 年增长速度恢复到 2007 年水平，2009 年总体市场规模达到 10644 亿元左右，2005—2009 年全球照明行业市场销售额情况如下图所示：

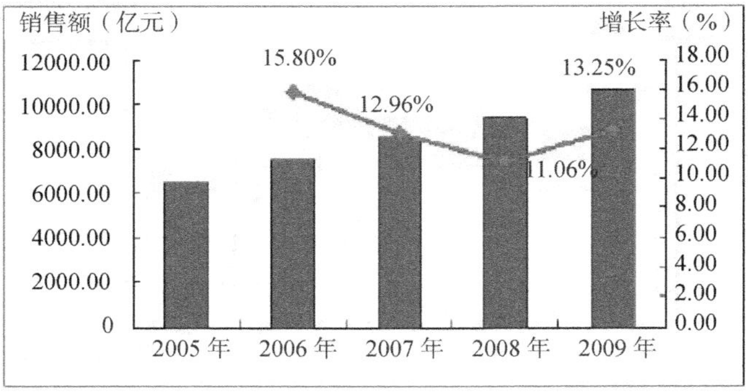

P115—P116 对世界照明行业以及我国照明行业的分析，篇幅大，但数据陈旧。企业 2014 年的 IPO 拿 5 年前的数据分析，不是很有说服力。

案例 7-13

THFW 公司

[2] 资料来源：刘新雨：《支撑亚太地区低空保护伞——便携式防空导弹在亚太地区的应用与发展》，《世界航空航天博览》，2005 年第 12 期。

[3] 资料来源：王兴武：《伊拉克反美武装用什么打下了美军直升机》，《环球军事》2007 年 3 月。

[4] 资料来源：《国外便携式导弹系统面面观》，中华网军事频道，http：//military. china. com。

[5] “小武器调查”项目是瑞士国际与发展研究所（Graduate Instinute of International and Development Studies，GIIDS）的一项独立的研究项目，由瑞士政府与其他有关国家政府一同发起于 1999 年。GIIDS 是一家研究和高层次教育机构，致力于国际关系与发展的交叉学科研究。“小武器调查”报告为年度定期发布的研究报告，主要根据论文、专题报告、国家或地区委托研究项目、联合国或其他国际组织的联合研究项目的研究成果整理而成。公司在招股说明书中所引用的该报告的部分内容来自其官方网站：http：//www. smallarmssurvey. org。

[6] 资料来源：钟岩：《全球未来 10 年需 8 万枚防空导弹总值逾 200 亿美元》，中国新闻网 2007 年 9 月 17 日电。

[7] 资料来源：曲东才：《国内外便携式防空导弹发展现况简析》，《航空武器》2001 年第 5 期。

许多引用数据资料来自 2007 年以前，比较陈旧。

（六）简单错误或不审慎

在披露文件中，也常见发行人的一些简单的错误，反映出发行人在制备文件中的不审慎。如货币单位不一致、表述前后不一、表格不规范、错别字等。

案例 7－14

DRYL

表格不规范

项目		2014年1—6月		2013年度		2012年度		2011年度	
		金额（元）	占比	金额（元）	占比	金额（元）	占比	金额（元）	占比
国内	东北	17977603.47	8.45%	29509526.66	636%	38911176.25	9.42%	24124312.96	6.75%
	华北	18805836.56	8.85%	41747773.24	9.00%	36937187.50	8.94%	43082884.06	12.05%
	华东	58854799.57	27.71%	99167079.63	21.39%	78063.922.12	18.90%	63412612.70	17.73%
	华中	19762210.03	9.31%	35035244.97	7.56%	35607863.19	8.62%	30430667.56	8.51%
	华南	7525935.05	3.54%	29659720.74	6.40%	20051974.19	4.85%	12583013.38	3.52%
	西南	19365447.13	9.12%	42560801.02	9.18%	39057416.14	9.46%	30170676.31	8.44%
	西北	8664594.23	4.08%	22596855.18	4.87%	20957397.15	5.07%	15929790.92	4.45%
	小计	150956426.04	71.08%	300277001.44	64.76%	269586936.54	65.27%	219733957.89	61.44%
国外	欧洲	23767915.37	11.19%	65966526.00	14.44%	58583775 90	14.18%	60109577.48	16.81%
	亚洲	25054843.73	11.80%	59986498.05	11.92%	50073568.78	12.12%	51991332.39	14.54%
	非洲	3426149.25	1.61%	11597593.86	3.52%	7115009.71	1.72%	6264490.44	1.75%
	美洲	9176410.26	4.32%	24817798. 35	5.35%	27669094.03	6.70%	19538187.81	5.46%
	小计	61425318.61	28.92%	163368516.26	35.24%	143446448.42	34.73%	137903588.12	38.56%
合计		212381744.65	100.00%	463645517.70	100.00%	413033384.96	100.00%	357637546.01	100.00%

在该份表格中，表格线在排版中有错误，虽然不影响数值，但不够规范，影响阅读美观。

第五节 我国上市公司简明化披露问题的成因思考

对比美国与我国推行简明化披露之前存在的问题，与巴菲特所归纳成因有许多类同之处，包括：发行人不愿意披露重点、不知道自己写的是什么、不了解受众、过度依赖专业术语等。但我国资本市场建立后，采用以政府监管为主，行业自律、社会监督相结合的复合模式，信息披露制度也是依此建立与发展，所以，也有我国特有的成因，包含制度与技术层面因素。

一、以监管为导向，忽视以投资者为导向的信息披露

从我国资本市场的实践看，政府监管的重点是强制性信息披露，以真实、准确、完整、查错纠弊为主，这在证券市场发展的初级阶段，对确保信息的真实性、公平性等发挥了重要作用，但也存在灵活性、决策有用性不足等问题。

在监管为导向的信息披露制定原则下，以下四个特点容易形成“增加披露——发现冗余——增加摘要——进一步增加冗余或披露效果不佳——进一步增加披露”的恶性循环。

第一，以满足监管要求为首要条件，重视可比性，对格式、内容的排序都进行明确的规定和限制。发行人灵活度较少，较难根据公司自身情况突出发行中的重点。

第二，为满足监管要求，就多不就少，希望发行人尽可能多披露内容。对于披露不完善的部分，往往采用增加披露的方式，进一步增加披露的复杂度。

第三，认为多披露是对投资者的保护，披露越长越好，越多越好，而不是“充分披露重点内容，才是对投资者的保护”。

第四，在披露冗余的情况下，又希望通过各种摘要、概要等情况，简

化披露信息来进行投资者保护，但事实上又造成了冗余。

此外，简明化披露的一个重要内容就是尽量减少或不用术语，但招股说明书的要求中，第一节就是释义，发行人会填满各种术语，有些甚至把一些常用词汇也作为术语。

二、责任立法层级不高，过多依赖发行人的声明和风险提示

境外成熟市场对发行人责任及投资者保护有明确的法律责任及问责方式。对相关法律行为，通常只要标明按某条法律要求即可，无须在招股说明书中一一声明或承诺。但我国，由于对发行人责任和投资者保护的立法层级不高，可操作性和执行效果一般，相关配套制度也较薄弱，为减少发行人的不当行为对投资者的损害，希望通过在监管制度设定中，加强披露发行人发行中的风险提示和发行人的声明，来达到这一目的。因此，在招股说明书及各种披露文件中，反复要求发行人及有关主体披露声明、重大事项或风险提示。实践中，往往会被采用前后摘抄的方式，不加区分，反复表述，造成冗余。从近年舞弊、违规案例看，一味依靠发行人或相关的声明，并不是防范舞弊的最佳方式，反而会对投资者的阅读形成一定困难。

三、重视单一财务指标真实性，忽视信息披露整体作用

我国在核准制下，由于上市审核以单一的财务指标为主，所以，更重视财务指标的真实、准确、完整，缺少信息披露整体对投资者意义的关注。一方面，表现为对财务信息的可理解性、逻辑性等方面缺少关注。财务信息披露方面冗余严重，会计政策等行话、套话较多，对公司财务情况的成因、适用会计政策，或会计政策变化、会计估计变更等主要财务信息的披露合理性重视不足；另一方面，表现为对财务信息与非财务信息之间的逻辑性关系重视度不足，忽视信息披露整体的一致性和逻辑性，以及对投资者决策的可理解性。对披露的简明化等要求也不够重视。

四、对简明化披露问题，缺少事后审查与约束措施

无论是发行审核，还是上市后证监局的现场检查或事后审查，更多地重视真实性，对于披露环节尤其是形式上的问题，较少在反馈意见中进行专门反馈。尤其对披露冗余现象，基本不会列入反馈意见。对投资者是否理解、信息披露是否达到向投资者传递真实信息的效果等涉及简明化披露的问题，通常不会关注并指出。对简明化披露问题，缺少事后审查与约束措施。从美国等市场的经验看出，监管部门通过监管规则与措施的引导，通常是推进简明化披露的关键。

五、发行人和中介机构对中小投资者都不够重视

在核准制下，发行人与中介机构以满足监管部门要求、获取批文为目的。在披露形式上，并不重视中小投资者的可理解性，甚至中介机构撰写的材料，也存在大段摘抄或引用其他中介机构资料难以理解等问题。此外，股票供小于求的状况长期存在，也使发行人与中介机构缺少关注中小投资者的动力，缺少主动改进信息披露的积极性。

六、投资者缺少反馈披露诉求的动力

上述披露质量的缺陷，造成中小投资者阅读披露文件的成本较高。而认真阅读披露信息，可能还无法获得决策有用信息，或存在误解，影响决策。这使投资者，尤其是中小投资者缺少阅读披露文件和反馈披露诉求的动力。而且，我国股民有较明显的“追涨杀跌”的短期化行为，对信息披露所反映的中长期走势并不太关心，更依赖于各种“短、平、快”，即所谓的“内幕消息”。缺少投资者的改进推动力，也就缺少对发行人披露文件的制约能力与需求反馈，造成信息披露中的问题久提不决。

七、从组织到内容都缺少相关指引和范例

除了上述原因，我国目前投行等中介机构不成熟，对发行人缺少较好的简明化披露指引等现状，使发行人从组织到内容都缺少相关知识。而从整个配套环境看，发行人撰写相关文件前，对潜在投资者了解的缺失以及缺少对简明化披露较熟悉的专职公司秘书、投资者关系专家、合规专家、信息设计师等，都使公司自发进行简明化披露指引的难度上升。

第六节 设置符合我国国情的简明化披露规则

一、我国简明化披露规则的预达目标

以信息披露为中心的注册制的推出，意味着以监管为导向的披露要求将逐步向以投资者为导向的信息披露要求转变。

我国简明化披露规则的预达目标是以政策为导向，通过监管的引导，让发行人与投资者之间通过信息披露加强沟通，提高投资者决策效率，促进资本市场快速发展。这个预达目标与境外市场并无根本差别，总体包括：（1）加强投资者与公司之间的沟通与理解，降低信息获取成本与决策成本；（2）投资者更容易理解要购买的证券，能在清晰了解所购证券的前提下，理性作出持有或出售的判断；（3）在网络和电子化传递时代，简明化披露版本更易于阅读；（4）降低公司的投资者关系管理成本，有利于证券的快速发行，降低发行成本。

从境外成熟市场经验看，要实现以上预达目标，简明化披露要求的推行过程，离不开监管部门的强制推行力与引导，除了监管规则的转变，还需加强发行人信息披露的审阅与纠正，更重要的是，应给予有效的范例与指引。

二、我国简明化披露中的要素设定与借鉴

对比上文所述中美简明化披露中的问题及预达目的，二者并没有显著的差异性，虽然我国披露问题有其特色成因，但在注册制下，向以信息披露为中心和以投资者为导向转变的过程中，简明化披露的要素设定基本相同。结合我国国情，借鉴成熟经验中不可回避的一个问题是中英文语言的差异问题。我们针对这一问题的看法是：

（一）组织结构是美国简明化披露的重点，中英文差异只体现在写作环节

从前述美国经验可以看出，在美国的框架中，英语语言，即用简明英语写作，只是制作简明化披露文档的一个步骤。制作过程中，还需考虑对披露组织人员、环境受众、文档主题选取、结构安排、段落设计、字体编排等整体的协调简化。所以，中英文差异，只会影响在借鉴过程中语言文字的运用。

（二）汉语与英语在历史上有借鉴因素，差异体现在表达与思维

现代汉语的书面体虽然与传统白话文一脉相承，但其实也受到古代书面语体文言文与现代英语表达方式的影响。汉语与英文之间的主要差异，一方面表现在造字构词法、音韵和节律等文字本体差异，另一方面在于构篇差异、思维模式差异和表达差异。关注这两方面因素后，能够顺利地翻译。

在构篇差异方面，其实现代中文与英文差异已不大。英文篇章构造以自然段为单位，每段一个中心句，表明此段落的核心意思，通常在段首或段末。而古代汉语不分段，句句相连，绵延成篇。但在现代汉语中，英文这种以段落为基本单位的构篇法，也已移用到写作中。

在思维模式差异中，汉语的说理方法，常遵循原因到结果的思维模式，由远及近，由大及小，由抽象到具体，重要信息与结论总是在最后出现，以归纳法为主。而英语中，则先主题或结论，由小及大，从事实到概

念，以演绎法为主。此外，主客体思维模式不同：英语中人和物都可以作为动作句的主语，而汉语一般只授予人发出动作的权利。

表达差异主要体现于一点小区别：汉语倾向于用重复手段，或直接省略，对代词，尤其是第三人称代词有排斥的倾向。而英文倾向用替代手段，用代词或其他名词来替换语境中重复出现的名词。

从简明化披露设计的特点看，中英文之间存在的这三点差异，对于简明化披露整体框架的借鉴并没有明显影响，只是在写作过程中，应当按照中文的习惯，进行思维表达。

（三）简明化披露符合汉语写作的基本要求

根据裴显生的定义①，从汉语言文字来看，写作是以书面语言为工具，表达作者对客观事物的认识和感受的复杂创造性的精神劳动，是在交流目的下认识和表达互相融合、互求统一的过程。披露文件在某种程度上属于一种应用文，因此，以优化发行人与投资者的交流与沟通为目的。其最重要的一个特点，就是应用文读者是功用性阅读者，因“需要”而阅读，披露文件的撰写应当依“功用性阅读者”的“需要”而产生，在注册制下，这一读者将明确包含投资者。因此，简明化的披露要求，其实质是汉语写作要达到的基本要求。

作为一种应用文，其特性之一是价值实用性以及表达的简约性。它的文本构成要素有：（1）主旨的客观性，即力求尊重客观事实；（2）主旨的明晰性，主旨不仅在撰稿前就应确定，且在文本中要用简明的语言概括出来；（3）清晰明白，以吸引读者的注意力，节省读者阅读时间，使读者一看就明白；（4）材料要求与主旨要有对应性；（5）材料要充分、具体；（6）结构要有规范性；（7）结构要素排列要顺序化。可以看出，这些基本要求与前文简明英语模式下的简明化披露要求基本一致。

---

① 裴显生：《应用写作（第三版）》，高等教育出版社2012年版。

三、如何设置符合我国国情的简明化披露规则

结合上文分析，借鉴境外市场经验，设置符合我国国情的简明化披露规则要点，结合我国推行注册制的国情，本书认为，可以包含如下方面：

（一）改善简明化披露的监管环境因素

我国上市公司简明化披露问题的成因，包含了信息披露构建环境中的特有制度成因。注册制下，要推进简明化披露，有必要改善这些环境因素。

1. 结合《证券法》的修订，进一步明确发行人、高管犯罪的法律责任

针对目前我国披露中，以声明提示责任的方式，通过明确和细化发行人、高管、高管犯罪的法律责任与问责方式，以立法形式明确法律责任，在招股说明书中只需列明遵从《证券法》等相关法律及条款问责即可。可以简化披露文件中的大量重复披露。

2. 在发行、上市环节，加强对简明化披露的审阅与纠正力度

我国披露冗余问题由来已久，在注册制下，在发行与上市后的环节，都应当加强对公司披露质量的审阅与纠正力度。尤其在审阅意见中，应当对披露文件中不简明、重点不突出、易误导投资者的部分，进行明确反馈与纠正。尤其对言不达意、摘抄堆砌、结构凌乱、空洞无物等披露问题，都应提高纠正力度。这在美国市场中也是推进简明化披露的关键环节。

3. 加强投资者对阅读披露文件的引导

我国已有互动易、股东大会等投资者交流渠道，但从现有投资者关系管理情况看，投资者倾向于利用直接交流渠道，询问公司业绩、未来发展前景等问题，对披露文件的关注度不足，甚至部分投资者从不阅读公司披露文件。信息披露文件作为重要的面向投资者的信息传递文件，监管部门有必要引导投资者阅读公司披露文件，针对披露文件中的不足向公司进行询问，既有助于提高投资者对公司简明化披露的监督力量，提高信息获取

能力，也有助于降低公司的投资者关系管理成本。

（二）改善简明化披露在规则层面的设置

1. 监管规则有必要开始向投资者导向转变，突出披露重点

在向以投资者为导向的信息披露制度转变时，规则的制定包含以下几方面。

（1）在形式上给发行人更大的灵活度，以利于发行人更好地根据公司情况进行披露。除了对页数及财务信息等必要披露内容作强制性规定外，在非披露主体内容，可以允许公司根据清晰、易懂的原则，自由安排版式与格局，以突出公司的关键特点，吸引投资者。

（2）减少规则中的重复度，考虑部分摘要设定是否有必要性。例如，从招股说明书的要求看，发行概况、发行人声明、重大事项提示部分与正文部分多体现为摘抄，内容上没有明显区分。

（3）在对披露文件结构要求中，按更符合投资者阅读习惯的方式进行排序。此前的研究已表明，我国对披露文件的结构顺序有明确要求，基本按照监管者的阅读需求进行排序，而境外市场的披露文件，通常按投资者的阅读习惯进行排序。

（4）在规则内容设置上，鼓励公司突出披露重点，而不是披露越多越好。在披露项目设置上，引导公司突出披露与公司募资或经营相关的重点内容，反对公司摘抄或披露不相关的信息、套话、行话。

（5）鼓励公司少用术语，尽可能用简明易懂的语言进行披露，尤其是鼓励公司减少“释义”部分的内容。

2. 借鉴国际经验，结合国情，编制简明化披露的指引或范例

当前，我国中介机构与发行人都缺少在披露文件写作方面的指导与范例，信息披露的写作与反复的修改也造成监管成本和披露成本居高不下。从美国的经验和范例样本看，一个良好的指南，可以提高简明化写作水平，降低披露成本，也能有效降低监管成本。我国有必要结合注册制下信息披露的新要求，编制对上市公司简明化披露的指引或相关范例。

3. 在简明化披露的具体内容设置中，强调披露文件主旨、结构、写作

技巧，并保持披露文件的简洁

对于简明化披露的文件设置，结合上文论述，美国经验提供了详细指引，除了中英文之间在具体写作上的几点差异外，多数都可以借鉴采用。结合我国公司的范例，还有几点应当注意：

（1）发行人在撰写相关披露文件时主旨应当明确，应当明确披露文件的主要目的和拟涵盖的信息，如公司的特点、发行要点、经营要点等。

（2）发行人应当或通过中介机构对预期投资者有所了解，以决定信息披露中的重点陈述部分。

（3）在结构设计与写作中，发行人应当反复进行斟酌，删除冗余部分，突出披露重点。

（4）写作过程中避免出现长难句、被动语态、冗句、不必要的术语、抽象词，在结构与页面设计上，布局应强调可读性与视觉愉悦性。

（5）以发行人的身份撰写披露文件，简化句式。

（三）规则使用中的一点建议

简明化披露的要求，需要监管部门强制推行，但又必须赋予公司必要的灵活度，以灵活安排披露成本。从美国市场的推行经验看，简明化披露推行初期，会有必要的少许成本，包括公司的写作成本与监管部门的监管成本。但随着熟练度的提高，这一成本将降低，并降低公司现有披露成本。因此，简明化披露规则的运用，可以采用强制与鼓励相结合的方式。试行在招股说明书或部分年报的必要章节强制推行，其余部分可以由公司根据自身的情况及成本承受度自行选择使用。

第八章

加强境外企业回归信息披露制度建设

近年来，随着我国吸引新经济企业的力度加大，优质境外企业回归国内资本市场需要寻找突破口。2018年3月30日，国务院办公厅转发了中国证监会《关于开展创新企业境内发行股票或存托凭证试点若干意见的通知》（以下简称《意见》）后，2018年6月6日，中国证监会发布和修改《试点创新企业境内发行股票或存托凭证并上市监管工作实施办法》（以下简称《实施办法》）① 等系列文件，支持创新企业在境内发行股票或存托凭证（以下简称"CDR"）。《意见》涵盖了已在境外上市的大型红筹企业、尚未在境外上市的红筹企业和境内注册企业，从试点对象、选取机制、发行条件、审核机制、信息披露、日常监管和投资者保护等多方面进行了框架性的规定。这意味着困扰已久的境外企业上市途径、亏损企业无法上市、不同股权架构等问题已得到解决。从理论上看，只要满足创新企业标准，境外企业回归A股已无实质性障碍。2019年1月23日，中央全面深化改革委员会第六次会议审议通过了《在上海证券交易所设立科创板并试点注册制总体实施方案》《关于在上海证券交易所设立科创板并试点注册制的实施意见》，科创板的潜在上市资源，可能涉及境外回归的中概

① 还包括发布了《存托凭证发行与交易管理办法（试行）》等规章及规范性文件（以下简称"配套规则"），修改《首发公开发行股票并上市管理办法》（以下简称《首发办法》）和《首次公开发行股票并在创业板上市管理办法》（以下简称《创业板首发办法》），同时发布一系列试点工作配套规则。

股龙头公司以及创新试点红筹企业。因此，境外企业回归 A 股的发行与持续监管问题，将成为这一系列新办法、新方案实施后的重要问题，从境外经验看，信息披露是其监管的核心。

我国证券市场信息披露规则自 20 世纪 80 年代中期出台至今，历经数十年的发展和完善，已形成较完备的基本框架。但是，由于此前没有境外企业在我国发行过证券暴风科技、360 等多家企业是通过拆解原有 VIE 架构直接上市或借壳上市，信息披露规则以针对境内发行、监管为主，较少涉及具体的跨境规则，尤其是企业从境外市场回归 A 股的披露要求。此次系列配套规则中，虽然包含了发行条件、信息披露等要求，但仍属于一些基本性规则，由于发行主体门槛比较高，业务比较复杂，要求的针对性比较强，未来也存在着完善空间。从深交所在 CDR 推出的前期调研看，潜在发行资源较丰富，既有阿里巴巴、腾讯、网易等已在境外上市且符合试点条件的红筹企业，未来也可能会有未上市的境外小型公司回归，或者境外企业借助境内合格的试点企业上市。但在调研中，企业提出最难以解决的问题是包含会计信息在内的披露问题，这些问题直接影响企业的回归动力。有企业建议 CDR 方案参考美国存托凭证，不额外增加公司的管理成本。因此，境外企业回归的信息披露监管及操作要求是跨境监管研究中的空白领域，也是亟待解决的问题。

对于上述如何解决海外发行人的信息披露问题，我国尚无现成经验。现有 A + H 公司，应当同时适用境内、境外信息披露的监管要求，并按照我国会计准则编制财务报告。我国内地与香港的会计准则已实现国际趋同，基本没有实质差异。香港对海外发行人的规定与本土企业差异不大，虽然要求不采用国际财务报告准则（International Financial Reporting Standards，即 IFRS，以下简称“国际准则”①）或香港财务报告准则的企业，说明与其中任一准则若有重大差异所产生的影响②，但执行力度不大。而且，

① 本书所用的国际准则，如无特别说明，指的都是国际会计准则理事会（International Accounting Standards Board，即 IASB）编制的国际财务报告准则，即标准的国际准则。

② 《香港主板上市规则》附录十六第 2.1 条。

规定总体比较原则导向，不少需向港交所咨询而定。但是，在美国等主要市场的发行人情况则不同。美国采用的是美国公认会计原则[①]（US Generally Accepted Accounting Principles，即 US GAAP，以下简称“美国准则”），与国际准则差异明显[②]，且信息披露要求差异也较大，回归企业认为成本太高。从产业角度看，未来的境外创新企业，可能原来采用美国准则居多，与我国会计准则存在较大差异。两套准则之间，收入、费用、资产、负债、权益等各项会计要素确认的原则、方法和时点的差异，可能导致财务报告存在较大差异，这将对回归后会计数据调节的披露和投资者水平都提出较高要求。在我国现行核准制下，IPO、再融资和退市指标都涉及财务数据，对企业的上市与存续都影响重大。即使在注册制下，也可能对投资者理解财务数据和相关披露信息造成困扰。

从国际市场看，借鉴美国经验，对研究我国境外企业回归的信息披露问题有积极意义。首先，信息披露差异对境外企业的直接融资和发行存托凭证影响显著。根据摩根大通等机构的统计数据，美国市场的存托凭证发行量占全球近 80%，在吸引境外企业方面有成熟的经验。其次，中短期内，我国回归企业以有在美运作经验或发行过存托凭证的公司为主。了解美国披露规则，有利于后续业务的推进与监管。最后，美国市场对新兴成长公司（Emerging Growth Companies，EGC）等类型公司有比较成熟的简化披露经验，尤其对属于新兴成长公司的境外企业有比较成熟的监管经验。

因此，随着境外优质企业回归国内资本市场临近，如何顺应我国资本市场发展的需求，研究境外企业回归 A 股的信息披露规则意义重大。首先，为境外发行主体提供规范且与国际接轨的披露标准，提高境外企业，尤其是中小创新型企业回归的动力；其次，便于投资者全面、准确、及时

---

① 配套规则中称为“美国会计准则”。

② IFRS 来源于欧洲，欧洲公司的历史特点是财报有地域差别和融资以银行借贷为主。所以，会计准则以原则导向为主。US GAAP 来源于美国公司直接融资的需求，因为公开募资就意味着财报需要按照一定的要求、格式和标准才具有可比性，以准则导向为主。虽然为了促进直接融资，IFRS 与 US GAAP 一度有一些靠拢，但本质上，这两大准则的差别明显。

地了解境外发行主体的信息；再次，为日后我国监管部门监管该类企业的跨境行为提供基础；最后，完善现有信息披露监管规则，填补跨境信息披露监管中的空白，提升我国资本市场的国际地位。本章在系统研究美国市场对外国私人发行人（FPI）的相关披露要求与监管规定、与美国本土公司的披露差异、会计准则差异及其调节等主要问题的基础上，结合我国国情，为完善境外企业回归 A 股相关披露要求提供政策建议。

第一节 境外企业回归 A 股路径和涉及的主要披露问题

一、两个概念及其借鉴意义

（一）境外企业的概念与限定

境外企业指我国境内企业在境外注册的全资附属企业和参股企业。按照实施办法的规定，试点企业可以是已在境外上市的红筹企业或者尚未在境外上市的企业，包括红筹企业和境内注册企业，所以，境外企业实质上指红筹企业。红筹企业一开始针对在我国香港上市公司，红筹股原指那些在香港上市，但由中资企业直接控制或持有三成半股权以上的上市公司股份。但现在红筹企业泛指通过在海外设立控股公司，将我国境内企业的资产或权益注入境外控股公司，并以境外控股公司的名义在海外上市募集资金的企业。

（二）美国外国私人发行人（Foreign Private Issuer，FPI）的概念

在美国市场，根据 C 条例和《1934 年证券交易法》等规定[①]，外国发

① 参见 Regulation C，Rule 405 和 Exchange Act Rule 3b-4。

行人（Foreign Issuer）指发行人是外国政府、根据外国法律设立或购买的公司或其他组织。外国私人发行人则指除外国政府以外，美国居民直接或间接持有的具有投票权的流通证券低于50%的发行人[①]，并且需满足以下条件：绝大多数管理人员或董事不是美国公民或居民；发行人超过50%的资产在美国以外；发行人的业务主要不在美国管理。在确定某一企业的多数所有权时，将考虑最主要的母公司控股股东性质，并要求编制合并报表。

因此，从概念上看，我国境外企业的范围大于外国私人发行人，但美国对外国私人发行人以外的境外企业，按本土公司要求，对境外企业披露的实际差异体现在外国私人发行人规则设计，这部分规则设计在全球资本市场中很有代表性，也对我国境外企业回归A股的信息披露制度设计有积极的借鉴意义。

二、回归路径和涉及的主要披露问题

（一）回归路径

在《实施办法》出台之前，我国境外企业在拆除VIE架构后，有两种主要回归路径：一是直接上市；二是通过借壳或重大资产重组。这两种方式都是按A股的规则进行，不涉及新的披露问题。在《实施办法》出台之后，根据该办法，试点公司不改变注册地，不涉及VIE架构的调整，企业主体直接以红筹模式回归，回归路径由两种增加至三种：直接上市、借壳或重大资产重组、发行CDR。这就涉及境内外信息披露差异及监管问题。

---

① 不可以包含以下任一条：绝大多数管理人员或董事是美国公民或居民；发行人超过50%的资产位于美国；发行人的业务主要在美国管理。

（二）涉及的主要披露问题

1. 披露监管要求不同产生差异，但核心在于与本土公司的披露差异

在不同资本市场的披露体系下，披露要求不尽相同，对会计报告期、披露时间等披露要素有不同的规定，也会有各具特色的披露要求。比如，美国对直接上市与发行存托凭证的披露要求没有明显差异，这与我国不同。在借壳方面，以前多是从 OTC 市场转板，即购买美国本土壳公司，美国证券交易委员会按美国本土公司进行监管。又如，关于披露时间，美国不按日历年度。我国根据《公开发行证券的公司信息披露编报规则第 23 号——试点红筹企业公开发行存托凭证招股说明书内容与格式指引》（以下简称《编报规则》）第十八条[①]的规定，虽然允许企业不以公历年度作为会计年度，但应提供充足理由。再如，美国的季报在报告期结束后的 3 个月内完成编报并披露即可，季报需要审计师审阅，但在我国需在报告期结束后的 1 个月内完成编报并披露，不需要审计师审阅。

根据现有监管经验，从吸引境外发行人的角度看，其核心并不在于研究不同披露体系之间的具体差异，而在于研究境外发行人与本土发行人之间的披露差异。

2. 全球会计准则的差异及其披露调节

根据普华永道会计师事务所的最新研究，全球没有完全使用国际准则的主要资本市场是：（1）美国，本土公司采用美国准则；（2）日本，允许自愿采用，但没有强制性的过渡日期；（3）中国，虽然已趋同，但仍在继续修订，使其原则越来越符合国际准则的现行规定。值得说明的是，我国虽然实现与国际准则的趋同，但在包括美国在内的国际市场上，认定的国际准则标准，是指完全执行国际会计准则理事会编制的国际财务报告准则，不包括趋同。

---

① 第十八条："境外基础证券发行人未以公历年度作为会计年度的，应提供充足理由，并在招股说明书中对会计年度的起止期间进行'重大事项提示'，在招股说明书'财务会计信息'一节披露会计年度的确定依据和考虑因素。"

对于准则适用，根据编报规则的规定，由于美国与中国企业会计准则（以下简称“中国准则”）尚不互认[①]，企业根据不同情况和境内投资者对境外准则的熟悉程度，可以选择不同的准则。如果具备采用中国准则条件，建议尽量使用中国准则编制财务报告。如果不具备采用中国准则的条件，按《编报规则》第十七条[②]的规定，认可与中国准则等效的会计准则、美国准则，但应当提供差异调节信息，并在“管理层讨论与分析（MD&A）”中披露主要的差异调节事项及对主要财务指标和估值的影响。其中，与中国准则等效的会计准则，包括国际准则和财政部认同的等效会计准则。这一认同范围非常宽泛。而从主要调节范围来看，分为与国际准则等效的准则之间的调节和与美国准则之间的调节两类，前者较为简单，后者则较为复杂。

3. 调研企业反馈的主要披露问题

从深交所前期调研情况看，在会计准则方面，只有腾讯在香港上市，采用香港准则，与内地差异较小，其他在美国上市的中概股企业多数采用美国准则。企业反馈所涉及的主要披露问题，包括募集资金使用、信息披露尺度、适用会计准则及调节等操作性层面的问题。比如，股权激励所涉及的股份支付差异处理、权益法下母子公司差异处理；又如，对母公司仅是控股集团、无具体经营业务的公司，我国要求披露母公司及合并报表，而美国并不强制要求披露母公司报表。

企业关注的披露问题集中于：（1）可否适用第一上市地会计准则？并

---

① 互认工作还需协调财政部，工作推进难度较大。

② 第十七条：“境外基础证券发行人按照中国企业会计准则或经财政部认可与中国企业会计准则等效的会计准则编制财务报告的，如同时在境外上市，还应当在会计报表附注中披露境内财务信息与境外财务信息的差异调整情况。

境外基础证券发行人按照国际财务报告准则或美国会计准则编制财务报告的，应提供并披露按照中国企业会计准则调整的差异调节信息。所提供的差异调节信息，应由具有中国境内证券期货相关业务资格的会计师事务所按照中国注册会计师审计准则进行审计，并出具审计报告。境外基础证券发行人应在‘管理层讨论与分析’中披露主要的差异调节事项及对主要财务指标和估值的影响；境外基础证券发行人如存在重大差异调节事项并可能对投资者决策产生重大影响的，还应当在‘风险因素’中披露并进行‘重大事项提示’。”

编写差异说明；（2）关联交易的披露细致程度；（3）董监高薪酬披露；（4）中英文披露的主导性；（5）部分企业希望对季报或中报做出豁免；（6）对一些中美披露差异是否可以申请豁免？（7）披露口径、披露时间差异等。

总体上看，企业反馈的问题是两套披露体系下，包含会计准则在内的具体披露要求的差异。但是，从研究境外发行人信息披露问题的核心和我国规则制订角度看，重点在于研究境外发行人与本土公司之间的披露差异要求，以及包含会计准则在内的调节要求。因此，美国目前对外国私人发行人（FPI）的披露要求有很好的研究价值。

第二节　美国市场对外国私人发行人的披露要求

根据美国证券法和美国证券交易委员会规则，相对于美国本土公司，美国证券交易委员会对外国私人发行人有较多的优惠措施。本部分综合了美国相关法规①、美国证券交易委员会公司金融部的审阅要求、纽交所对外国私人发行人的上市指引、谢尔曼斯特灵律师事务所（Shearman & Sterling）等知名律所对外国私人发行人遵循法律规范的分析、国际四大会计师事务所对国际准则与美国准则差异的讨论进行的研究。重点在于研究美国对外国私人发行人的一般披露要求以及与本土公司的披露差异。

一、美国证券交易委员会对外国私人发行人的一般披露要求及与本土公司的差异

（一）外国私人发行人可以选择披露表格的类型

美国对外国私人发行人的总体要求比本土公司宽松。外国私人发行人

① 美国证券法和 C 条例对外国私人发行人的规定等。

可以使用对外国私人发行人的规定表格，如 20 - F 表[①]、F - 1 表、F - 3 表，F - 4 表[②]等提供财务报表和披露信息，也可以自愿使用本土公司的注册和报告表格，如 10 - K 表、10 - Q 表、8 - K 表等。但是，有三点要求：(1) 如果选用本土公司的表格，则必须遵守它的表格要求。包括与本土公司提交相同的报表和遵循相同的标准；提交时间与本土公司相同，即依照发行人是否为大型加速申报公司、加速申报公司、非加速申报公司[③]而定。(2) 在表格中披露公司符合外国私人发行人的定义，但自愿提交本土公司表格。(3) 在会计准则上具有选择性。自愿提交本土公司表格的外国私人发行人，既可以根据国际准则编写财务报表，不需要提供对美国准则的调节，也可以按照调节的要求，提交根据母国准则编写的财务报表和按美国准则进行调节。

（二）外国私人发行人如果要享受中小企业的定制化披露，必须采用本土公司披露标准

2012 年 4 月 5 日生效的乔布斯法案，提出了新兴成长公司（EGC）的概念，它在某些领域的财务报告和披露要求不同于其他类型的发行人。美国证券交易委员会规定，符合条件的外国私人发行人也可以选择作为新兴成长公司，享受相关的披露优惠，但必须提供根据美国准则编制的财务报表；并且，只有发行人使用本土公司表格时，才可以使用较小报告公司规则中的定制化披露。

---

① 美国证券交易委员会的审阅要求规定，除资产证券化的发行人（见 17 CFR 229. 1101 中定义）之外的任何外国私人发行人可以使用此表作为美国《证券交易法》第 12 节下的注册登记表或年度报告，或者根据《证券交易法》第 13（a）或 15（d）条提交的过渡报告。

② 表格 F - 1，《1933 年证券法》下外国私人发行人证券的注册登记表；表格 F - 3，《1933 年证券法》下外国私人发行人依据某些交易类型而发行的证券的注册；表格 F - 4，在某些业务合并交易中外国私人发行人证券的注册。

③ 美国本土公司按照测试日的流通市值，分为大型加速申报公司（Large Accelerated Filer，流通市值大于 7 亿美元）、加速申报公司（Accelerated Filer，流通市值在 7500 万美元至 7 亿美元）和非加速申报公司（Non - Accelerated Filer，流通市值小于 7500 万美元）三类，它们提交表格的时间不同，非加速申报公司的提交时间最宽松。

（三）美国证券交易委员会每年对外国私人发行人重新进行认定，不符合条件的将在下一年度开始使用本土公司标准

由于外国私人发行人的披露享有一定优惠与自由度，所以，美国证券交易委员会对外国私人发行人的认定较严格，并且有披露标准转换要求。

首先，外国私人发行人并不是一次认定，永久有效。美国证券交易委员会要求它每年需要测试是否符合外国私人发行人的定义，测试日是每个会计年度第二季度的最后一个工作日①。如果不符合外国私人发行人的定义，就必须使用本土公司的披露标准。

其次，如果发行人上年度是外国私人发行人，但本年度已不符合该定义，在该年度剩下的时间里，仍可以继续使用外国私人发行人适用的表格和要求。在下一会计年度，才开始使用本土公司的要求。例如，如果一个发行人在2009年6月30日确定不再是外国私人发行人，将从2010年1月1日起，开始采用本土公司的报告要求，提交8－K表或10－Q表，并对2009年12月31日结束的年度提交10－K年报，而不是20－F表。但在2009年6月30日至12月31日，仍用原披露报表。

再次，如果发行人不再是外国私人发行人，则所有财务报表和精选财务数据应在财务报表列示的所有期间，重新按照美国准则编写。

最后，如果发行人不再是外国私人发行人，则必须使用美元作为报告货币，除非它能证明采用另一种报告货币更合适。例如，发行人的所有业务以单一外币进行交易。

（四）外国私人发行人是否被取消注册取决于交易量，而不是本土公司所使用的股东数量

一般情况下，如果外国私人发行人在美国的交易量低于指定水平，会被美国证券交易委员会取消注册，这不同于美国本土公司的股东数量低于

---

① 判断是否加速申报公司，也是在上述确定日进行测试。

某个特定的水平会被取消注册的要求①。

（五）外国私人发行人可以申请跨境服务方面的特殊处理

在某些情况下，美国证券交易委员会会考虑跨境服务的特殊处理需求，这些需求涉及若干国家司法管辖区之间的协调问题，即对外国私人发行人的一些特殊情况，可以提交美国证券交易委员会进行判定。但外国私人发行人应在提交注册表之前，将这些需求提交给美国证券交易委员会的国际公司金融办公室，由后者进行判断处理。

二、外国私人发行人相对于本土公司享有的主要信息披露优惠规定

美国证券交易委员会允许外国私人发行人获得本土公司没有的一些披露方面的优惠。主要包括：

（一）有会计准则选择权

一般情况下，美国本土公司向美国证券交易委员会提交的所有文件中涉及的财务报表，都应按照美国准则编制。但是，外国私人发行人的财务报表可以使用美国准则、国际准则、母国或当地普遍接受的会计准则。由于美国证券交易委员会认同国际准则，所以，使用国际准则的外国私人发行人不需要调节到按美国准则编制，而使用非标准国际准则或母国会计准则的外国私人发行人需要进行调节。对于母国将会计准则转为国际准则的国家的外国私人发行人，有过渡期的安排，如加拿大②。

---

① 参见《美国证券交易法》12h－6。

② 由于国际准则已在2011年1月1日开始纳入加拿大会计准则，因此：（1）按照国际准则编制财务报表的加拿大外国私人发行人，无须调节到美国准则。但与所有外国私人发行人一样，必须在财务报表附注和审计师报告中，完全无保留和明确地说明遵守国际准则的情况。（2）不是外国私人发行人的加拿大公司，在历史上如果使用了加拿大会计准则和加拿大元向SEC备案，在2011年之前的会计年度可以继续这样做，但它必须提交美国本土公司的表格，并在20－F的第18项下提供与美国准则的会计调节。（3）从2011年的会计年度开始，不是外国私人发行人的加拿大公司必须使用美国准则。向SEC递交的财务报表中涉及的所有期间的财务报表和精选财务数据，都应重新按美国准则编制。

（二）不需要提交季度报告，临时报告的表格和要求也更低

在定期报告方面，与美国本土公司不同，外国私人发行人不需向美国证券交易委员会提交《美国证券交易法》[①] 中规定的季度报告——10 - Q 表。在临时报告方面，对于按 20 - F 表提交年度报告的外国私人发行人，不需要提交 8 - K 表作为临时报告，只需提供（而不是提交）更简单的 6 - K 表。

（三）除 IPO 以外，外国私人发行人的财务报表有效期更长

美国证券交易委员会允许外国私人发行人报表的有效期更长。除 IPO 以外，外国私人发行人提交的表格中，经审计的财务报表期限可以在 15 个月内，最近的中期报表期限可以在 9 个月内，甚至更长。这分别长于本土公司的 12 个月和 6 个月。特别是，如果注册表将在 9 个月内生效，外国私人发行人可以少提交一份中期财务报表[②]，除非发行人此前已经发布一些关于中期的财务信息。而且，如果财务信息过期前的最后一天是周六、周日或美国联邦假日，按《美国证券交易法》第 417 条规定，允许在下一个工作日提交，这又延长了报表的有效期。这一规定对外国私人发行人特别有利，也考虑到了外国私人发行人的地域特殊情况。因为如果财务报表在提交日失效，按美国证券交易委员会工作人员的操作指南，将不会被审阅，外国私人发行人需要重新准备财务报表。这些规定有效地减少了外国私人发行人准备财务报表的时间。具体而言，分为以下三种情况：

1. IPO 情形下，原则上外国私人发行人与本土公司财务报表有效期相同

如果外国私人发行人在全球都没有公开发行的情况下，在美国进行 IPO，它和本土公司所提交的经审计财务报表，原则上都必须是注册表生

---

① 参见 13a - 13 和 15d - 13。

② 一个经审计的会计年度结束后未经审计的中期财务报表。

效 12 个月[①]内，即不超过一年。但是美国证券交易委员会对外国私人发行人设定了额外宽松的规定，在特定情形下，可以请求美国证券交易委员会放弃 12 个月的要求，但请求的陈述应存档。这些情形包括：能够充分表明在其他任何司法管辖区不需要遵守这个要求、这一要求不可行、涉及不必要的困难等，由美国证券交易委员会决定是否可以豁免。

但是，在 IPO 时，成立不到一年的外国私人发行人必须提交近 9 个月内的经审计的资产负债表。如果公司已经开始运作，则需要提供从成立之日起到经审计的资产负债表日止的经审计收入报表、股东权益和现金流量报表。

2. 在 IPO 以外情形，外国私人发行人的已审计年度财务报表最长有效期可达 18 个月

在 IPO 以外的情形中，外国私人发行人的已审计年度财务报表的有效期通常是 15 个月，甚至可以更长，这给外国私人发行人带来了更多的便利。例如，某外国私人发行人若以 12 月 31 日作为会计年度结束日，只要其注册表在 3 月 31 日前生效，就可以不用提交刚刚结束年度的已审计年度财务报表。而且，与 IPO 情形一样，外国私人发行人如果能够阐述在美国境外任何其他司法管辖区都不需要遵守这一规定、15 个月规则的要求不切实际、带来不必要的困难等理由，只要理由充分，美国证券交易委员会都可以考虑免除这一要求。

在三种特殊情形下，外国私人发行人的已审计年度财务报表的有效期可长达 18 个月，已审计中期报表的有效期可从 9 个月延长至 12 个月。这三种情况指以下有关证券发行的注册表：（1）按比例向所有现有的证券持有人行使未决权利；（2）根据股息或利息的再投资计划；（3）转换未偿还可转换证券或行使未偿还证券可转让认股权证。例如，某外国私人发行人若以 12 月 31 日作为会计年度结束日，则此类发行的注册表必须在次年

① 详见 20－F 表的项目 8，其中的期限要求也适用于下列财务报表：a. 外国和国内登记人根据 S－X3－05 获得的外国企业，包括国内登记人根据 8－k 表第 2.01 和 9.01 项提交的文件；b. S－4 或 F－4 表所要求的外国目标企业；c. S－X3－09 下外国和国内登记人的外国股权投资者；d. 根据 S－X3－14 收购房地产业务的外国企业；e. 证券担保按 S－X3－16 要求登记的证券的附属公司财务报表。

6月30日前生效，否则就必须包括本年的已审计年度财务报表。

3. 在IPO以外情形，外国私人发行人的中期未审计财务报表期限至少覆盖之前6个月

如上所述，特殊情形下，外国私人发行人的中期未审计财务报表期限最长可达9个月，但报告期至少覆盖之前6个月。如果外国私人发行人发布的中期财务报表比当前财务报表更新，则必须在注册表中包含更多的当前信息。例如，某外国私人发行人的会计年度结束日为12月31日，并发布了第一季度信息，则7月份的证券发行，必须在注册表中包括第一季度信息。同样，如果它在11月份的发行信息中，已经包括半年信息，又发布第三季度的信息，那么注册表中就应当包括第三季度信息。

这些最新的财务信息，一般不需要提供对美国准则的调节，如上例中的第一季度信息和第三季度信息。但是，除了根据国际准则编制的信息外，应当提供一个对所用会计准则的叙述性描述，并且对重要调节项目进行量化。

（四）披露内容上的豁免或简化

所有外国私人发行人只需要遵守20－F表的高管薪酬披露要求，相比本土公司更加简化。即无论自愿采用哪种发行人的披露表格的外国私人发行人，适用提交20－F表或自愿提交本土公司的10－K表，都不需要遵守S－K规则402款的高管薪酬规定。具体差异在于S－K规则402款对本土公司高管薪酬披露要求很细，但在20－F表中，外国私人发行人可以采用合并比例披露。

（五）资本表格的提交时间更短，但由于美国证券交易委员会可以变通处理，实际上也有优惠

值得指出的是，从规则上看，美国证券交易委员会对外国私人发行人提交资本表格的要求比本土公司严格得多。20－F表的项目3. B要求外国私人发行人在注册表生效后60天内，应提供资本表反映公司实际资本。

如果有需要，还应披露新发行证券的销售及其募集资金预期用途。其中，债务应区分担保和无担保债务，还应包括间接债务和或有债务。而美国本土公司的类似表格，可以有135天期限，远长于外国私人发行人。但是，由于资本表通常来自资产负债表，上述20－F表第8项允许最新的资产负债表有效期可以长达9个月，实务中，如果外国私人发行人在其注册表中要求的最新资产负债表的同一天提交资本表，美国证券交易委员会也不会反对。也就是说，外国私人发行人的资本表最长可以在9个月内提交，远长于本土公司的135天。

三、外国私人发行人的具体披露要求

（一）注册表或年度报告要求的已审计财务报表的期数

一般情况下，除资产负债表可以只提供2年以外，注册表或年度报告中的综合收益表、股东权益表、现金流量表等其他报表都需要提供3年（见表8－1）。如上文所述，如果注册表的生效日期超过上一个审计年度结束后的9个月，还需要中期财务报表，注册表应包含至少涵盖本会计年度前6个月的合并中期财务报表。该报表可以未经审计，但应陈述这一事实。有一种例外情况是，如果外国私人发行人是新兴成长公司，在公开发行普通股权证券时，注册表中不需要提交超过两年的经审计财务报表。

表8－1　　外国私人发行人财务报表的期数要求

项 目	资产负债表	综合收益表	股东权益表	现金流量表
已审年报期数	2年	3年	3年	3年
未经审计的中期财务报表	如上文所述要求的临时日期	从最新会计年度结束至中期资产负债表日，与以前年度对应期间一致	从最新会计年度结束至中期资产负债表日，没有要求与以前年度对应期间一致	从最新会计年度结束至中期资产负债表日，与以前年度对应期间一致

（二）注册表中的特殊披露要求

1. 财务报表期间要求

外国私人发行人如果使用 20 - F 表作为注册表和年报表格，当 20 - F 表用作注册表时，财务报表期限的要求遵循 20 - F 表的第 8 项规定。

2. 由于外国私人发行人的跨境特点，强调最新的收益信息

首先，20 - F 表中应包含超出 20 - F 表第 8 项要求的最新收益信息。也就是说，即使 20 - F 表没有要求这类信息，但是如果在财务报告的收入和收益信息里包含有超出 20 - F 表第 8 项要求，并已向股东、交易所或任何司法管辖区其他人提供的最新信息，该信息应当也包含在 20 - F 表中。这类信息不需要提供对美国准则的调节，但应提供对准则差异的叙述性解释，并量化重要的新的调节性项目。其中的准则差异可以采用交叉引用的方式，引用其他地方对美国准则的调节性附注。

其次，如果外国私人发行人在母国的中期信息与美国注册表分别采用不同的会计准则，在母国已发布最新收益信息，则应纳入在美国的招股说明书。例如，某外国私人发行人在向美国证券交易委员会提交的财务报表中使用美国准则，但在母国报表中使用母国准则，如果它在母国已用母国准则发布最新的收益信息，则需要将这类信息纳入招股说明书。披露的信息需要补充说明和量化会计准则的差异。发行人将这些信息调节成美国准则，或者至少在注册表要求的最近一个会计年度中，提供从美国准则到母国准则（反向）的调节。

最后，如果外国私人发行人最新的中期财务报表包含与美国准则之间的调节信息，则可能要求比较前期调节信息，以防止当前信息产生误导。主要原因是：美国证券交易委员会认为，当外国私人发行人提供更多当前的美国准则信息时，它实际上已想提交中期财务报表，则应按照 20 - F 表

的第8. A. 5[①]项的要求提供比较调节信息。在这些情况下，发行人的管理层讨论与分析（MD&A）也需要涵盖当前和比较的过渡期，并且需要将备考信息[②]（Pro Forma Information）更新到该日期。

（三）披露最近和可能的收购信息

1. 收购信息

美国注册表通常要求包含审计重大收购之前至少75天的“业务”财务报表。美国证券交易委员会要求，一旦收购成为“可能”或者“重大”[③]，发行人应当提供S－X规则中第3条第5款的要求信息，并且，提供符合最近一个会计年度的S－X规则第11条的备考财务信息，注册表中需要最新的中期财务数据。但要注意两点：一是美国证券交易委员会对“业务”一词定义与美国准则不同。它指经营实体或业务单位，不包括机器和其他不产生明显利润或损失的资产，而美国准则包括所有。二是“可能”的判定。美国证券交易委员会认为，至少在签署意向书后，收购才成为可能。实践中，必须有明显的收购迹象才可以。后续披露收购信息，美国本土公司用8－K表，而外国私人发行人可以使用6－K表。

2. 涉及收购外国企业的财报期限

在收购交易中，无论是购买或被购买的外国企业财务报表，都必须符

---

① 项目8. A. 5的要求：a. 如果美国以外的司法管辖区不要求该资产负债表，则发行人无须在第8. A. 2项规定的三年期限中提供资产负债表。b. 财务报表必须按照美国公认的审计标准进行审计，审计师必须遵守美国的审计独立性标准。c. 在初始登记表中，如果根据第8. A. 2项提交的财务报表按照美国准则编制，且该信息之前未包含在财务报表中，则可以省略这三年中最早的财务报表。根据《1933年证券法》或《1934年证券交易法》制定的，仍然需要根据表格20－F第3. A项提交的完整5个财政年度的精选财务数据。d. 如果发行人是新兴成长公司，公开发行普通股权证券时，无须在注册表中提交超过两年的经审计财务报表。

② 萨班斯法案出台后，美国证券交易委员会要求公众公司披露备考信息，包括最直接的可以比较的GAAP财务指标和把备考信息调节到可比的财务指标。

③ 关于收购的“重要性”，是根据S－X规则第3条第5款来评估的，主要基于三个标准：发行人对被收购业务的投资金额与发行人的总资产相比；发行人占被收购业务总资产的份额与发行人总资产的比例，以及发行人在收购业务的持续经营中所占比例为“税前收入”；发行人持续经营的税前收入。在每种情况下，要将发行人和目标公司最近的年度财务数据进行比较陈述，但只需要对发行人进行审计。

合注册表生效时财务报表期限的要求，不可以延长期限。例如，某外国私人发行人本次收购发生在本年度前 9 个月内，也必须提供中期财务报表。但是，如果是发生在本年度前 6 个月内，并且所收购的业务根据其母国要求不需要编制季报，则一般不需要更新财务报表。

3. 跨境并购中备考财务信息的期限

首先，这个期限取决于发行人的财务报表期限要求，与发行人选用的报表类型有关。例如，如果是外国私人发行人提交 F－4 表格，并且目标公司是美国本土公司，则可以参考外国私人发行人专用的 20－F 表的第 8 项确定备考信息的期限；相反，如果美国本土公司提交 S－4 表格，而目标公司是外国私人发行人，则必须参考本土公司适用的 S－X 规则第 3 条第 12 款确定备考信息的期限。

其次，外国目标公司可能被要求在 S－4 表中包含备考信息，时间会比其单独的财务报表更新。但是，如果不会造成发行人的信息重叠或者缺失，按照 S－X 规则第 11 条规定，目标公司备考信息与发行人数据的结束日期之间最多能相差 93 天。但是，这不适用于跨会计年度的情形。如果跨会计年度，发行人仍需提供涉及的中期备考信息。

（四）延迟发行、连续发售和股东批准并购交易前，必须更新财务报表①

在股东批准并购交易之前，财务报表必须在并购交易中保持最新状态。在延迟发行或连续发售的情况下，财务报表也必须在整个计划期间内保持最新状态。因此，外国私人发行人必须对注册表进行后期更新，更新的范围涉及 20－F 表第 8A 条要求的财务报表。如果没有进行更新，虽然不会改变储架登记计划，也必须暂停发售。但是，在交易所上市的公司承诺包销情况下，不适用该规定。对外国私人发行人而言，如果这需要提供比本土公司财务报表更新的其他实体财务报表，它可以提出延缓或豁免请求。

---

① 这些财务报表指所有必需的财务报表，包括 S－X 规则中第 3 条 05 款、09 款、10 款、14 款和 16 款要求的财务报表以及 F－4 表中的目标公司财务报表。

（五）初始注册表对 20－F 表的要求

外国私人发行人需要在会计年度结束后的 4 个月内提交 20－F 表作为年度报告。如果注册表在外国私人发行人的会计年度结束后 3 个月内生效，并且不包括最近年度经审计的财务报表，则适用以下要求：一般情况下①，发行人须在注册生效后 90 天或会计年度结束后 4 个月提交一个 20－F表的特别报告，下一个会计年度才需要提交完整的 20－F 表作为年度报告。但如果发行人注册了美国《证券法交易法》第 12 节所规范的证券，则发行人应在提交财务报表的最近一个会计年度结束后的 4 个月内，就提交完整的 20－F 表。

（六）对变更会计年度的披露要求

1. 需要过渡期报告，但是否单独提供和时间有不同要求

过渡期是指发行人最近一个会计年度结束与新选择的会计年度开始日之间的期间。当发行人更改其会计年度时，一般需要提交涵盖过渡期的报告，但是，如果过渡期在 1 个月或以下，则不需要提交独立的过渡期报告。如果发行人的母国监管机构接受更长的期限，经美国证券交易委员会批准，过渡期可以超过 12 个月，但是该发行人必须提供这 12 个月完整的未经审计的财务报表和过渡期剩余部分的所有适用披露。是否需要编制过渡期报告和提交时间，则根据过渡期的长短、发行人类型是本土公司还是外国私人发行人而有所区别，具体要求见表 8－2。

2. 过渡期报告必须包含同比信息，并且全面提供

外国私人发行人的过渡期报告必须包括同比信息，这些信息的可比年度信息可能未经审计，也可能只有简明化方式或在财务报表脚注中。但

---

① 美国《证券交易法》第 15（d）节的报告要求规定。实务中具体要求是：a. 20－F 表作为年度报告需要在外国私人发行人的会计年度结束后的 4 个月内提交。b. 如果最近结束的会计年度的经审计财务报表已在 20－F 表的 4 个月到期日之前列入注册表，则 20－F 表的截止日期仍为 4 个月。虽然在这种情况下许多公司提前提交 20－F 表，但没有要求这样做。c. 截至 2011 年 12 月 15 日之前的会计年度的发行人，必须在会计年度结束后的 6 个月内提交 20－F 表作为年度报告。

是，相关表格中所有文本化的信息在过渡期报告中都应当提供。

表 8-2　　不同发行人过渡期报告的要求

过渡期长度	美国本土公司提交定期报告的时间、要求	外国私人发行人的 20-F 表的过渡报告的内容	外国私人发行人提交过渡期报告的时间
超过 6 个月	在改变会计年度或过渡期结束后，大型加速申报公司为 60 天、加速申报公司为 75 天、非加速申报公司为 90 天内交 10-K 表。过渡期财务数据必须经过审计	经审计的财务报表；当 20-F 表用作年报时，需要提交所有信息	在过渡期结束或发行人选择改变的会计年度结束日之后的 4 个月
超过 1 个月，少于 6 个月（含）	在改变会计年度或过渡期结束后，大型加速申报公司为 40 天、加速申报公司为 40 天、非加速申报公司为 45 天内交 10-K 或 10-Q 表。过渡期 10-Q 表可能未经审计，但下一份的年报 10-K 表必须包含过渡期的经审计财务报表	（1）未经审计的财务报表 （2）20-F 表第 5、8. A. 7、13、14、17 或 18 项要求的信息	过渡期结束后或发行人选择改变的会计年度结束日之后 3 个月
少于 1 个月（含）	不需要单独的过渡期报告。但是，如果注册人并未在 10-Q 或 10-K 表中放入过渡期报告，则过渡期财务报表必须包含在下一份 10-Q 表中，它可能未经审计，但下一份 10-K 表必须包含过渡期的经审计财务报表	不需要单独提交。但这一个月或更短的过渡期，应当经审计，并纳入下一份 20-F 表的年报中	不需要单独提交

3. 如果在更改会计年度后递交注册表，则按注册表的财务报表期限要求

外国私人发行人如果在更改会计年度后提交注册表，需要提供比过渡期报告规则所要求的更长期限的经审计财务报表，以符合注册表中财务报表要求的期限。

四、外国私人发行人与其他特殊类型发行人之间的比较

在美国的披露体系中，对非加速申报公司、较小报告公司（SRC）、新兴成长公司和外国私人发行人都有特殊的披露要求。如上文所述，外国私人发行人如果满足了新兴成长公司的条件，也可以采用新兴成长公司的披露要求。本部分总结了一些常见的针对这几类公司的披露要求，可以看出，对外国私人发行人的披露时间要求，很接近非加速申报公司（见表8－3）。

表8－3　　　　不同类型发行人的注册和披露要求比较

报表或项目	非加速申报公司	较小报告公司（SRC）	新兴成长公司（EGC）	外国私人发行人（FPI）
在首次注册表中的经审计财务报表				
资产负债表	最近两个会计年度末	最近两个会计年度末	最近两个会计年度末	最近两个会计年度末（按照美国准则编制财务报表）； 最近三个会计年度末（按照国际准则编制财务报表）
收益表、综合收益表、现金流量表、股东权益变动表	最近三个会计年度	最近两个会计年度	最近两个会计年度	最近三个会计年度
重要的被收购业务的财务报表	最多可要求披露最近三个会计年度	最多可以要求披露最近两个会计年度	最多可以要求披露最近两个会计年度	最多可以要求披露最近三个会计年度
IPO后首份《萨班斯－奥克斯利法案》合规文件				
季报的302/906鉴证	IPO后第一份定期报告（10－Q/10－K表）	IPO后第一份定期报告（10－Q/10－K表）	IPO后第一份定期报告（10－Q/10－K表）	IPO后第一份20－F表

续表

报表或项目	非加速申报公司	较小报告公司（SRC）	新兴成长公司（EGC）	外国私人发行人（FPI）
404（a）部分管理层报告	IPO 后第二份年报	IPO 后第二份年报	IPO 后第二份年报	IPO 后第二份 20－F 表
404（b）部分的审计师意见	如果是加速申报人，则在 IPO 之后提供的第二份年报	不要求	过渡期至多为 5 年	IPO 之后提供的第二份 20－F 表
S－K 规则的披露要求				
精选财务数据	披露最近 5 个会计年度的中报和年报	不要求	披露最近两个会计年度的中报和年报	披露最近 5 个会计年度的中报和年报
管理层讨论与分析	披露 3 年	披露两年	披露两年	披露两年
首次采用可扩展商业报告语言（XBRL）	IPO 之后第一份季报 10－Q 表	IPO 之后第一份季报 10－Q 表	IPO 之后第一份季报 10－Q 表	IPO 之后第一份 20－F 表

第三节　美国市场对外国私人发行人的会计准则使用与调节的规定

无论是在核准制还是注册制下，财务数据都是投资者决策的关键。尤其在核准制下，财务指标是决定上市、退市、再融资、并购重组的核心指标，对企业影响重大。在境外企业回归 A 股进程中，重点与难点就是会计准则差异问题。由于我国已实现与国际准则的趋同，这使中美会计准则差异明显，如何解决这一问题，直接影响企业回归的动力与进程。从目前境外企业情况看，大红筹一般是国企，如中国电信，小红筹一般是民营企业。二者虽然结构类似，但在会计准则使用上存在不同倾向：国企多采用国际准则，民企多采用美国准则。从创新企业和科创板的要求看，未来民企回归可能是主导，这使中美会计准则的使用与调节问题突出。

2008 年以后，出于金融危机后提振经济和便利融资的需求，美国证券交易委员会开始认同采用国际准则。虽然本土公司必须采用美国准则，但允许外国私人发行人采用国际准则和母国准则，只是对非标准国际准则和其他准则有明确的调节要求。具体如下：

一、美国证券交易委员会对使用国际准则的外国私人发行人的规定

（一）允许直接使用国际准则，无须进行调节

美国证券交易委员会允许外国私人发行人直接使用标准的国际准则，即由 IASB 发布的英文版 IFRS，无须提供对美国准则的调节。但是，外国私人发行人在其会计政策的脚注中，必须说明使用的情况，并就遵守该准则的情况发表声明，审计报告必须对遵守该准则的情况发表意见。

（二）不允许用会计调节代替完全遵守国际准则

美国证券交易委员会不允许将现有报表调节到国际准则的方式，来代替完全遵守该准则。

（三）必须提交所有要求期间的财务报表，并遵守适用的 S－X 规则要求

使用国际准则的外国私人发行人必须遵守 IASB 对财务报表形式和内容的要求[①]；也必须遵守所有其他适用的 S－X 规则的要求，包括但不限于前述的适用时间要求等。

（四）关于国际准则与美国准则之间差异的处理

首先，两套准则中，特定的国际准则没有涉及某些交易和行业特定问

① 这部分要求，在美国 S－X 规则的第 4、5、6、7、9、10 条中规定。

题，如保险合同、采掘活动、共同控制合并、重组和资本重组等。根据国际会计准则第 1 号和第 8 号，发行人必须就所选择的会计政策和该政策对财务报表的影响提供全面透明的披露。其次，采用国际准则的外国私人发行人不需要遵循专门针对美国准则的工作人员会计公告（SAB），但是，在选择会计政策时，可以使用与美国准则相关的工作人员会计公告，并满足国际会计准则第 8 号的要求。

（五）中期财务报表基本无须提供对美国准则的调节

对于外国私人发行人在 9 个月内提前生效的注册表和后期修订，如果年报和公布的中期信息的编制基础是国际准则，则发布的中期财务信息不需要提供对美国准则的调节。对于超过 9 个月的注册表和有效后期修订，如果它已明确表示遵守国际会计准则第 34 号的过渡期间规定，则不需要调节。

（六）对首次使用国际准则的发行人

国际准则有发行人首次适用准则的规定，但是美国准则没有。具体规定如下：

1. 在一次性发售的情况下，可以简化提交

外国私人发行人在采用国际准则的第一年，可以提交两年的收入报表，而不需要扩展到三年，可以根据国际准则编制股东权益和现金流量变化，并提供适当的相关披露。

2. 原会计准则变更为国际准则过渡期报告的可选方案

在发行人将原会计准则变更为国际准则期间，可能会出现最新年报或近期中期财务报表是用原准则编制的情况，进而影响可比性。因此，首次使用国际准则的外国私人发行人在过渡期报告中的财务报表可以选择以下三种方案之一：（1）用原准则编制的近三年度财务报表、当前和可比较前期临时报表，都提供对美国准则的调节；（2）用国际准则编制当前和可比较前两年的年报和中期报表；（3）前三年的财务报表都包括当期和可比较

前期与美国准则、国际财务报告准则中期报表的调节表，以及美国准则最近一年、当前中期和可比较前期的中期报表的缩略信息。

如果以上任一种信息都无法提供，则外国私人发行人应与美国证券交易委员会公司金融部联系，看是否有可以用于原准则、国际准则和美国准则之间进行比较的财务信息，并应当明确提出能将原准则下的财务信息有效调节到美国准则和国际准则的针对性方法。美国证券交易委员会目前认可几种方法，例如，正在向国际财务报告准则过渡；用国际准则编制中期财务报表（包括比较期间和累计年度至今），并在首次使用的第一年年报中加强 IAS1 的调节披露等。

3. 以前向美国证券交易委员会递交的文件采用美国准则，现转为国际准则

一些发行人在首次采用国际准则之前，用一种以上的会计准则提交了财务报表，例如，在母国市场用母国会计准则，但在向美国证券交易委员会递交的文件中用了美国准则。按国际准则的规定，这些发行人需要确定，它们所用的母国会计准则或美国准则符合国际准则中的“以前的公认会计原则”（Previous GAAP）的标准。如果确定美国准则是“以前的公认会计原则”，则要将以前的公认会计原则调节到国际准则。然而，如果它们确定母国准则是“以前的公认会计原则”，美国证券交易委员会认为，注册文件中以前年度信息只能按美国准则编制。在这种情况下，美国证券交易委员会认为应提供美国准则与国际准则的额外调节，以合理告知美国投资者有关基础陈述变更的信息。具体的调节方法有两种：一种是可以直接从美国准则调节成国际准则，在经审计的财务报表附注中发布；另一种是如果无法纳入经审计的财务报表中，则在提交 IFRS 调节信息的相同日期和期间提交。调节的内容要求将按照与 20 - F 表第 17 项一致的详细程度[①]，或者可以作为两步调节放入经审计的财务报表附注，包括 IFRS1 要求的调节——从美国准则到“以前的公认会计原则”，再从“以前的公认

① 下文将对第 17 项作说明。

会计原则”到国际准则。

（七）并购或投资达到重要性水平时，被收购方或被投资方应采用外国私人发行人的会计准则

在并购交易中，美国证券交易委员会允许任何外国企业使用国际准则提交财务报表，无论其重要性如何，都无须与美国准则进行调节。但对于使用非标准国际准则或其他会计准则的发行人，则需要进行重要性测试。这个测试基于发行人使用的会计处理，当重要性高于20－F表第17项规定的30%水平时，则被收购方或被投资方在测试中使用的金额必须使用与发行人相同的会计准则。例如，如果发行人将其使用母国准则的财务报表提供对美国准则的调节，那么测试中被购买方或被投资方的金额也必须基于美国准则。在某些情况下，被收购方或被投资方的历史财务报表中的金额还需要转换为发行人的会计基础。但如果发行人本来可以根据母国准则与美国准则进行调节，但最终按美国准则提交备考财务数据，通常也会被美国证券交易委员会工作人员接受。

（八）允许选用任何合适的货币编制财务报表，但应清晰披露

根据S－X规则第3－20款的规定，允许外国私人发行人提交以管理层认为合适的任何货币编制的财务报表①。但所有不在恶性通货膨胀环境中运营的业务，包括母公司的业务，都应使用主要经济环境的货币来衡量交易。资产和负债按期末汇率折算，利润表按加权汇率折算成年平均汇率。汇率变动的转换效应包含在权益的单独组成部分中。

如果美元不是报告货币，必须在财务报表的封面上突出显示；如果宣布股利所用的货币与报告货币不同，必须进行披露；必须提供与报告货币

---

① 虽然S－X规则第3条第20款允许外国私人发行人以其认为合适的货币编制财务报表，但它并未涉及被收购方或股权被投资方的财务报表。这些财务报表可以使用与发行人相同的货币或通常用于编制此类实体财务报表的货币编制。因此，国内发行人可以用美元编制被收购方或被投资方的财务报表。

有关的重大交换限制或控制的描述；必须披露5年的汇率历史，列出期末、平均、高点和低点的汇率。

在一些特定情况下，美国证券交易委员会没有反对使用不同的报告货币，如美国发行人在美国几乎没有资产和业务，基本上所有业务都以美元以外的单一功能货币进行；也允许不符合外国私人发行人定义的外国发行人在类似情况下适用这种做法。

二、美国证券交易委员会要求必须重新调整到美国准则的规定

为帮助美国投资者了解会计差异的性质和对财务报表的影响，美国证券交易委员会要求使用非标准国际准则和母国准则的外国私人发行人，都必须提供对美国准则的调节。

（一）关于调节的一般性要求

外国私人发行人在注册文件和年报要求的每个年度和中期报表都要进行调节。20－F表为美国准则提供了两个级别的调节——第17项和第18项。第17项要求对会计原则、惯例和方法的重大差异进行量化。第18项要求满足第17项的要求，并且提供美国准则和S－X规则规定的所有其他信息。外国私人发行人适用的所有证券法规定注册表中的财务报表，包括20－F表作为《证券交易法》登记表和年度报告，都需遵守第18项的规定。而第17项被允许用于备考信息、非发行人财务报表、非发行人目标公司财务报表、较小报告公司购买的不动产业务等情形。此外，第17项要求提供MD&A的发行人应考虑是否需要在MD&A中提供某些额外信息，以帮助美国投资者理解财务报表。外国被收购方或外国被投资方的财务报表只需遵守20－F表第17项的调节要求，而不是第18项。

（二）首次使用美国报告系统的要求

第一，提交数据的要求。如果外国私人发行人在之前没有用调节方式

向美国证券交易委员会提交过财务报表，则仅需要在注册表中提供最近两个会计年度调整到美国准则的调节数据，包括所需的任何中期财务报表和精选财务数据。此后每年都需要增加一年调节数据。这也适用于该实体为外国企业的任何其他必要的财务报表，例如，根据 S-X 规则第 3-05、3-09、3-10、3-14 和 3-16 款提交的信息，以及目标公司在 F-4 表、S-4 表和股东权益表中的财务报表。除此之外，已发布的更新财务信息通常不需要进行调节。

第二，美国准则的调节。适用 F-4 表、S-4 表和股东权益表的外国目标公司的财务数据，必须提供对美国准则的调节，除非有合理的理由说明因成本费用无法获取。在这些情况下，必须对编制非美国准则财务报表时使用的会计原则、惯例和方法的所有重大变化，提供一个叙述性的说明。

虽然发行人在注册表中只需要提供两年对美国准则的调节，但仍需要提交 20-F 表第 8 项规定所要求的所有期间财务报表。同样，非新兴成长公司必须提供 5 年的精选财务数据，但最初的 3 年数据不需要提供对美国准则的调节。

第三，选择按照美国准则编制财务报表的首次发行人，可以仅提供最近两个会计年度的利润表和现金流量表，MD&A 也只需要讨论这两年的数据。

三、对借壳上市的准则要求

（一）外国公司的借壳上市（Backdoor Listings）

值得注意的是，外国公司有时会通过对美国壳公司的反向资本运作获得上市。尽管基本上所有业务都是在美国境外进行的，但注册人不会被视为外国私人发行人。

在借壳上市的情况下，交易信息和外国公司的财务报表，必须在交易完成后的4个工作日内以8－K表报告，不适用20－F表在某些情况下允许两年财务报表而不是三年的规定。8－K表中包含的财务报表必须使用美国准则编制，并适用于所有期间，包括借壳之前的财务报表，不接受使用国际准则编制的财务报表或用母国会计准则提供对美国准则的调节。

（二）导致外国私人发行人不再是壳公司的交易

反向收购或合并，可能使外国私人发行人不再是空壳公司。在这种情况下，交易信息和交易另一方的财务报表，必须在交易完成后的4个工作日内用20－F表上报。提交的20－F表必须包含与作为注册表的20－F表中相同的信息。

如果外国私人发行人壳公司从事的并购交易使其不再是空壳公司，也不再是外国私人发行人，那么从下一年度开始，将不再适用外国私人发行人的披露标准。但在本会计年度剩余时间内，仍可以继续使用外国私人发行人的表格和要求。

第四节　美国市场对外国私人发行人调节到美国准则的具体规定及案例

一、具体规定——两级调节要求

（一）两级调节

对外国私人发行人从其他会计准则调节到美国准则，有两个级别的调节，分别在20－F表里的第17项和第18项。发行人将20－F表用于注册表和年度报告的所有财务报表均需遵守第 18 项，而不是第 17 项[①]。

（二）调节的基本要求——20 - F 表第 17 项的规定

第一，调节的基本要求在 20 - F 表的第 17 项，主要讨论外国私人发行人在依母国准则和美国准则编制财务报表时使用的会计原则、惯例和方法的重大差异。这种调节必须提供一个从母国会计准则向美国准则比较的量化描述。

第二，多数公司会选择用一个股东权益的调节表来披露这些信息[②]，但它们也应提供资产负债表具体项目的重述余额，或以数字形式描述资产负债表项目如何根据美国准则具体变更；并且，股东权益的调节应该足够详细，以便投资者能明确发行人分别使用母国准则与美国准则编制的资产负债表之间的差异。

第三，外国私人发行人应将母国准则下的净收入与美国准则进行调节，量化并描述每个重要差异。

第四，如果与外国私人发行人的母国准则有重大差异，应根据美国准则计算和披露基本每股收益和稀释每股收益。

第五，如果有涉及备考财务报表，应以美国准则编制，或同时按照与 20 - F 表中第 17 项一致的方式对美国准则进行调节。即使历史财务报表，也需要将备考信息与美国准则进行调节。

第六，应披露提供对美国准则的调节时，员工和非员工基于股票的薪酬所采用的会计方法。

第七，某些国家准则在发现与前期有关的错误时，不要求重述前期财务报表。但美国证券交易委员会不接受这种做法，要求都要进行重述。

---

① 第 18 项可以省略（i）未按照美国准则调节的净收入，或（ii）财务报表是根据 § 210. 3 - 05 或 § 210. 309 规定的少数股权的被投资公司的报表。

② 发行人应考虑根据美国准则确定的金额编制股东权益变动补充报表，以确认调节的余额，并据以提供一个基于美国准则基础的权益账户的改变信息。许多发行人选择使用美国准则的金额编制这个表，作为向美国准则调节的一部分。

（三）在调节中常见的缺陷

美国证券交易委员会总结了美国市场上，已有外国私人发行人提供对美国准则的调节案例中常见的问题与缺陷，总体可以分为两类。

1. 一般性的问题与缺陷（见表 8－4）

表 8－4 会计准则调节缺陷

序号	准则调节中的常见问题与缺陷	监管要求
1	记录的是扣税后的调节项目	所有调节项目都应以税前金额列示，并单独列示税收调节项
2	把影响多个资产负债表项目的调整作为一个调节项目	披露几个项目的调整对每个项目的影响
3	把影响同一项目的不同事项作为一个调整项	分别披露各事项的影响
4	不反映子公司层面的调整	每项调整都应在适当的子公司层面进行，以确定对少数股权、税收和货币换算等项目的影响
5	记录不动产、设备或无形资产等项目的调整时，扣除折旧和摊销费用	这些调整应当以扣除折旧和摊销费用前的金额列示，并单独披露折旧和摊销金额

2. 现金流量表中一些更常见的缺陷

在外国私人发行人根据美国准则或国际准则第 7 号（IAS7）编制的现金流量表，以及用于量化与美国准则之间重大差异的现金流量表或财务状况变动表的调节中，有一些更常见的缺陷，包括：未能确定非现金投资和融资活动、以净额而非总额列报项目、对“现金”和“现金等价物”定义差异的讨论不足、分类差异等。因此，美国证券交易委员会鼓励发行人根据美国准则编制补充的现金流量表，以确认调节项目披露的充分性。任何补充计算所需的信息可以根据外国私人发行人的母国准则或美国准则提交，不需要从母国准则提供对美国准则的调节。

（四）扩展的披露要求——20－F 表的第 18 项

如前文所述，外国私人发行人的某些信息需要在表格第 18 项而不是第 17 项下披露。主要包括：用于计算基本每股收益、摊薄每股收益的分子和分母的调节，以及其他与每股盈余（EPS）相关的披露；分部信息；公允价值信息；信用风险集中度；有关投资证券的信息；有关资产负债表外金融工具的信息；关于员工和非员工股票薪酬的披露；养老金和退休金以外的福利的组成部分；税务费用和递延所得税负债（资产）的组成部分；利润表分类差异；有关权益法投资的信息等。

此外，在第 18 项下的财务报表中，应当在财务报表或脚注中列出其他综合收益每个组成部分的累计余额变化。但在某些国家（地区）的会计准则中，权益部分包含在留存收益中，重新分离这些数额可能不切实际。如果发行人根据实际情况，在其文件中披露列示这些导致不切实际的原因，美国证券交易委员会通常也能接受。

（五）母国与美国准则之间差异的普遍影响

如果外国私人发行人的母国与美国准则之间的差异对财务报表产生普遍影响，使上述正常的调节对投资者造成混淆，则需要根据美国准则编制完整或简明的财务报表，以使投资者充分了解会计差异的影响；同样，在其他情况下也有可能需要扩展表格和披露。例如，在合并与购买会计的应用中，母国与美国准则之间的差异、非合并与合并实体之间的差异等。

此外，在会计准则调节中，还需要考虑恶性通货膨胀、比例合并的影响、报告货币变更、外国审计师等特殊的具体问题。

二、对调节内容的审计事项

（一）美国准则的调节必须经过审计

外国私人发行人的审计报告应明确提及调节。根据美国证券交易委员会的规则和审计标准，如果遗漏了 20 – F 表的第 17 项或第 18 项中要求的重要项目，或有任何不准确的调节，需要明确在审计报告中提及识别遗漏或不准确的内容。外国私人发行人应在审计报告中通过增加一个解释性段落，确认已更正先前提交的美国准则调节中的重大错报。它的审计报告和财务报表附注均不应将美国准则净收入或股东权益金额描述为“估计”或“近似”。

（二）审计合作与披露

如果审计报告中提及另一家审计机构，则必须包括该审计机构的单独审计报告。如果外国私人发行人的子公司或被投资方的财务报表使用与发行人不同的准则编制，审计报告应明确哪个审计机构负责审计子公司或被投资方的会计准则转换为发行人的准则，以及审计对美国准则调节。一些外国私人发行人或收购的外国企业由多家公司共同审计，则都签署报告并对审计负全部责任。每位审计师[①]必须遵守美国的所有要求，包括独立性要求。

（三）披露变更信息

外国私人发行人必须按 20 - F 表的第 16F 项披露其审计师的变更。所要求的披露与 S - K 规则第 304 条对本土公司的要求基本相同。但是，这一披露和相关的审计师函必须作为 20 - F 表的一部分提交，而不是以临时报告 8 - K 表的形式提交。

三、典型案例

涉及会计调节要求的外国私人发行人，应当在 20 - F 表的附注中第 17 项或 18 项进行详细披露。从本书对美国 EDGAR 系统的查阅情况看，多数

① 值得注意的是，在美国境外许可的审计师必须遵守 S - X 规则第 2 - 01 款的所有要求，包括美国证券交易委员会和美国公众公司会计监督委员会（PCAOB）关于审计师独立性的规定。S - X 规则第 2 - 01 款允许外国审计师（仅针对外国私人发行人的初始登记表）在美国证券交易委员会和 PCAOB 规则下至少在最近一个经审计的会计年度内是独立的。根据美国证券交易委员会和 PCAOB 规则，审计师必须在随后的所有期间保持独立。

公司适用第18项，披露篇幅都比较长，内容翔实，从十几页到数十页，占年报披露篇幅的10%左右。下文在展示20－F表的基本披露封面格式后，节选案例列示报表、报表调节说明、具体科目调节与说明、调节表的几种情况，并用一个较简短案例展示全部的会计调节披露。

（一）关于20－F表的封面格式

20－F表的封面，让发行人明确选择将该表递交的类型，是作为登记表、年度报告、过渡报告还是壳公司报告，明确了发行人的类型、适用财务报表披露类型，以及是否壳公司。

案例8－1

20－F表格

根据《1934年证券交易法》第12（b）或（g）条的登记表

或

根据《1934年证券交易法》第13或15（d）条的年度报告

截至2017年12月31日止的会计年度

或

根据《1934年证券交易法》第13或15（d）条的过渡报告

或

根据《1934年证券交易法》第13或15（d）节的壳公司报告

BBVA BANCO FRANCÉS S. A.

(Exact name of Registrant as specified in its charter)

英文名：BBVA FRENCH BANK

阿根廷共和国

＊如果发行人是“证券法”第405条规定的知名经验丰富的发行人，则以标记表示。 □是 □否

＊如果本报告是年度报告或过渡报告，发行人无须根据《1934年证券

交易法》第13或15（d）条提交报告，则以标记表示。　□是　□否

*以标记表示发行人（1）是否已提交了在过去12个月内（或在需要发行人的较短期间内）根据要求《1934年证券交易法》第13或15（d）条要求提交的所有报告提交此类报告，（2）在过去90天内受到此类备案要求的约束。　□是　□否

*以标记表示发行人是否已通过电子方式提交并在其公司网站（如果有）上公布了根据ST规则第405条（本章第232.405条）要求提交和发布的每个交互式数据文件。　□是　□否

*以标记表示发行人是大型加速申报公司、加速申报公司、非加速申报公司还是新兴成长公司。参见《1934年证券交易法》第12b－2条中“加速申报公司和大型加速申报公司”“加速申报公司”和“新兴成长公司”的定义。

大型加速申报公司□　　加速申报公司□

非加速申报公司□　　新兴成长公司□

*如果新兴成长型公司根据美国公认会计原则编制财务报表，请以标记表明发行人是否选择不使用延长过渡期来遵守根据第13节提供的任何“新的或修订的财务会计准则”。“新的或修订的财务会计准则”一词是指财务会计准则委员会在2012年4月5日之后对其会计准则编纂的任何更新。

*以标记表示发行人用于编制本文件所包含的财务报表的会计基础。

美国公认会计原则□　国际会计准则□　其他□

*如果在回答上题时选了“其他”，则通过标记表示发行人选择遵循的财务报表项目。

□项目17　□项目18

*如果是年度报告，请以标记表明发行人是否为壳公司（如《1934年证券交易法》第12b－2条所定义）。　□是　□否

（二）会计准则调节的披露

案例 8－2[①]

NATUZZI S. p. A.（译为“纳图兹”），纽交所上市公司，1959 年创立，是意大利最大的家具公司，1993 年 5 月 13 日上市。

1. 对报表的调节

案例 8－2－1：对净损失和权益的调整（见表 8－5）

表 8－5　　净损失和权益的调整

项　目	2017 年	2016 年	2015 年
意大利准则下归属于纳图兹及其子公司的净损失	（31399）	（6089）	（16484）
对于所报告利润的调整			
（a）PP&E（固定资产）的重新估值	25	28	28
（b）政府补助	603	631	531
（c）收入确认	1308	（664）	（616）
（d）商誉和无形资产	323	32	—
（e）外国（币）财务报表折算	（3000）	（5007）	821
（f）一次性解聘补偿	—	（9094）	（2141）
（g）长期资产——减值	—	413	（801）
（h）冲销广告和咨询费用	376	376	376
（i）长期资产——折旧	—	1643	—
（n）未汇出收益的递延所得税负债	1791	1306	（656）
美国准则下调整的税收效应	5	（5）	—
美国准则下归属纳图兹及其子公司的净损失	（29968）	（16430）	（18942）
美国准则下的基本每股损失	（0.55）	（0.30）	（0.35）
美国准则下的稀释每股损失	（0.55）	（0.30）	（0.35）

① 本案例中的数据单位都为千欧元。

续表

项　目	2017 年	2016 年
意大利准则下归属于纳图兹及其子公司的权益	106446	149037
对于所报告利润的调整：	(287)	(312)
(a) PP&E（固定资产）的重新估值	(6962)	(7565)
(b) 政府补助	(3056)	(4364)
(c) 收入确认	471	32
(d) 商誉和无形资产	13245	5169
(e) 外国（币）财务报表折算	—	—
(f) 一次性解聘补偿	—	—
(g) 长期资产——减值	(329)	(705)
(h) 冲销广告和咨询费用	—	—
(i) 长期资产——折旧	(3812)	(5603)
(n) 未汇出收益的递延所得税负债	—	(5)
美国准则下归属纳图兹及其子公司的权益	105716	135684

案例 8－2－2：两种准则之间的相互调整

2015 年、2016 年和 2017 年，意大利公认会计原则对照美国公认会计原则的净销售额和经营亏损的调整额（见表 8－6 和表 8－7）。

表 8－6　　从 Italian GAAP 调整至 US GAAP 的净销售额

项　目	2017 年	2016 年	2015 年
意大利公认会计原则下的净销售额	449586	457218	488476
(b) 政府补助（重分类项）	(466)	(469)	(443)
(c) 收入确认（调整项）	3634	84	893
(j) 支付给经销商的费用（重分类项）	(2119)	(1953)	(3121)
美国公认会计原则下的净销售额	450635	454880	485805

表 8－7　　从 Italian GAAP 调整至 US GAAP 的营运损失

项　目	2017 年	2016 年	2015 年
意大利公认会计原则下的营运损失	(29138)	(408)	(11054)
(a) PP&E（固定资产）的重新估值（调整项）	25	28	28

续表

项　目	2017 年	2016 年	2015 年
（b）政府补助（调整项）	603	631	531
（c）收入确认（调整项）	1308	（664）	（616）
（d）商誉及无形资产（调整项）	323	32	—
（f）一次性解聘补偿（调整项）	—	（9094）	（2141）
（g）长期资产 - 减值（调整）	—	1643	—
（h）无形资产的冲销（调整）	376	376	376
美国公认会计原则下的营运损失	（26503）	（7456）	（12876）

2. 对报表调节内容的说明

案例 8 –2 –3：对重分类项目的说明

由于采用新会计准则，该准则于 2016 年 1 月 1 日或之后开始的年度报告期间生效，公司已将“其他收入（费用）净额”重分类为“销售成本”和“销售费用”，其内容是一次性解聘补偿的应计和长期资产的减值损失，并使用追溯调整方法进行重分类，就像这种重分类从一开始就被应用一样。

截至 2015 年及 2016 年 12 月 31 日，一次性解聘补偿的应计重分类为“销售成本”的金额分别为 3425 千欧和 3128 千欧。截至 2015 年及 2016 年 12 月 31 日分类为“销售成本”的长期资产减值亏损分别为 0（参见附注 25①）。截至 2016 年及 2015 年 12 月 31 日重分类为“销售费用”的长期资产减值亏损分别为 574 千欧及 0（参见附注 26）。

根据上述讨论，意大利公认会计原则下截至 2016 年及 2015 年 12 月 31 日的经营亏损分别为 408 千欧及 11054 千欧，包括一次性解聘补偿及长期资产减值亏损。

按此重分类，意大利公认会计原则与美国公认会计原则之间的经营亏损的调整不再包括一次性解聘补偿和长期资产的减值损失，因为在这两种

① 正文及附注中列示的此份报表中的“参见附注”，只是为说明还有进一步详细说明，附注内容并未翻译。

会计框架下，它们都归入经营亏损。截至2015年12月31日止年度，该调整中报告的一次性解聘补偿金额为3425千欧，而长期资产的减值损失为0。

案例8-2-4：对净亏损和（或）股东权益产生重大影响的差异披露

（1）某些财产、厂房和设备（固定资产）已根据意大利法律进行了重新估值。基于意大利公认会计原则，重估的金额已折旧。但美国公认会计原则不允许此类重估，认为折旧应基于历史成本。重估主要涉及工业建筑。对净亏损和股东权益的调整表示对意大利公认会计原则下记录的重估资产的超额折旧的转回。

（2）根据意大利公认会计原则，截至2000年12月31日，与资本支出相关的政府补助（不含税）计入股东权益准备金。在该日期之后，该类补助被计入递延收入，并在合并营业报表中按照意大利公认会计原则的规定，酌情在资产的有效年限内确认为收入。

根据美国公认会计原则，此类补助在收到时，可分类为相关固定资产成本的减少或递延信贷，并在资产的估计剩余可使用年限内摊销。摊销被视为折旧费用的减少，并根据补助所涉及资产的性质，分类在合并经营（利润）报表中。

净亏损调整主要是根据相关固定资产的估计使用年限，在使用年限内，根据2000年12月31日前每年的资本补助摊销。对股东权益的调整是为意大利公认会计原则目的而直接计入权益的资本补助金额，扣除此类补助金用于美国公认会计原则目的的摊销金额。

此外，截至2016年及2015年12月31日，在意大利公认会计原则下与补助相关的递延收入摊销被确认为收入的部分，将重新分类至折旧支出，并记录在根据美国公认会计原则下的已售商品成本中，对应确认上述金额的期间。

3. 对具体报表项目的调节与说明

案例8-2-5：广告费用

2013年，本集团为推广新款Re-vive扶手椅进行广告活动，产生的广告费用资本化部分为1224千欧，以及与在意大利工厂实施新“moving line”生产系统相关的顾问费用资本化部分为609千欧。根据意大利公认会计原则，如果广告成本与新产品“推出”的必要商业阶段相关联，且对相关项目的成功具有功能性和必要性，则广告成本是可资本化的。根据意大利公认会计原则，广告费用已在5年内摊销。

根据美国公认会计原则（ASC 340－20），广告费用通常在发生时计提，但某些直接广告费用除外，也就是要作为资产报告并在未来收益期间摊销的那些费用。想要被认定为直接广告的成本，就必须证明对顾客的特定销售和特定广告支出之间的直接联系，因此可以合理地得出结论，即广告可能会带来未来的利益。

公司推出的新款Re－vive扶手椅的广告宣传活动并没有被视为直接广告，因为所进行的促销活动并非旨在吸引目标消费者，此活动的效果，就特定顾客的直接反应而言，不易被测量或验证。因此，根据美国公认会计原则，这些成本已计入费用。

根据意大利公认会计原则，实施新“moving line”生产系统相关的咨询费用可分类为允许资本化的开发成本，条件是：（1）产品或过程被明确定义且成本可单独确定和可靠地计量；（2）产品（过程）的技术可行性可以证明，且公司拥有或可以获得资金等实现这一产品（过程）；（3）预期从目标产品实现的收入，扣除生产成本、销售费用和额外的开发成本后，至少足以收回已发生的成本。

根据美国公认会计原则，这些咨询费用可视为启动费用。ASC720－15将启动成本定义为与以下任何一项相关的一次性活动：（1）开设新设施；（2）引入新产品或服务；（3）在新领域开展业务；（4）与全新的客户类别开展业务（例如，制造商和零售商一起完成所有业务，尝试直接把商品销售给公众）或受益人；（5）在现有设施中开设新流程；（6）开始一些新的运营方式。ASC 720－15要求启动成本在发生时计入费用。因此，与实施新“moving line”生产系统相关的咨询费用是基于美国公认会计原则的费用。

截至2013年12月31日，根据美国公认会计原则，上述广告和咨询成本计提的总冲销额为1833千欧，而在2015年、2016年和2017年，根据意大利公认会计原则，每年计提的折旧额为376千欧，在美国公认会计原则下都被转回。根据美国公认会计原则，2015年、2016年和2017年，各有376千欧的差异被归类为销售成本。根据意大利公认会计原则编制的合并财务报表，在2016年和2017年没有根据意大利公认会计原则可予以资本化的额外广告和咨询费用。

案例8-3

职工薪酬

按照意大利公认会计原则，公司一次性解聘的相关费用，在公司正式决定采用解聘计划（批准董事会与工会签订协议）和相关的一次性解聘补偿金额能够被合理估计时，予以记录。

按照美国公认会计原则ASC第420号主题“退出或处置成本义务”，第420-10-25-4项规定，根据补偿安排的条款，当管理层将解聘计划告知雇员并且下列情况皆符合时，一次性解聘补偿安排实质上已经正式存在：(1) 管理层有权批准该计划，已承诺终止该计划；(2) 该计划明确了解聘雇员的人数、他们的工作分类或职能及其所在部门，以及预计完成日期；(3) 该计划明确了补偿的条款，包括员工在解聘时将获得的福利（包括但不限于现金支付），详细说明如果员工被非自愿解聘，他们可以确定获得的补偿类型和数量；(4) 完成计划所需的行动表明，解聘计划不太会发生重大变化或被取消。

因此，在上述讨论的基础上，意大利公认会计原则在综合业务（利润）报表中，确认与解聘雇员相关的一次性解聘补偿与非美国公认会计原则不同，主要原因是，根据美国公认会计原则要求，要与解聘的员工就解聘计划进行足够详细的沟通。

2015年，公司确认了对78名解聘雇员的补偿，金额为4502千欧，减少雇员达359名。此外，考虑到2015年7月28日推出的新的支付激励，根据意大利公认会计原则，公司已计提3425千欧一次性解聘补偿。截至2015年12月31日，24名雇员正式接受这些激励，预计成本为1064千欧。公司在2015年根据美国公认会计原则进行如下处理：（1）根据美国公认会计原则，在合并经营（利润）报表中记录了2014年12月31日未支付补偿所产生的额外成本为4502千欧（美国公认会计原则下，补偿金额在2014年12月31日为零）；（2）在合并经营（利润）报表中转回2361千欧（截至2015年12月31日的应计总额3425千欧，减去已经签署的补偿支付协议中的1064千欧）和在权益中转回9094千欧，分别代表应计和归属于就个别条款未达成协议的剩余雇员的总准备金。因此，美国公认会计原则下的剩余权益差额为9094千欧，归属于截至2015年12月31日，代表剩余被裁员的雇员和未达到ASC第420号主题标准的雇员。

2016年，公司已根据ASC第420号主题确认剩余被解聘雇员的补偿措施，美国公认会计原则下截至2015年12月31日的剩余股权差额为9094千欧，在2016年12月31日进行调整后，全部记录为成本。

根据意大利公认会计原则编制的2017年12月31日和2016年的合并资产负债表中，不会发生与非自愿终止雇员相关的一次性解聘补偿额外成本。

（三）用调节表披露

有些公司在调节说明中也加入了一张调节表，以更直观地披露差异，但即使采用了调节表，也需要对具体项目进行说明（见表8－8）。

表8－8　　调节表　　（单位：美元）

项目	按巴西会计准则	调节项目	美国准则
净利润	3749892	492271	4242163
将净利润调整到净营运现金流的调整项：			
摊销与折旧	326478	—	326478

续表

项 目	按巴西 会计准则	调节项目	美国准则
贷款损失准备金，扣除转回额	855507	(417031) (1)	438476
所得税	2449870	(174607) (2)	2275263
未合并实体的权益损失	191430	104139 (3)	295569
财务结果和现金及现金等价物造成的事项	3256787	—	3256787
应收利息、应付利息及其他应计收入或费用的净增加额（减少额）	18315301	(4772) (4)	18310529
经营活动产生的净现金流	29145265		29145265
由于财务重述导致的调整			
净利润	—	(84418)	(84418)
将净利润调整到净营运现金流的调整项：			
折旧与摊销	—	—	—
贷款损失准备金，扣除转回额	—	91257	91257
所得税	(2449870)	174607	(2275263)
未合并实体的权益损失	—	(91616)	(91616)
财务结果和现金及现金等价物造成的事项	(6513574)	—	(6513574)
汇率差异	1853964	—	1853964
应收利息、应付利息及其他应计收入或费用的净增加额（减少额）	(16967120)	(89830)	(17056950)
经营活动产生的净现金流如重述所示	(24076600)	—	(24076600)
净利润	3749892	407853	4157745
将净利润调整到净营运现金流的调整项：			
摊销与折旧	326478	—	326478
贷款损失准备金，扣除转回额	855507	(325774) (1)	529733
未合并实体的权益损失	191430	12523 (2)	203953
财务结果和现金及现金等价物造成的事项	(3256787)	—	(3256787)
汇率差异	1853964	—	1853964
应收利息、应付利息及其他应计收入或费用的净增加额（减少额）	1348181	(94602) (3)	1253579
经营活动产生的净现金流	5068665	—	5068665

第五节 境外企业回归A股披露制度设计要点

一、对美国市场规则的几点思考

（一）对外国私人发行人规则设计的驱动力来自对外国优质股票的需求

2008年，美国证券交易委员会开始允许直接使用国际准则后，外国私人发行人的规则有了突破。美国证券交易委员会这一举措的主要目的是降低发行人成本，增加赴美上市的积极性。这一设计的背景是：近十年来美国股市对外国优质股票的需求明显增长。一方面，机构投资者希望加强投资组合的多样性；另一方面，次贷危机后，发达国家处于经济衰退期，而新兴国家的增长率高于发达国家，对美国投资者具有很强的吸引力。根据安永会计师事务所2018年初的统计，超过7万亿美元的资本投资于外国证券。在这一背景下，美国对外国私人发行人监管规则整体也更加开放。值得注意的是，出于这一目的考虑，外国私人发行人维持注册资格的指标是交易量，而不是本土公司的股东人数。

（二）美国市场对外国私人发行人的总体披露尺度的考量——接近于本土非加速申报公司，既便利外国私人发行人登陆美国市场，又给外国私人发行人从严遵循本土公司规定的机会

首先，外国私人发行人的总体披露尺度接近于美国本土非加速申报公司的标准。无论从首次注册表、IPO后首份萨班斯法案的合规文件（即内控报告及鉴证）的要求，还是从S－K规则对非财务信息的要求方面，对外国私人发行人的要求都接近美国本土非加速申报公司的标准。根据我们

的前期研究①，在美国能享受到定制披露的较小报告公司、新兴成长公司等多属于非加速申报公司，而外国私人发行人在满足条件的情况下也能成为新兴成长公司，享受相关优惠。这种披露尺度的设计，考虑到了境外企业熟悉美国市场规则需要一个过程，从宽有助于从制度上鼓励和吸引境外企业登陆美国市场，在规则上给予便利。

其次，在规则设置上，允许外国私人发行人自愿选择本土公司的标准，即自愿从严。这一方面有助于外国私人发行人提高在美国市场上的信息披露水平和市场形象，另一方面也便利美国本土投资者的对比分析及投资决策。

（三）核心披露问题的监管并没有放松

值得注意的是，美国对外国私人发行人的监管要求仍沿袭了其核心监管理念，既重视境内外企业监管规则的适配与对接，也重视高风险领域的监管，侧重于对收入、权益等重要财务数据和最新收益、并购信息等影响重大交易的行为。比如，将借壳上市不视为外国私人发行人，而是按美国本土公司要求，用美国准则提供财务数据；又如，在并购交易中，如果达到重要性的要求，涉及的外国并购方应当采用与外国私人发行人相同的会计准则标准计算数据；再如，高度重视外国私人发行人收入与权益方面的数据与信息，确保这方面数据的真实性与及时性，体现其对投资者的保护力度。

（四）重视财务数据，对会计调节的披露要求是重中之重，重要项目必须量化影响

虽然美国市场对外国私人发行人有众多优惠，但是，出于保护投资者的目的，财务数据仍是其监管重点，尤其是对会计准则的调节。除了要求

① 参见深圳证券交易所情况快报：陈华敏：《结合新国九条精神，加快探索中小企业差异化定制披露的建议》（2014 年第 14 期）；研究简报：陈华敏：《海外创业板市场信息披露监管的若干趋势及建议》（2010 第 6 期）。

以非标准国际准则、母国会计准则为编制基础的发行人都应进行会计调节外，对会计准则的调节，也并不是简单陈述，尤其对重要项目要量化，计算其影响。例如，关注收入等重要财务信息，调节表的要求十分细致；并且，对报表项目及各自影响必须逐项说明，不允许合并量化，甚至还必须计算备考信息，在 MD&A 中进行说明。规则明确，可执行性强。

（五）对外国私人发行人披露规则的设置较宽松，有灵活度

美国市场对外国私人发行人披露规则的宽松和灵活体现在两个方面：一方面，除了上述适用表格的选择外，在报表期数、财务数据的有效期和一些具体披露项目上，更加宽松和灵活，如高管薪酬。外国私人发行人可以自行选择是否按美国本土公司要求，并享受美国本土公司对新兴成长公司的优惠。尤其是对外国私人发行人的报表使用有效期的延长，充分考虑了跨境情况的特殊，也降低了外国私人发行人准备财务报表的成本。另一方面，体现在对于有困难和争议事项，只要提交合理充分的证据，就可以提交美国证券交易委员会要求豁免或特殊处理，但必须将相应证据存档。外国私人发行人在一些情况下，也不需要受到本土公司的监管约束。

（六）对监管、中介和投资者的要求都较高

由于美国对外国私人发行人采用不同的披露口径，并且允许采用不同的会计准则，加上对会计调节的理解与解读需要同时理解两个准则，会出现同一行业公司分别采用美国准则、国际准则、调节后的美国准则等不同口径，尤其是美国准则与国际准则部分科目差异较大，财务数据可能比较难以直接比较。这对监管、中介、投资者都提出了较高要求：监管者需要区分其适用情形，了解不同适用口径下的披露要求，监管难度加大；中介机构要熟知两个准则的差异比较，了解两国的审计事项；投资者需要具备解读会计调节信息的能力以及最基本的会计知识。据统计，2018 年初，美国市场大约有 500 名外国私人发行人没有使用美国准则或国际准则，涉及数万亿美元市值。外国私人发行人规则的现有设计，对吸引境外企业发行

证券起到了明显的作用，但也加大了监管压力，提高了对中介机构和投资者的素质要求。

二、境外企业回归A股披露制度设计中应关注的主要问题

从目前市场情况看，我国潜在回归资源众多，红筹企业的回归与美国的外国私人发行人在监管问题上并没有很明显的差距。美国市场的一些监管思路、经验与做法，值得思考与借鉴。但以美国市场经验看，要解决外国私人发行人的监管，尤其是披露制度设计，核心问题在于如何保持吸引境外企业与保证市场质量两个目标之间的协调与均衡。

而且，在借鉴中，应当注意三个方面：一是从我国现行规则看，在美国市场规范的外国私人发行人的披露事项，在未来境外企业回归过程中可能会涉及。例如，会计年度的变更、会计准则的适用差异、境外发行人报表有效期间、是否适用差异性表格与披露、会计调节事项的会计审计监管、跨境审计事项等。二是从目前潜在回归资源看，财务信息质量仍是其中一大问题，在跨境回归的情况下，如何加强对高风险点的监管，仍需要有我国特色，是重中之重。三是在制度设计之初，仍需要必要的柔适性和及时的修订。虽然目前试点企业多数采用中国准则，但随着境外企业的数量增长、种类多样，未来新问题、新现象可能层出不穷，应对制度设计保留必要的弹性。总体而言，在制度设计中，有一些值得关注的主要问题，具体如下：

（一）会计准则调节的具体操作要求与美国市场差距较大，相关调节标准与要求需要进一步明确

首先，我国对会计调节的具体要求明显比美国市场宽松。按《编报规则》第23号的要求，境外基础证券发行人可以按照我国准则、经财政部认可与我国准则等效的会计准则、国际财务报告准则或美国会计准则编制财务报告，这一口径已类同于美国外国私人发行人的准则采用口径，但

是，对会计调节的具体要求比美国市场明显宽松。比如，对采用我国准则或财政部认可的与我国准则等效的准则，同时在境外上市，才在会计报表附注中披露境内财务信息与境外财务信息的差异调整情况。但没有说明具体的调节要求以及对重要项目的处理。

其次，相关调节标准与要求需要进一步明确。境外基础证券发行人按照国际准则或美国准则编制财务报告的，应提供并披露按照我国准则调整的差异调节信息，但对差异列示的具体要求没有明确规定。科创板目前调节信息的披露指引也有待上交所制订，报中国证监会同意后实施。这种情况下，实际操作中可能出现调节披露流于形式，或者综合性调节、对具体影响不清等情况，影响真实性和可理解性，也影响投资者获取信息的有效性和投资决策。

（二）对会计准则和调节事项的事后审核是否到位

区别于本土企业，境外企业回归中的核心问题是会计准则的选用与调节问题，其中的审核力度是这一信息质量的保证。

一方面，监管审核力度。由于我国所涉及会计准则包含等效准则、国际准则、美国准则等，对相关准则的理解和调节项目的理解，不仅对于国内事务所，即使对于四大事务所，也是一个薄弱环节，对相关监管工作更是一项挑战。从目前“A + H”股公司的披露情况看，虽然现有披露规则要求披露内地与香港会计准则差异调节信息，但基本没有公司进行披露，公司未披露相关信息的违规成本也低。由于我国 IPO、退市等指标均与财务指标挂钩，这一问题将更加突出。

另一方面，审计师的把关力度。由于采用不同的会计准则，美国目前主要的做法是要求出具审计报告对使用准则的情况进行说明，而且需要审计师对调节情况发表意见。但我国目前这一方面的把关要求还不高，加之审计师是否具备这样的能力，也需要进一步分析。在审核力度上，美国由美国证券交易委员会进行把关，并对审计师进行监督。在我国，如何整合事后审核力量？这是一个有待思考的重要问题。尤其在中概股较多出现问题的情况下，监管规则的制定和披露制度的限定尤为关键。

（三）是否对境外企业给予差异性披露要求的问题

从目前美国市场看，不同条件的外国私人发行人在很大程度上能享受到非加速申报公司的披露时间、较小报告公司的定制化披露、新兴成长公司的豁免要求等不同优惠，也利用这种措施促进外国私人发行人采用美国本土公司规则，向美国本土公司的披露标准转化。从优惠公司的确认标准看，美国主要还是以市值、收入、外发股权数等指标为主，没有明确对创新类企业的差异化披露。未来，我国是否会对不同的境外企业给予差异化披露？将按什么标准？这也是有待明确的问题。

（四）中介机构、投资者的适格与培训问题

因为境外企业可能涉及跨境法律关系、跨境上市，而中介机构的质量会对信息披露的有效性产生较大影响，因此，境外企业回归也对券商、律所、会计师事务所提出了较高要求。尤其是美国准则和国际准则差异相对较大，对中介机构的要求也更高。美国的多重会计准则适合其以机构投资者为主的市场特征，以及专业市场中介丰富、能力较强的情形。例如，四大会计师事务所占美国审计业务市场90%以上的份额；有成熟的评级机构、投行等。而我国的资本市场以个人投资者为主，审计质量目前也是良莠不齐：截至2018年底，40家从事证券业务资格的会计师事务所合计只占审计市场的50%左右份额。自中国证监会成立以来，其中15家曾被处罚，占比38%。此外，金融中介机构的发展程度整体较弱且不均衡：一方面表现为中介机构种类较少、专业技能较低；另一方面表现为中介机构的类型较少且较为粗放，大量机构聚集在少数领域内恶性竞争。跨境业务属于较新事物，中介机构、投资者对披露信息的理解以及相关调节的理解性较弱，因此，中介机构和投资者的适格与培训也是一个重要问题。

（五）与跨境企业信息披露监管相关的研究比较缺乏

一方面，无论是监管界还是学术界，跨境信息披露的直接研究较缺乏。尤其是在次贷危机后，各国监管机构为发展各国的资本市场，调整了一系列监管政策，重点对信息披露制度进行审视和调整，便利中小企业融资，对跨境企业的信息披露监管也有所变化。但是，目前国内对这方面的研究比较缺失。另一方面，我国与国际会计准则已趋同十几年，对会计准则的研究多集中在对新国际准则的对比与适用，对国际准则与其他主要准则，尤其是美国准则的对比研究缺乏，但目前红筹公司的潜在回归资源较多属于已用美国准则的公司。

三、相关建议

综上，境外企业回归 A 股是有利于我国资本市场发展和多层次资本市场建设的重要突破，它的相关问题也是我国目前构建综合金融服务体系中需要突破的一些问题。由于我国境外企业回归 A 股仍处于前期阶段，一些具体调节指引尚未出台，也尚未进行实际操作，针对境外企业回归 A 股的信息披露监管问题，本文试提出如下建议。

（一）找准目标公司定位，设计适配的信息披露规则

从现有经验看，信息披露制度的设计与企业的规模、性质、模式等密切相关。目前潜在的回归资源也涉及不同企业特质。从美国经验看，吸引外国私人发行人的目的在于引入优质境外企业，丰富市场投资品种。交易量是维持注册的标准，因此，建议我国在境外企业回归 A 股的信息披露制度考量中，可以进一步优化回归企业的目标定位，如是大公司、小公司？是什么模式的公司？回归的目的是丰富企业类型，还是促进交易量？然后根据现有监管制度及企业特征，设计适配的信息披露规则。

（二）平衡灵活性的披露标准与监管重点之间的关系

现有的实施办法及科创板的配套规则对潜在回归的境外企业都设计了较灵活的披露标准，尤其在会计准则的选择适用上，企业有较高的自由度。但在其他的披露尺度方面，灵活度还不足。建议借鉴美国市场多元化的披露尺度设计，结合境外企业信息披露文件的实际情况，提供多角度的灵活标准，提高吸引力。尤其是针对深交所创业板改革，可以制定有特色的披露标准。但同时，由于中概股自身及我国审计质量不高等问题的客观存在，建议仍应重视、加强财务数据及核心会计要素的监管力度，提高对审计报告的质量要求。在制度设计时，应考虑二者的平衡。

此外，是否对回归的境外企业采用差异化披露标准，取决于国内投资者的需求、回归企业的主体情况以及披露、监管体系的完备程度，在未来可以进一步探讨。

（三）进一步明确会计准则调节的具体要求

第一，建议明确会计准则调节性信息的披露栏目、内容和要求。第二，对调节形式是以调节表、调节信息说明还是具体项目调节等不同具体形式的适用情况与要求进行规范。第三，界定重要性调节项目及其披露标准。第四，对除配套规则外，其他可能涉及会计准则调节的报表及事项进行规范。

（四）强化对跨境企业的监管审查力度

建议对跨境企业的重要事项突出监管重点，加大审查力度，整合审查力量。一方面，监管机构加强规则中对其披露信息和会计准则调节等重要事项的合规性、真实性要求，并加强审核和事后核查工作，对高风险领域形成事前、事中、事后的监管力量；另一方面，加强对独立审计的监管。加强审计报告中对跨境企业的适用准则及调节事项审计要求，要求审计师明确发表意见，并加强对审计报告和相关审计底稿的事后核查力度。

（五）加快综合金融服务体系建设，明确跨境业务中介机构的适格认定，加强投资者的适当性管理，并对其进行培训

境外企业能否顺利回归，取决于我国的综合金融服务体系。建议优化我国金融生态，加快综合金融服务体系的建设，针对当前我国金融中介机构良莠不齐的现状，对跨境业务的中介机构设定必要的适格认定和监管要求，并加强对投资者适当性的管理，对投资者进行必要的培训。

（六）加强对跨境企业信息披露监管的研究

随着全球资本流动的加剧和企业的国际化进程加速，对跨境企业的信息披露监管进行研究十分必要，这也是我国资本市场做大做强的关键。尤其应加强我国与国际准则、美国准则的会计差异及其后果的研究。例如，我国普遍认为，我国准则与国际准则趋同，基本无差异。但根据毕马威事务所的研究，二者之间仍存在不少趋同性的问题，会造成会计差异与披露差别。比如，某些国际准则中的可选会计处理方法与我国准则的规定不同，即我国准则允许的会计处理方法可能是国际准则允许的若干可选择方法之一。这就可能出现按照国际准则制定的会计政策却不符合我国准则的情况，或出现某境外企业依据我国准则制定的会计政策与其集团海外母公司采用的会计政策不一致的问题。又如，我国准则对于某些有中国特色的事项作出了明确的规定，而国际准则没有明确规范。再如，我国准则对于某些在我国企业中尚不普遍的业务缺少规范，但国际准则有明确规定。此外，还有采用时滞等问题。这些差异的存在，在一定程度上会影响企业的上市进程与投资者的决策，但这方面的研究在国内比较欠缺。建议结合深交所发展多层次资本市场改革、支持创新创业企业的目标，以及创业板改革的实际，加强对全球跨境监管新动态、披露差异、准则差异的研究，顺利推进境外优质企业回归 A 股。

第九章

完善大额持股信息披露制度

大额持股信息披露，我国称为权益信息变动披露[①]，是指股东在持有一家上市公司已发行股份的比例达到法定触发点时，或者达到该比例后又发生了重大增减持比例变化时，依法公开披露其持股情况等信息。有关规则最早始于2006年版《上市公司收购管理办法》（以下简称《收购办法》）中权益披露的专章，至2020年历经四次修订，但权益披露的核心内容没有发生重大变化。2020年3月1日起施行的新修订的《证券法》（以下简称“新《证券法》”）进一步提高了权益变动的披露标准，细化了信息披露要求，《收购办法》也相应进行了修订。

2015—2017年，我国投资者大额持股上市公司出现了一些新特点，如机构投资者积极从二级市场大量买入上市公司股份形成举牌潮；投资者利用新型金融工具和有限合伙的主体架构购买上市公司股权，形成多种形式的杠杆资金；“准举牌”引发的短期炒作行为等。

这些新特点凸显了当时大额持股信息披露存在的问题，引发了市场关注，也使监管部门对大额持股信息披露的监管趋严，并考虑从规则上降低披露触发点、提高披露频率、增加披露内容等。但是过于严格的披露也会增加成本，包括降低市场灵活性、形成信息超载和降低监管效率。大额持

① 由于各国采用的名称并不相同，下文统一使用“大额持股信息披露”。

股信息披露涉及多方利益，如何既提高披露质量又兼顾市场效率，成为完善大额持股信息披露的重要方向。

第一节　大额持股信息披露制度演进

一、大额持股信息披露的目的

（一）起源：以信息披露作为收购预警

大额持股信息披露制度最早与收购上市公司的规则相伴而生。第二次世界大战后，英、美大量出现收购方绕过上市公司管理层而直接向目标公司股东发出公开要约的敌意收购行为①，对其采取怎样的监管手段一直争议不断。20 世纪 60 年代中后期，英、美等西方发达市场率先建立了针对收购方的一系列披露规则，通过信息披露来监管收购行为。

作为上市公司收购的必要程序或前奏，收购人一般需要取得对大额股份的控制权，继而达到以较低成本收购目标公司的目的。每出现大量、快速的股份集聚时，都可能代表一次潜在的控制权转移，成为影响公司估价波动的重大事件（马骁，2009）。因此，伴随收购规则的建立，立法者也建立了大额持股信息披露规则，作为收购预警机制。

（二）发展：客观反映权益持有状态

随着市场流动性的增强、专业机构投资者队伍的壮大和股东积极主义

① 当时，现金收购和接管的相关法律几乎一片空白。收购方常常以高于市价 15%—20% 的溢价向目标公司股东提出以现金收购股票的要约，而他们一般都能获得足够的股份来取得目标公司的控制权。目标公司管理层和其他股东往往对于收购迫近一无所知，直到《华尔街日报》上已经连篇累牍地刊载针对本公司股票的收购要约才如梦初醒（汤欣，2001）。

的发展，许多大额持股行为并不以收购上市公司为目的，而纯粹出于财务投资或影响公众公司治理的需要。很多市场逐渐将大额持股信息披露规则与上市公司收购规则分离，这主要是因为上市公司收购是一种主观目的性很强的行为，而大额持股在许多情况下只是持股达到一定数量与比例的客观事实（张子学，2011）。此外，与大额持股制度刚推出时相比，各市场的法律环境已经发生了根本变化，如反收购机制的建立等，因此大额持股信息披露的主旨已经从最初的收购预警变为要求股份持有人将这种客观事实按规定披露出来。

二、境内外市场披露制度的历史沿革

（一）美国：《1934 年证券交易法》及美国证券交易委员会 13D－G 规则

美国没有专门的要约收购法，而是 1968 年在《1934 年证券交易法》中加入有关大额持股和要约收购信息披露的两个单独的小节（13、14），这两个小节被称为《威廉姆斯法案》①。其中，13（d）是关于大额持股信息披露最基本的法律依据。

美国证券交易委员会基于 13（d），制定了 13D－G 条例，在细化规则的同时配备问题解答、职员解释等法律文件。美国证券交易委员会于 1977 年发布《采用受益所有权披露要求》（Release 34－13291），1978 年发布《与受益所有权相关的填报和披露要求》（Release 34－14692），后通过征求意见的方式，几经修订（Release 34－39538；34－37403；34－57781；34－64087；34－14852；34－64628；33－8917；33－8957），以满足不同时期制度环境下信息披露的需求。

① 具体包括：13 节中：13（d）大额持股报告制度和 13（e）目标公司回购股份的报告制度，这两个条款主要是针对公开市场和私下协商，并没有直接指向要约收购。14 节中：14（d）是《威廉姆斯法案》最核心的内容，是直接关于要约收购的详细规定，14（e）是概括性的反欺诈条款，14（f）当公司的董事会大部分成员名额空缺需要填补时（在股东大会上填补董事除外），公司应当向委员会及证券持有者进行披露。

此外，联邦法院的判例也可作为特定问题的执行依据。

（二）欧盟：欧盟议会与欧盟理事会《透明度指令》

1988年12月，欧盟规定了取得或处分上市公司的大宗股份应履行的信息披露义务的最低限度。2001年，欧盟制定了有价证券上市许可指令（第2001/34/EC指令），并将大额持股信息披露的相关规定列入其中。2004年欧盟颁布《透明度指令》（第2004/109/EC号指令），其中第9条第1款规定了大额持股报告的主要内容，进一步强化了大额购买或处置股份的投资者的透明度要求。后续的重大修订包括2013年6月，要求披露所有相关金融工具的重大持有情况。欧盟指令仅规定了最低限制基准，其成员国可以在国内法中制定比指令更加严格的规则。

欧盟的大额持股信息披露规则与收购规则是分开建立的，后者现行规则为欧盟2004年制定的《欧盟要约收购指令》。

（三）英国：FCA《披露与透明度规则》

2007年以前英国有关大额持股信息披露的相关规定主要体现在《公司法》中。1980年英国自律组织城市工作委员会（又称“合并与收购工作委员会”）也曾颁布《大宗股份买卖条例》，该法在2006年废止。2007年1月20日，为贯彻欧盟《透明度指令》，英国金融监管局（现改为“金融行为监管局”，FCA）颁布了《披露与透明度规则》（Disclosure and Transparency Rules，DTR），在第5章“有关表决权股持有人和发行人告知规则”中对大额持股信息披露作了专门规定，整体替代了《1985年英国公司法》的相关规定。后续的重大修订包括：2009年6月，披露所持有差价合约及其他对股份利益产生类似经济效用的金融工具；2010年，豁免股东在被动接受其控股的变动时的披露要求。

英国大额持股信息披露也独立于收购相关的规则。英国与收购相关的规定主要是1968年“城市工作委员会”颁布的《伦敦城市公司收购与合并法典》（又称《城市法典》）。《城市法典》主要包含强制要约、被收购公司股东信息公开、被收购公司董事的责任以及反收购行为的限制等规定。

（四）中国香港：证监会《证券及期货条例》

1987年6月，中国香港以《1985年英国公司法》为蓝本制订了权益披露相关草案。1991年，香港证监会正式实施了《证券（披露权益）条例》。该条例于2003年被新制定的《证券及期货条例》中“披露权益”的专章取代，并配备了详细的指南。该规则体系沿用至今。信披义务人按照自然人、公司法人、内部人（董事或高管）填报不同的表格。香港大额持股信息披露规则也与收购规则分开，后者体现在《收购及合并守则》之中。

（五）日本：《日本金融商品交易法》

日本1990年在修订《证券交易法》时借鉴美国的经验，引入大额持股信息披露制度（日本称为“大量持股报告制度”）。2006年日本将《证券交易法》修改升级为《金融商品交易法》时，对大量持股报告制度进行了较大修改，缩短了报告期限，提高了报告频率，并专列一章加以规定，同时配套发布了规则指引《股票等大量持股报告府令》。

（六）我国：中国证监会《上市公司收购管理办法》

我国于证券市场初创之时，就在1993年《股票发行与交易管理暂行条例》中引入了大额持股信息披露制度。1999年《证券法》在“上市公司收购”一章中也有相关规定。2002年，中国证监会发布了《上市公司收购管理办法》，同时发布了专门的《上市公司股东持股变动信息披露管理办法》。2005年《证券法》修订，在第四章“上市公司的收购”中补充完善了这一制度。2006年，针对收购活动不断出现的新问题，中国证监会在借鉴国外先进经验的基础上，修订了《上市公司收购管理办法》，将“权益披露”设为专门章节，共11条。后来，《上市公司收购管理办法》历经2008年、2012年和2014年三次修订，但权益披露的核心内容没有发生重大变化，同时中国证监会也发布了相关信息披露内容与格式准则（第

15 号和第 16 号)。2020 年 3 月 1 日新《证券法》正式施行，进一步提高了权益变动的披露标准，细化信息披露要求，《上市公司收购管理办法》也相应对权益变动的披露要求进行了修订。

三、2015—2016 年我国投资者大额持股上市公司行为的新特点

2015—2016 年我国投资者大额持股上市公司的情况出现了一些新的特点，大额持股信息披露再次受到广泛关注。

（一）机构投资者积极从二级市场大量买入上市公司股份

2015 年以来，通过证券交易所集中交易方式大额持股上市公司的情形激增，机构投资者积极参与其中。一直以来，投资者多是通过协议转让和取得上市公司发行新股（上市公司非公开发行）等方式获得目标上市公司大额股权，通过从二级市场购买股票并举牌上市公司的情形并不多见，而 2015—2016 年出现了多次举牌潮，引发市场关注。投资者通过二级市场买入股份首次达到举牌线时，很多情况下，目标公司股东及管理层并不提前知道大额持股者的身份和持股意图，而举牌行为也很可能对公司的股价及公司的经营管理造成显著影响。

本部分统计了 2014—2016 年投资者通过证券交易所集中交易大额持股上市公司股份并触发披露义务的情况（以下简称“举牌”[①]）。2014 年 A 股上市公司被举牌 105 次；2015 年，猛增近 1 倍，达到 199 次；2016 年稍有降温，达到 163 次。图 9 - 1 列示了 2014—2016 年，不同持股方举牌次数的变化情况。

产业资本共举牌 103 次，3 年间变化不大，2015 年甚至有所下降。

---

① 本部分所称的“举牌”特指：按当时的规定，投资者通过交易所集中交易持有一个上市公司已发行股份的 5% 或继续增持时，达到有关法律规定的披露义务的情况，不包括定向增发、协议转让等方式获得股票的情况，也不包括减持的情形。

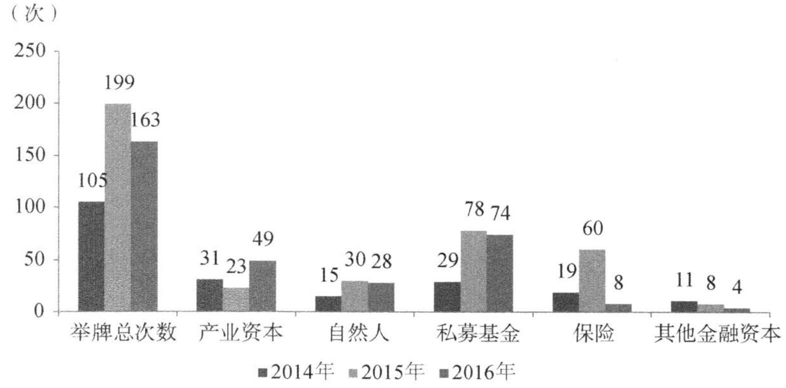

图 9－1　2014—2016 年举牌 A 股上市公司情况统计

注：数据来源基于 Wind 数据库数据手工整理。举牌方分类以信息披露义务人为准。产业资本主要是实业企业；其他金融资本包括证券公司、信托公司、公募基金和资管计划等。

自然人共举牌 73 次，后两年次数明显增多，并且很多自然人与其控制的股权投资公司和资产管理计划等成为一致行动人共同增持上市公司，持股方式等愈加复杂。

金融资本举牌次数最多，为 291 次，占全样本的 62%，尤其是后两年更加积极。金融资本主要包括：私募基金（包括股权投资公司、创业投资公司、资产管理公司等），保险，公募基金，信托、证券公司和资产管理计划等。险资在 2015 年达到“举牌”高峰，至 2016 年受监管影响，举牌次数寥寥无几。私募基金持股依然表现积极。绝大多数私募股权投资（PE）一般仅参股上市公司，股权比例往往不超过 20%，但 2015 年后大型 PE 对上市公司股权比例有所提升，有些达到 20% 以上，身份从财务投资者转向公司管理者。

（二）投资者利用金融工具和特别主体架构形成杠杆资金

大额持股的另一个特点是：许多投资者通过新型金融工具和有限合伙的主体架构购买上市公司股权，形成多种形式的杠杆资金。与境外杠杆收购清晰透明的状况相比，我国杠杆收购的资金呈现来源多样、分布零散、杠杆组织体系不透明等特点。

这一轮杠杆收购，投资者使用了资管计划、信托计划、并购基金、融资融券和股票收益互换等多种金融工具。例如，2015—2016 年，宝能系借助各种金融渠道（包括保险资金、券商资金、银行理财、股权质押、债券融资及嵌套使用资管计划）筹得 450 亿元，收购了万科 25% 的股权，成为第一大股东。

此外，有限合伙的主体架构设计也被广泛应用。普通合伙人（GP）以较少的资金通过合伙协议控制合伙企业，再通过合伙企业控制上市公司，而有限合伙人（LP）的资金往往充当优先级资金。这种架构产生的投资行为易引发背后出资人变动更加隐蔽等问题。例如 2016 年上海睿鸷资产管理合伙企业（有限合伙）成为步森股份的大股东。经深交所问询才对外披露，睿鸷资产取得控股权花费的 8. 36 亿元中有限合伙人出资 8. 27 亿元，但他们并不享有对睿鸷资产及步森股份的话语权，真正掌握控制权的是隐藏在普通合伙人非凡领驭（持股 1. 03%）背后的 4 名自然人，其初始出资仅有 860 万元。三层股权关系的设置最终形成了一个高达 97 倍的杠杆。

（三）与持股信息披露相关的“短炒”行为引发市场混乱

与大额持股信息披露规则相关的另一个争议性事件是具有市场操纵嫌疑的“准举牌”行为。我国披露规则中，持股低于 5% 的股东不需要对外披露，只有当该股东持股排名进入前十位时，才会通过上市公司的定期报告（年报、季报）令外界所知。恒大人寿等涉嫌“准举牌”的持股人利用上述规则，选择股权较为分散的公司，在临近目标公司披露定期报告的时点，短期内通过二级市场买入大量股票，逼近但不达到 5% 红线。当定期报告披露时，市场预测其将会继续增持越过 5% 举牌线，因而抬升股价。但“准举牌”者在此时因没有达到 5%，不但不需要披露持股目的，也巧妙规避了停止交易的限制，快速卖出股票，“短炒”获利。

“准举牌”行为引发了市场关于持股低于 5% 的大股东是否有必要及时披露权益信息的讨论。

第二节　我国大额持股信息披露规则及执行面临的问题

我国大额持股信息披露在规则和实践中有以下问题值得关注。

一、持股目的披露含糊，引发市场猜测和炒作

一直以来，投资者多是通过协议转让和取得上市公司发行新股（上市公司非公开发行）等方式获得目标公司的大额股权，通过证券交易所集中交易买入股份触发披露义务的情形并不多见，而2015年以来通过这种方式大额持股的情况突然增多，尤其是机构投资者的增持比例和频率都明显增加[①]。对于这种奇袭式举牌，在很多情况下，目标上市公司原股东及管理层并不提前知道大额持股者的身份和持股意图，举牌是为了一般的财务投资还是谋求目标公司控制权，从而引发市场猜测。

在上述背景下，大额持股信息披露中的持股目的披露受到了前所未有的关注，投资者希望了解大额持股者的持股意图，以作出更有效的投资决策。这是因为，为收购意图而集聚股票的持股者与为获得股息、红利和通过证券市场交易赚取差价的持股者对市场和目标公司的影响不同，并且收购行为严重影响目标公司的生产经营和公司股价，这些信息对报告使用者非常重要。

在我国目前的大额持股信息披露实践中，大部分公司披露的持股目的的内容含糊，缺乏有效的信息含量。本文统计了2016年467份通过交易所集中交易增持股份披露简式和详式权益信息变动报告书的样本，这些信披义务人的持股目的更加受到市场关注，然而样本中绝大部分信披义务人以

① 2014年A股上市公司被举牌105次，2015年猛增近1倍至199次，2016年稍有降温达到163次。其中，以私募基金为主的机构投资者举牌次数三年分别为59次、146次和86次。

"看好公司前景和投资价值""出于对公司的价值判断以及自身投资需求"这种模式化的模糊表述作为持股目的。信披义务人大多认为在披露时点无法确认收购意图，也就无法明确披露，容易引起各方争论。

二、资金来源披露简单，杠杆资金暗藏风险

我国现行规定中信披义务人在详式权益变动报告中需要披露买入股票的资金来源，需披露第三方借款的内容。简式报告的信披义务人若非上市公司董监高，则无须披露。此外，针对金融配资规定，通过信托或其他资产管理方式导致信息披露义务人在上市公司中拥有权益的股份变动达到法定比例的双方当事人，应当披露信托合同或者其他资管安排的主要内容。

目前资金来源披露存在两方面问题。一是有些资金即便来自第三方借款，也未详细说明，采用"自筹资金"等说法模糊带过。比如慧球科技（600556）的收购方瑞莱嘉誉在2016年8月发出的详式权益变动报告书中，披露资金来源为自有资金或自筹资金。经上交所问询后，进一步补充披露了其拥有6亿元的第三方借款，后续通过与借款方签署协议，由瑞莱嘉誉唯一有限合伙人向债权人转让其持有的合伙企业认缴出资份额来解决债务问题的详细信息。

二是若通过金融产品持股，资金来源更为复杂，但很多投资者不会详细披露。目前我国杠杆收购的资金呈现来源多样、分布零散、杠杆组织体系不透明等特点。投资者使用了资管计划、信托计划等多种金融工具，如果不充分披露，资金背后的风险可能无法为市场所知。比如资管计划是银行理财资金，如果投资于二级市场，资金的流动性是否能够保证，是否存在期限错配或强制平仓的风险等。

三、披露触发点存在争议，市场效率难以兼顾

2020年以前，《收购办法》将首次披露触发点定为5%，后续变更披

露触发点定为每增持、减持变动5%。2020年新修订的《收购办法》增加持股5%以上股东的持股变动达到1%时的信息披露要求，在一定程度上增加了披露的频率。

首次披露5%触发点的争议在于未能体现重要性原则：一是因为我国股权集中度逐渐降低，持股比例小于5%以及持股比例变化小于5%的情况都可能会显著影响股权分散的上市公司的控制权和经营；二是出现了恶意炒作者，如在恒大"准举牌"事例中，恒大在很多上市公司中虽然持股未超过5%，但已经足以产生重大影响，由于不需要披露大额持股信息，市场无法获知其持股意图，容易引发"短炒"行为和市场波动。

将持股变动的披露频率由5%提高到1%，提升了信息的透明度，对于保护中小投资者有重要意义，不过也有人认为全面扩大披露范围，会降低市场的灵活性。

四、处罚手段单一，违规成本较低

新《证券法》出台以前，相关违规行为主要接受行政处罚，包括责令改正、警告及罚款。处罚力度相对较轻，违法成本过低。

此外，新《证券法》出台前，我国大额持股规则中有限制违规者表决权的规定，但现实中并未得到应用。一方面因缺少实施细则，监管者并未主动执行这一规定，而另一方面法院也较少支持目标公司管理层或原股东的相关诉讼请求。例如，上海新梅以及原第一大股东起诉违规举牌者，请求判令被告持股达5%之后买入上市公司股票的交易行为无效，法院驳回了上述请求。缺乏足够的问责机制可能成为大额持股信息披露发挥作用的最大掣肘。

新《证券法》对违规增持、减持的处罚力度显著加重，构成信息披露违法违规的，罚款上限由60万元升级至1000万元；违规增持取得的股份，依法不享有表决权，摒弃将限制表决权规定在行政责任条款的做法，为司法机关和上市公司等民事权利主体限制表决权提供了法律依据；民事责任显著加重，新增收购人的赔偿责任，证券民事赔偿诉讼制度升级。新的处罚手段具体效果如何，有待实践检验。

第三节 境内外大额持股信息披露核心内容比较

美、英、欧盟等市场大额持股信息披露制度设立较早，是该制度的先行者，日本和中国香港分别效仿美国和英国建立该制度。各市场在实践中不断检验与完善规则，探索适合国情的披露制度，有些经验值得借鉴。为此，本节讨论大额持股信息披露的六个核心内容。

一、申报披露文件的主体

本部分讨论各市场中申报披露文件的主体，尤其讨论若持股人本身处于多层控制链条之中，各层股东和最终控制人履行怎样的信息披露义务。

（一）美国："群体"内所有成员联合履行披露义务

美国证券法规定：当为取得、处分、行使表决权或持有发行人所发行股权证券的目的，且同意共同行动时，使之形成一个团体。该团体即被视为《威廉姆斯法案》所称的"群体"。群体内所有成员共同履行报告义务，披露一份文件。如果存在控制链条，申报主体从直接持股者向上穿透到持股者的各层股东直至最终控制人。比如 A 持有目标上市公司股份，B 是 A 的实际控制人，当 A 买卖目标公司股份超过触发点时，B 和 A 是大额持股信息披露共同的信披义务人。每个信披义务人在同一份披露文件中，各自在并行的表格中披露身份信息和持股信息等。在所有表格的后面，共用同一份文字说明，介绍所有信息披露人的关系、持股目的、资金来源、合约安排等信息及附录，并在最后签署所有人的名字。

（二）中国香港：信披义务人分别履行披露义务，若股东为全资子公司则可豁免披露，由最终控制人负披露义务

中国香港在计算信披义务人拥有权益的股份总数时，必须包括配偶、未满18岁的子女及所控制的公司、信托等。比如，针对具有多层股权结构的持股人，香港规定除直接持股股东外，上层股东及最终控制人均有申报义务，且每个主体均须就各自的权益分别提交披露文件。同属一个集团的成员公司之间针对目标上市公司股份的交易无须披露，但集团的成员公司与第三者之间的交易必须披露。

若控制链中没有全资子公司，则从最终控制人到目标公司股份直接持有人，链条上的每一主体均需要提交披露文件存档，并且链条上层的股东要在自己的披露文件中披露下面各层级股东信息及控股比例。若控制链条中存在全资子公司，在非首次披露时，全资子公司可豁免披露（详见案例9－1）。

案例9－1

香港多层控制链条下信披义务人确定及披露方法

控制链条中存在全资子公司的情形：

C公司买入上市公司6%的股份，而C是B公司的全资子公司，B是A公司的全资子公司（见图9－2）。

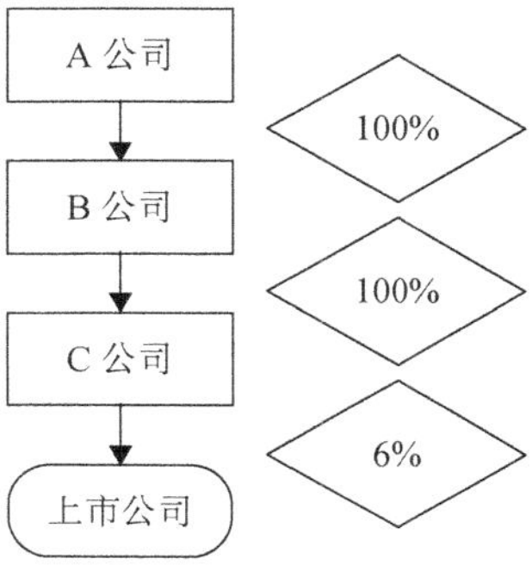

图9－2　控制链条中存在全资子公司的情形

按照中国香港的规定，B 和 C 除首次披露外，均不需要送交披露文件存档，仅处在控制链条顶端的 A 作为信披义务人递交披露文件存档，但需要在文件中披露 B、C 持有目标上市公司的股份权益情况。但要注意，这种简化的披露方式仅适用于全资子公司。假如 A 后来将其所持 B 的股票卖掉部分给其他公司（此时 B 不再是 A 的全资子公司），则 A、B 需同时针对持有上市公司 6% 的事宜分别报送披露文件（C 仍可豁免）。

控制链条中存在非全资控股子公司的情形：A 公司拥有其控股子公司 B 公司 51% 的权益，而 B 又拥有 C 公司 35% 的权益，C 购买了某上市公司 6% 的股份（见图 9－3）。

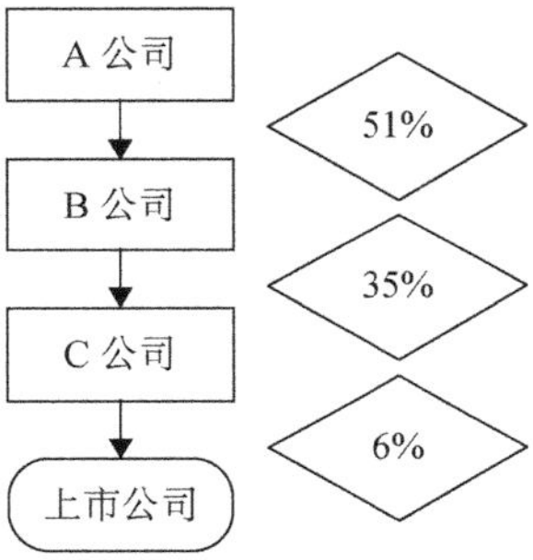

图 9－3　控制链条中存在非全资控股子公司的情形

A 是控制链条的最顶层，B 和 C 又分别不是上层的全资子公司，因此 A、B、C 都必须各自送交披露文件存档。A、B 的报送文件会说明它们履行披露义务是因为其受控法团 C（直接持股人）购买了上市公司法团 6% 的股份[①]，也需要披露控制链条关系。如 A 披露：其是一个受控法团及控制了 B 公司 51% 的权益，而 B 又控制了 C 公司 35% 的权益。

资料来源：香港《证券及期货条例》（第 571 章）第 XV 部的概要——披露权益（第 44 页）。

① A、B、C 都只是持有该上市法团 6% 的股份权益，而这正是他们需要在表格内披露的百分率。

（三）英国：直接或间接持股者出具一份共同报告，最终控制人负披露义务

在英国，任何直接或间接持股的股东都有披露大额持股报告的义务，当存在多个一致行动人的时候，只要出具一份共同的报告（这点与美国类似）。但如果存在控制链条，那么仅需要最顶端的最终控制人出具报告，并披露整个控制链条各环节的持股情况（见案例9－2）。英国填报的TR－1表格关于信披义务人身份的披露内容非常简单：一是填报信披义务人名称；二是如果信披义务人不是直接持有上市公司股份的股东，还需填报直接持股的股东名称；三是如有控制链条，则需介绍控制链条中各主体的名称、各主体持有表决权的数量及比例。

案例9－2

英国多层控制链条下信披义务人确定及披露方法

英国一家公司的控制链条见图9－4：

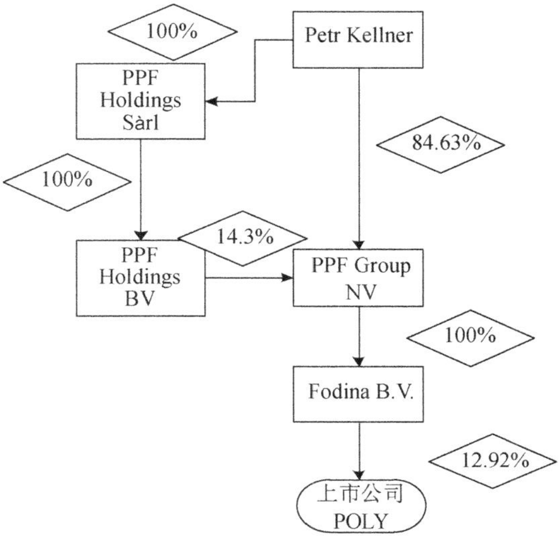

图9－4　英国一家公司的控制链条

法人股东 Fodina B. V. 因减持上市公司 POLY 的股票而触发大额持股信息披露事件。在信披义务人一栏，填报的是 Fodina B. V. 的实际控制人 Petr Kellner 先生，而在股东名称里填写的是 Fodina B. V. 。在控制链条介绍中有如下描述：Fodina B. V. 持有 POLY 3. 29% 的股份，同时通过出售和重新购买协议间接持股 9. 63%；PPF Group NV 直接 100% 持股 Fodina B. V.；Petr Kellner 先生直接持有 PPF Group NV84. 63% 的股份，间接持有 14. 30%（PPF Holdings BV 持有 PPF Group NV14. 3%，Petr Kellner100% 持有 PPF Holdings Sàrl，后者 100% 持有 PPF Holdings BV）[①]。

（四）我国发生增持、减持交易的主体负主要披露义务，需要披露控股股东及最终控制人信息

按照我国目前大额持股信息披露的规定，当多人采取一致行动时，可以以书面形式约定由其中一人作为指定代表负责统一编制信息披露文件，并同意授权指定代表在信息披露文件上签字、盖章[②]。在多层控制链条的情况下，谁增减目标上市公司的股票，或者谁增减目标公司股东的股份，而间接使自身在上市公司的权益发生了变化，谁就是信披义务人。这与上节所描述的美国、英国及中国香港的做法存在差异，这三个市场要求，无论最终控制人是否直接增减目标公司或其股东的股票，最终控制人都负主要披露义务[③]。

为了防止通过间接持有和一致行动等手段隐蔽控制上市公司，我国要求信披义务人充分披露最终控制人信息。简式报告中，信披义务人需要沿

---

① 披露文件原文：http：//www. londonstockexchange. com/exchange/news/market - news/market - news - detail/POLY/12982295. html。

② 参见深圳证券交易所创业企业培训中心编著：《上市公司并购重组问答》（第 2 版），中国财政经济出版社 2017 年版。

③ 比如恒大 2016 年 8 月 8 日提交给深交所的简式权益变动表中，信披义务人是昱博投资等 7 个公司。在报告中各信披义务人关系的链条图中，这 7 家公司同被鑫通投资 100% 持股，而鑫源投资 100% 持有鑫通投资，前者被恒大地产集团 100% 持有。而在提交到香港交易所的披露文件中，信披义务人仅为许家印和恒大集团，前者提交了个人大股东通知书，后者提交了法团大股东通知书；同时他们披露了所控法团（包括昱博投资等 7 个公司等）的信息。

控制链条向上披露主要股东或发起人名称。详式披露中，要全面披露信披义务人与其控股股东、实际控制人之间的股权控制关系，披露控股股东和实际控制人主营业务、最近3年财务状况等信息。

比较而言，虽然处理方式不同，但境内外市场都非常重视披露最终控制人及控制链条。不过，我国目前简式披露报告规则中要求披露主要股东和发起人的名字，实践中有信息披露人仅仅披露上层股东名称，未追溯至最终控制人，还有公司仅披露名称不披露持股比例。因此，可以考虑在简式披露规则中完善最终控制人信息及控制链条的披露要求。

二、披露触发点、期限及交易限制

表9－1列示了境内外主要市场首次披露触发点、后续披露触发点以及披露时限的情况。

表9－1　各市场披露触发点对比

触发点	中国内地	美国	欧盟	英国	中国香港	日本
首次披露触发点	5%	5%	5%	3%；若目标公司是非英国公司，5%	5%	5%
后续披露触发点	每变动5%（以及每变动1%需公告，但不需要编制权益变动报告书）	每变动1%；（13G表格使用者更宽松）	5%，10%，15%，20%，25%，30%，50%，75%	每变动1%；若目标为非英国，5%（符合条件的机构投资者更宽松）	每变动约1%*	每变动1%（符合条件的机构投资者更宽松）
披露期限（事发之日起）	3天（1%次日）	10天（13G表格使用者更宽松）	4天	2天；若目标公司为非英国公司，4个交易日	首次具报，10天，其他有关事件为3天	5天（符合条件的机构投资者更宽松）
停止购买	需要（1%不需要）	不需要	不需要	不需要	不需要	不需要

*：中国香港要将“非整数点的比例水平调整到紧接着的最低整数点上”。如果持股比例从10.9%增长到11.1%，那么就会产生披露义务，因为该数字将被调整到10%及11%。

资料来源：笔者根据各市场规则进行整理。

（一）披露触发点

触发点是指大额持股信息披露中，信披义务人触发披露义务时持股比例达到的临界值，包括首次披露触发点和后续变动的披露触发点。

我国与世界主要市场一致，以持股比例5%作为首次披露触发点，英国等少数国家以3%作为触发点①。

在突破首次披露触发点之后，披露持股比例发生增减变化达到法定比例的要进行后续披露。美、日、英和中国香港披露较为频繁，基本上每变动达到1%就要进行披露（个别市场实行差异化披露要求，降低部分机构投资者和被动投资者的披露频率）。我国在新《证券法》出台前披露频率相对较低，每变动5%才需要披露，新《证券法》出台后，在原有规定基础上，新增每变动1%，应当在该事实发生的次日通知该上市公司并予公告。虽然频率增加了，但不需要编制权益变动报告书，简化了披露内容。

（二）披露时限

除美国外，其余市场的披露时限主要在5天以内，我国处于适中偏紧的水平。

美国的披露时限在各市场中最长，其10日窗口期一直引发各界辩论。美国规定，投资者达到触发点后10日内披露持股信息，期间不必停止购买行为，可以继续取得目标公司的股份。有研究表明，报告前的10天期间内收购方平均增加收购目标公司股份的13.9%。尽管不断有人建议缩短

---

① 从历史来看，各市场在确定首次披露触发点上都反复推敲过。美国最早在5%和10%两种选择中进行了辩论，并一度将标准定为10%，以防止规则过于倾向目标公司管理层一方，但最终从股权分散角度考虑，于1970年将触发点降至5%，认为当投资者持有5%—10%的股票时，很大可能拥有了公司的控制权，因此应该及时披露以保护投资者。中国香港1991年将触发点从10%降至5%，一个主要的原因是与国际接轨。欧盟也于2004年将触发点由10%（1988年制定）降至5%。英国有更低的触发点3%（英国1967—1976年为10%，1976—1989年为5%，1990年至今为3%）。

窗口期或限制继续增持①，美国主流思想仍认为政府不应过分干涉上市公司收购（Bebchuk 和 Jackson，2012），因此目前《威廉姆斯法案》仍然维持了“10 日窗口期”。

（三）“过线即止”规则

我国设置了“过线即止”规则，达到披露触发点后要暂缓交易，令市场有足够的反应时间，这是境外几个市场没有的。“过线即止”规则规定：通过证券交易所的证券交易，投资者及其一致行动人拥有权益的股份达到一个上市公司已发行股份的 5% 时，在该事实发生之日起 3 日内不得再行买卖该上市公司的股票。前述投资者及其一致行动人拥有权益的股份达到一个上市公司已发行股份的 5% 后，通过证券交易所的证券交易，其拥有权益的股份占该上市公司已发行股份的比例每增加或者减少 5%，在该事实发生之日起至公告后 3 日内，不得再行买卖该上市公司的股票。而其他方式，如协议受让、行政划转、继承、赠予等，投资者无须停止交易，只需履行信息披露义务。

我国规定“过线即止”，主要考虑到资本市场还不够成熟和完善，可以为不成熟的市场参与者提供更多的时间和更充分的机会去吸收、消化影响股市价格的信息，从而保护投资者掌握充分的信息，防止市场操纵、消息垄断和内幕交易，以维护市场秩序。

因此，在披露时限和持续增持的控制上，我国的标准相对还是较为严格的。

三、披露内容的涵盖范围

表 9 – 2 列示了不同市场的披露内容。

---

① 1983 年要约收购顾问委员会曾建议关闭窗口期，并禁止 5% 以上的继续购买行为，直到 48 小时内向美国证券交易委员会递交报告表格。此外，美国证券交易委员会和国会也曾建议，将该 10 日期间缩短为 5 日，并将收购人期间买入目标公司股份的行为视为整个要约收购的一部分（苗华，2007）。

表 9-2　　各市场对披露内容的核心要求比较

披露内容	中国	美国	日本	欧盟	英国	中国香港
直接或间接持股人基本信息	√	√	√	√	√	√
持股情况	√	√	√	√	√	√
一致行动人	√	√	√	√	√	√
持股链条	√	√		√	√	√
持股目的	√	√	√			
对上市公司资产、业务、人员、组织结构、公司章程的调整计划或行为	√	√	√			
与证券相关的合约、安排、备忘录或者关系	√	√				√
取得相关股份的价格、所需资金额、资金来源或者其他支付安排	简式报告仅上市公司董监高持股需披露；详式报告	√	√			

注：笔者根据各市场规则进行整理，仅对关键项目进行讨论，未涵盖各市场全部披露要求。

欧盟、英国、中国香港等市场规定的大额持股报告的披露内容较为简单，仅仅是客观描述持股情况，包括持股数额、比例、信披义务人的基本信息等。这些市场认为大额持股报告的作用就是从形式上认定控股关系，并不要求持股者披露过多信息。其观点是：有收购意图的投资者选择一个合适的收购目标，需要花费大量的人力和财力进行详细的调查和分析，并预期可以利用这个投资机会获得丰厚回报。这种投资机会应是属于首位投资者的一项财产。大额持股信息披露若强制持股未达到一定比例就提前公开收购意图，并公开相关信息，实际等于迫使收购者与他人分享通过自己努力而获得的投资机会。如果这项收购有利可图，收购者可能因之招来收购竞争者，无端地增加收购成本。

美、日的规则传递出另外一种理念，规定的披露内容更为详细：突出让公司及时披露其持有股票的目的、后续计划（包括对上市公司资产、业务、人员、组织结构、公司章程等的重大调整计划）以及资金来源。其认为信息披露的目的是决策有用性。比如，为收购意图而集聚股票的持股者与为获得股息、红利和通过证券市场交易赚取差价的持股者对市场和目标公司的影响不同，收购行为严重影响目标公司的生产经营，关系到各大股东的利益。这些信息对报告使用者非常重要，即便没有达到要约收购的法定比例，也应尽早且明确地披露。

从披露要求上比较，我国更接近于美、日的披露内容要求，但在执行中，持股目的和资金来源的披露尚有欠缺。下面重点分析美、日在持股目的和资金来源披露方面的经验。

四、美、日持股目的的披露要求

（一）美国以具体、简明的语言披露持股目的及相关行动

美国披露持股目的非常具体，多以描述性的方式披露其为实现持股目的已经采取或计划采取的行动，以及后续可能对公司进行的重大调整（见案例 9－3）。此外若存在美国证券交易委员会列举的 10 条对发行人有重大影响的事项则须详细披露①。

持股目的是美国证券交易委员会的监管重点，也是 13D 中引发美国证券交易委员会问询较多的事项之一。案例 9－4 和案例 9－5 是两个代表性案例，反映出如下监管态度：

第一，如果信披义务人持有股票为了获取或影响控制权，应尽早在持股目的中明确说明，不能用模糊表述，也不能在已经进行了一系列与获取

---

① （a）任何收购发行人的额外证券，或者处置发行人的证券；（b）涉及发行人或者发行人任何子公司的异常公司交易，如兼并、重组、清算等；（c）出售、转让发行人或者其任何子公司数额重大的资产；（d）发行人当前董事会或者管理层的任何变动，包括改变董事数量或者任期、填补董事会当前空缺的任何计划或者方案；（e）发行人当前资本化政策、股息政策方面的任何重大变动；（f）发行人业务或者公司结构方面的其他重大变动，包括但不限于发行人是已注册的封闭式投资公司，改变投资政策的任何计划或者方案；（g）可能会阻止任何人获得发行人控制权的发行人章程、细则、相关文件或者其他行动的变动；（h）造成发行人某一类别证券在全国性证券交易所退市或者无权继续在全国注册交易商协会自动报价系统报价；（i）发行人某一类别权益证券符合《1934 年证券交易法》第 12g（4）条项下终止注册的条件；或者（j）与上述列明各项类似的行动。

控制权明确相关的行动后，还不直接披露明确意图而等到发出要约。然而实践中这点的争议较大，美国证券交易委员会会质疑信披义务人的做法，但很难证明持股者究竟何时决定发出要约（如案例9－4）。因此，下面第二条是美国证券交易委员会希望信披义务人及时披露的更常见的内容。

第二，即便信披义务人尚未进行最后决策，美国证券交易委员会也要求其披露重大的与持股意图相关的计划、方案、提议和行动，如谋求董事会席位、与其他股东发行人磋商等。这些事项并非是已付诸实施才进行披露，有些在计划和提议阶段就要披露，若已经进行了就更要披露（如案例9－6）。

第三，上述两点信息需要持续更新，新的重大事件发生时，要补充披露持股目的（如案例9－5），不能因为在较早的披露文件中说明将要进行某项计划，就省掉披露后续事项的进展。披露这些内容就是为了让投资者自行判断目标公司发生控制权变更的可能性。

案例9－3

美国信披义务人披露持股目的的案例

以盛大举牌新浪为例，盛大在13D表中披露其持股目的为："本次持股是以获取公司大量所有权为目的的战略投资。信披义务人将持续评估发行人，考虑持股策略。信披义务人将会依据多个因素，包括但不限于盛大和发行人的业务、前景、财务状况和其他发展要素来进行未来的投资决策。每个信披义务人会在恰当的时候通过公开市场购买、私下交易或收购要约等方式进一步增持股票；争取获得或者影响发行人的控制权，可能涉及进入董事会或者进行并购重组。同时，信披义务人也可能视情形在公开市场或者以协议方式卖掉所有或部分当前持有的股票，即便目前没有任何信披义务人想这样做。信披义务人希望与发行人商讨商业合并的可能，并希望发行人充分配合讨论。若该讨论无法展开或者双方无法达成一致意见，信披义务人为实现投资目的，目前打算继续保持他们在股票上的投资。”

同样是“突袭式”举牌，盛大披露的持股目的，相比宝能系举牌万科时一句“对公司前景看好，拟长期投资”有更多的信息含量，向市场传递出更明确的信号。

案例9－4

持股目的未直接表明要约意图

Asta Funding（“Asta”）是一家在Nasdaq上市的短期商业信用机构。Mangrove Partners Master Fund是一家基金公司，于2013年6月第一次举牌Asta，持股5%，并承诺不以获取控制权为持股目的，因此仅填报13G文件，之后每次持股比例发生重大变化填报13G表格。2016年3月2日，Mangrove改填报13D表格，此时持股17.4%，在持股目的中披露：“Mangrove认为股票被低估了，是非常好的投资机会。Mangrove会依据整体市场条件以及其他的投资机会来决定未来是否会继续增持或减持Asta的股票。Mangrove曾提出在2016年3月9日Asta的股东大会上与独立董事们洽谈并评估未来股票持有策略，这一要求遭到Asta的拒绝。Mangrove希望Asta能够收回这一决定。目前Mangrove已经更改了披露表格以期可以与Asta进行对话，来探讨其被低估的价值以及糟糕的业绩表现。”

2016年3月15日，Mangrove披露公开要约意向，3月22日正式向Asta的股东发出公开要约。美国证券交易委员会发出员工评论函，询问Mangrove为什么在3月2日的13D表格中没有直接披露要约意图。信披义务人解释是填报13D之后因市场及目标公司等情况决定采取行动①。美国证券交易委员会没有进一步评论。

① Mangrove在回函中解释说：公司在3月2日填报13D后，公司的股价大幅上涨，这使得Mangrove陷入困局：基于持股数量小且收益较低的考虑不宜卖出Asta股票，但现任管理层拒绝与他们进行对话以及股票持续上涨的压力，令Asta现任管理层更容易对Mangrove采取行动，损害股东价值；此外其他部分股东对现任管理层也存在不满。基于此，Mangrove决定发出公开要约进一步增持股票，以保护自身和股东的权利。

案例9－5

关于是否在持股意图中披露筹划中事项的争论

MakeMusic，Inc. 是一家软件公司。2013年3月，其股东LauchEquity（有限责任公司）及其一致行动人填报了TO文件（披露要约收购和私有化交易），之后又陆续发布了若干更新文件，按规定披露了LauchEquity与MakeMusic或其他利益相关者过往的交流。4月1日，美国证券交易委员会针对TO文件发出了员工评论，认为上述交流中有些信息能够反映出LauchEquity的持股意图但并未在过往的13D表格中披露，其他股东并不知晓，因而未能及时作出相应的投资决策。能反映持股意图的行动包括：2012年2月，与其他投资者讨论购买他们手中MakeMusic股票；2012年6月中旬，向MakeMusic发行人提出一项建议，令其退出控制权地位，并且对LauchEquity豁免反收购条款；2012年10月，与MakeMusic发行人签署了一项保密和暂停收购协议。信披义务人在反馈函中解释道，其在5年前——2007年1月30日的13D表格中，已经在持股目的中说明："信披义务人将会促成或参与与公司管理层或其他利益相关者的沟通交流或者从事与获取及影响公司控制权的交易。类似的交易可能随时发生，有些并不会提前告知，也会有些私下的交易活动。"美国证券交易委员会不认可该解释，认为这些信息有必要及时对外公布，以便让投资者判断收购发生的可能性和进程。在当前情况下，美国证券交易委员会暂不采取进一步调查，但保留在恰当的时候进一步问询和提供建议的权利。

上述两个案例，美国证券交易委员会虽然没有采取处罚行动，但对持股目的披露到什么程度表达了非常明确的监管态度。

在实践中，美国证券交易委员会也面临如何把握尺度的困境，例如，信披义务人若有要约收购和私有化的想法，是否需要在该想法初现之时就对外披露？任何夸大"计划"范围的做法与低估"计划"的做法一样对投资者不利，容易误导投资者。在反馈函中，信披义务人普遍认为除非是已决定或者有意图去做的行动，否则不能将其视为“计划”。

（二）日本要求说明持股人是否有意获取或影响支配权或存在重大提案行为

相较美国，日本对持股目的的描述较为单薄，一般不会描述具体事件（见案例9－6）。2006年以前，日本披露规则要求信披义务人从参与经营、纯投资、获取支配权和政策投资中选择一项作为持股目的。2006年修法时，将获取支配权和参与经营改为“重要提案行为”。重要提案行为是指有关改变或影响发行者经营活动的提议，“以重大提案行为为持股目的”的含义是：获取股票是为了获得表决权，以向公司的股东大会和管理层提议管理层构成的重要变更、重要财产的处分、受让、资本政策的重要变更等12项议题[①]。在这之后，日本披露持股目的，将获取支配权的概念拓展并具体化，要求大额持股者披露可能在哪些重大方面显著影响目标公司。

案例9－6

日本披露持股目的举例

一家“纯投资”的企业持股目的披露为：纯投资——以管理基于全权投资委托合同的顾客资产及基于投资信托合同的资产为目的；

一家“以获取支配权为目的”的披露为：作为稳定股东持有股份，以参与经营为目的。

五、美、日资金来源的披露要求

美、日两国要求大额持股者披露取得相关股份的价格、所需资金额、

① 包括：管理层构成的重要变更；代表董事的选任、解任；管理人及其他重要雇员的选任、解任；重要财产的处分、让受；股份交换、公司的分立或合并；业务全部或部分的让受、停止或废止；大额借款；资本政策的重要变更；退市；分红方针的重要变更；分公司等的设立、变更或废立；子公司股份的上市；解散；破产、再生程序的开始或重组程序开始申请。

资金来源或者其他支付安排。

美国披露资金来源是为了审视信披义务人是否使用借款大量持股，是否在杠杆收购时会过度负债。日本披露资金来源：一是为掌握持股人的财政状况；二是掌握在持股者背后谁是可能影响目标上市公司的重要利益方[①]。

（一）美国资金来源披露

美国13D表格中，首先各信披义务人以代码方式披露资金来源与自己的关系，分六类：目标公司（SC）、银行（BK）、关联人（AF）[②]、营运资本（WC）、个人资金（PF）、其他（OO）（如案例9-7）。之后在所有表格的下方附录中，再详细说明金额和来源。如果部分购买价款属于为收购、持有证券或者对该证券进行交易、表决而拆借得来或者以其他方式获得的资金或者其他对价，则要说明该交易和交易各方的名称。

案例9-7

美国对资金来源的披露方式

在盛大举牌新浪的案例中，不同的信披义务人填报了不同的资金来源代码，其中Shanda为营运资金（WC）、关联人（AF）；其余4个披露义务人均为个人资金（PF）。在附录中，盛大作了详细的披露："信披义务人共持有9821765份股票，付出对价230430727美元，其中Shanda持有9133750份股，对价为211363612美元，资金来源是营运资金、2004年10月发行的面值为275000000美元的可转债的收益、2004年5月在Nasdaq National Market IPO发行的美国存托凭证（American Depositary Shares）。

① 日本金融厅网站资料：http：//www. fsa. go. jp/singi/singi_kinyu/risk_money/siryou/20131121/01. pdf。

② Affiliate. 根据《1934年证券交易法》12b-2的定义，指直接、间接通过一个或多个中介机构控制规定人员、被规定人员控制或者规定人员一起受共同控制的人员。

Skyline 持有 481875 份股，支付对价为 14464302 美元，来源为库存现金；SCIL 持有 46140 份股，支付对价为 928055 美元，来源为库存现金；SML 持有 160000 份股，支付对价为 3674758 美元，来源为库存现金；Mr. Chen 未直接持股。Skyline，SCIL 和 SML 所持股份是代表 Shanda，并且 Shanda 预计在资金充裕时会从上述信披义务人手中购买这些股份。目前，Shanda 尚没有为购买这些股票而筹集资金的计划或安排，未来将从旗下运营子公司的现金分红中筹集这些款项。”

案例 9 -8 是持股人的资金来源为借款的披露。

案例 9 -8

资金来源为借款的披露案例

本次购买股票的资金来源是[①]：（1）短期借款，抵押信贷协议中 Merger Sub 作为借款人，Parent 作为担保人，GC Cap 作为第一留置权代理，联合牵头人，以及独家投资意愿建档人，Jefferies 财务公司作为联合牵头人和联合代理，GC Cap 的附属公司，Jefferies 和其他集团成员作为债权人，借款金额为 85 亿美元；（2）短期借款，留置权信贷协议中 Merger Sub 作为借款人，Parent 作为担保人，GC Cap 作为第一留置权代理，牵头人以及独家投资意愿建档人，集团成员作为债权人，借款金额为 20 亿美元；（3）循环信贷由 PNC 银行提供，借款金额为 17. 8 亿美元；（4）Parent 发行并销售的优先股股票收益；（5）持有现金 22. 6 亿美元。为了实现上述融资协议，相关方面会签订抵押、债权协议、股权质押和其他合同。

案例 9 -9 是机构投资者持股资金来源的披露。

① https：//www. sec. gov/Archives/edgar/data/749872/000119312514340420/d788199dsc13da. htm.

案例 9-9

机构投资者持股资金来源的披露案例

（1）几家基金公司与其管理的账户作为联合信披义务人对购买股票的资金来源进行如下披露[①]：购买普通股股票的资金来自基金公司和管理账户的营运资本以及保证金账户[②]借款。保证金账户所持股票作为偿还账户借方余额的抵押证券。保证金账户要负担利息。因为保证金账户里还有其他证券，因此无法决定保证金用以购买普通股的金额。

（2）某资产管理公司作为信披义务人披露购买股票的资金来源如下[③]：购买股份所支付的资金全部来自资产管理公司的投资顾问客户。这些股份全部属于客户，没有任何资产属于资产管理公司。除此以外，没有其他借款用于本次购买股份。

美国证券交易委员会要求信披义务人较为详细地介绍第三方借款的最终来源，同时关注披露的真实性（如案例 9-10）。在披露时不能模糊带过，要准确、可查。

案例 9-10

美国证券交易委员会关注资金来源披露的真实性

国内知名网游企业盛大游戏 2009 年登陆纳斯达克。2015 年 4 月 3 日，盛大游戏宣布，公司已正式签署最终的私有化收购协议，将由中银集团等机构组成的财团收购公司普通股。2015 年 6 月，美国证券交易委员会发出员工评论函，指出 2015 年 4 月时有媒体报道有一款信托计划，募资投向为

---

① https：//www. sec. gov/Archives/edgar/data/1056973/000119312516577346/d193485dsc13d. htm.

② 保证金账户是投资者在证券公司开设的一种账户形式。通过该账户，投资者可以用股票作抵押，按账户资产总市值的一定比例借用证券公司资金进行投资。

③ https：//www. sec. gov/Archives/edgar/data/807985/000119312515257112/d140482dsc13d. htm.

帮助中银集团收购盛大游戏股份[①]。但是在中银集团2014年12月5日填报的13D表格中，资金来源写的是来自中国银行澳门分行的借款。美国证券交易委员会要求对此进行回应。信披义务人在2015年7月13日的反馈函中进一步披露了资金来源情况，说明中银集团向中国银行澳门分行借款时，澳门分行要求提供15.5亿元人民币的抵押。Zhongrong Shengda的关联方Zhongrong Equity（一家有限合伙企业，其有限合伙是一家国际信托ZRIT，Zhong Rong International Trust Co，Ltd）提供了这笔担保。信托公司ZRIT发行了两个信托产品，其用途被描述为获取盛大股权。但公司认为中银集团早在该信托产品发出前就购买了盛大普通股，因此是信托产品的描述不准确，而中银集团填报的13D表格没有问题[②]。美国证券交易委员会没有进一步评论。

（二）日本资金来源披露

日本在《大量保有报告书》（第一样式表）中有“持有证券取得的资金”部分，以表格的形式填报资金来源。第一小节是“取得资金的细分”，分别填列自有资金，借入资金，其他资金（具体说明，包括赠与、继承、代替支付、兑换、无偿交付等）的金额数以及加总额。第二小节是“借入资金的细分”，逐项填列每笔借款的债权人名称，行业（银行、其他金融机构、贷金业者、租赁公司、公司、个人等），负责人姓名，所在地，借入目的以及金额。

六、提高披露有效性的探索：差异化披露

为提高披露有效性，很多国家推出了差异化披露要求。比如，美国和

---

① 当时媒体的报道是：有一款“中融－助金28号股权投资集合资金信托计划”刚刚对外发售，其募资投向为“收购盛大游戏9% 的B类股份”。该计划显示，盛大游戏私有化退市，解除VIE结构之后，将由境内某上市公司（初步为中银绒业）通过定向增发股份收购盛大游戏全部股权。

② http：//www. secinfo. com/d12TC3. m19af. htm.

中国的规定中，持股比例低于20%的信披义务人可以简化披露；美国、日本和英国针对某些机构投资者有特别报告制度。设立差异化披露意在降低不谋取上市公司控制权的持股者的披露成本，提高信息有用性和监管效率。实践中，各市场可适用简化程序的主体范围、简化条件和简化内容存在差异（见表9－3）。

表9－3　　　　日、美、中三国简化披露要求对比

披露要求	日本	美国	中国
可以适用简式披露的主体	机构投资者	（1）被动投资者（持股比例低于20%）； （2）机构投资者； （3）从美国证券交易委员会处获得豁免权	任意主体但有持股比例限制
适用简式披露的前提	符合全部以下要求： （1）不以获得控制、影响发行人为目的； （2）未打算从事重大提案行为； （3）持股比例低于10%； （4）不因“共同持有者”大额持股	不以获得控制、影响发行人为目的	持股不超过20%且非第一大股东或实际控制人
披露内容简化	是	是	是
披露程序简化	是	是	否
是否对机构投资者有特别规定	有	有	无

注：笔者根据各市场规则进行整理。

（一）美国简式报告适用情况及披露要求

美国证券交易委员会在1998年实施简化披露（详见美国证券交易委员会Release 34－39538）。满足特定条件的投资者以正常的商业方式获取证券而没有改变或影响目标公司控制权的企图时，就可以适用简化披露程序。

1. 可以适用简化披露的三类主体

一是被动投资者（Passive Investors）。指持有一个公司公开发行股票超过5%但是低于20%，但通过实质性判断能证明其购买或持有行为没有控制、变更或影响股票发行人的意图，同时能证明其购买行为与其他有这种意图的交易没有任何联系。

二是符合资格的机构投资者（Qualified Institutional Investors）。机构投资者指根据相关法律注册或者相关法律规定的证券经纪商或者自营商、银行、保险公司、投资公司、投资顾问、雇员收益计划等。符合资格的机构投资者指获得股票属于某日常商业活动的内容，且不具有改变或者影响证券发行人控制权的目的或结果，而且也不与任何具有此种目的或者效果的任何交易活动存在关联或者属于此类交易活动的参与者。机构在全权代表他人取得某类证券的比例超过5%的情况下，须立即将标的证券每笔买入或者交易的情况告知该账户所有者，以使账户所有者判断其本人是否应当履行大额持股报告义务。

对于适用13G的机构投资者的控制人，如果其没有通过其他关联方持有目标公司股份超过1%，并且没有获取控制权的目的，也可以与机构投资者一道披露13G。

三是从美国证券交易委员会处获得豁免权的购买者（Exempt Investors）。比如，其获得全部证券的时间要早于发行人将证券向美国证券交易委员会注册的时间，或者其在12个月内获得该类证券比例不超过总量的2%。

2. 三类主体在哪些方面可以豁免或简化

第一，简化披露内容。被动投资者、符合资格的机构投资者以及获得豁免权的投资者可以使用13G表格，披露内容较13D简单，如无须披露资金来源以及与发行人之间的协议、安排等。

第二，放宽披露时限和降低披露频率。豁免的投资者仅需定期报告权益情况，于每年度终结后45日内报送13G。

符合资格的机构投资者分两种情况：一是在持有证券比例达到5%但是未达到10%时，只需在该年度结束后45日内报送13G。如果机构投资者在年中持股比例曾达到5%，但是在当年年末的最后一日持股比例已经下降到5%以下，就不需要履行报送义务。如果其持有证券的信息发生了重大变化，则应当在该年度结束后45日内报送修正表格，披露变化情况。二是机构投资者在该年度结束前持股比例达到10%，则应自这一情形发生当月的月末起10日内报送13G。此后在其持股变动比例等于或大于5%时，应自该情况发生当月月末起10日内报送修正的文件以披露变化情况。

被动投资者需要比上述两类投资者更及时地披露持股信息。若为首次披露13G，则披露时限要求与一般报告一致，为达到触发点后的10日内。非首次披露则可在披露时限和频率上放缓。一是在上述机构投资者的披露时限内报送13G；二是要在持股比例跨过5%、10%两个触发点以及10%—20%每增加或减少5%的持股比例之日起10日内立即报送13G。

3. 美国证券交易委员会关于13G适用性的判定原则

如果投资者有涉嫌改变或者影响发行人控制权的行为（包括提出倡议等）或结果，或者被动投资者的持股比例超过20%，将失去使用简化程序的资格（如案例9－11）。

在实践中，为判断13G使用者提出倡议的行为是否会令其失掉简式披露的资格，美国证券交易委员会制定了一套判定规则（Release 34－39538）：第一，信披义务人购买股票是其普通经营业务并且不以谋取控制权为目的吗？若是，则很大可能满足13G。第二，信披义务人的提议或号召行动是其一贯的面向所有投资目标的政策，而不是针对某个特定公司的控制权交易吗？若是，则很大可能满足13G。第三，信披义务人的提议或号召行动在某些情况下可能会有助于第三方改变控制权吗？若是，则可能不适用13G。第四，信披义务人发起一项独立的召集行动来支持某项提案吗？若是，则可能不适用13G。第五，该项号召是反对管理层提出的倡议，而不是为了支持信披义务人或其他股东的倡议？若是，则很大可能满足13G。

4. 防止滥用简化程序的“冷静期”设置

为了防止投资者滥用简化披露权利，在简化披露程序与一般披露程序之间肆意跳转，美国证券交易委员会还设置了“冷静期”。如果投资者需将13G改为13D，应在情况发生之日起10日内报送13D（无论此时是否达到新的触发点），而自该情形发生之时一直到报送13D表格后10日内，该投资者不得行使表决权，也不得通过实质持有进一步增持该证券发行人或者其控制人发行的任何权益证券。

案例9-11

简式披露适用性的争议

2010年1月19日，私募Q Funding III，L. P. 就持有Cedar Fair，L. P. 股票事宜，作为被动投资者首次披露了13G。美国证券交易委员会发现Q Funding通过美国商业资讯网（Business Wire）建议其基金持有人就Cedar的某项并购交易投反对票并号召其他投资者也如此。1月22日美国证券交易委员会发出问询函，要求公司自行分析其行为是否违反13G的使用规范，即信披义务人不可以对发行人控制权变动产生重大影响。信披义务人在反馈函中指出："信披义务人没有接管或积极影响目标公司的目的，它要求投资者反对合并，恰恰是为了维护原有控制权，反对第三方对控制权潜在的影响。信披义务人的行为没有推动自身业务、没有寻求控制权也没有参与任何董事投票活动。这些事实都证明可以继续使用13G。"美国证券交易委员会没有认可信披义务人的解释，之后Q Funding改用了13D。

（二）日本机构投资者特别报告制度

1. 什么样的机构投资者可以采用特别报告制度

日本仅对符合条件的证券公司、银行、信托、保险、投资顾问等机构投资者实施特别报告制度，简化披露程序。

日本要求提交简式报告的机构投资者不以获得目标公司控制权为持股目的，且不存在重大影响公司控制权变动的行为及提案。此外，还有持股方面的限制要求①：一是持股比例的上限不能超过10%。当机构投资者持股比例超过10%，或者从超过10%的比例降低持股比例，不能使用简化程序。二是不能通过共同持有者持股，除非共同持有者中持股者与其他持股者中一方所持有股票数量未达到目标公司的1%。共同持有者是指不同股票持有人同意共同获取、转让股票，共同作为股东行使表决权或其他权利。控股关系、亲属关系等被视为共同持有关系②。

2. 特别报告制度可享受哪些豁免程序

第一，披露内容上，符合条件的机构投资者可使用简式报告（第三样式表），较普通报告（第一样式表）豁免披露部分内容，如不需要披露重要提案行为以及资金来源。

第二，在披露的频率和时限上也有很大宽限。一般报告的信披义务人要在达到触发点的5日内立刻披露，而符合条件的机构投资者则采用定期报告，在规定的每月两次（有时三次）的基准日审视自己持股比例的变动情况，如果触发披露，则在未来5日内披露。

机构投资者可从两个方案中自行选择一种作为基准日：方案一是每月第2个周一和第4个周一（当月若有第5周，则变为第2、第4、第5个周一）；方案二是每月的15日和当月的最后一天（若为周六，则提前到当周的周五）。需要提交特别报告的公司必须提前确定基准日，否则不允许采用简化程序。

3. 简化披露程序转为一般披露程序

如果使用特别报告的机构投资者在某期间内发生重要提案行为，应当在准备做出重要提案行为之前的5个交易日内提交大量持股报告书的一般报告，否则视为违规。

（三）英国对机构投资者的豁免

英国针对欧洲经济区内合格的资产管理公司、投资管理公司、开放式

---

① 详细内容参阅日文资料：http：//www.dir.co.jp/research/report/law－research/securities/20130311_006922.pdf。

② “共同持有人”定义见《日本金融交易法》第二章之三，第二十七条之二十三，第六款。

基金的管理人、获批准单位信托计划或者可转让证券集合投资计划的执行人，给予了有限制的豁免，若持股在 10% 以下，仅需在持股比例达到 5% 、10% 时履行披露义务。

（四）我国简式与详式报告的披露要求

在我国，投资者在上市公司拥有权益的比例决定了其将承担的披露义务：持股比例小于 5% 的股东不需要披露；持股 5%—20%（不含）的股东（非第一大股东）履行简式披露义务；持股 20%—30%（含）的股东及第一大股东或实际控制人履行详式披露义务；持股 30% 以上履行强制要约披露义务。表 9 – 4 列示了我国大额持股信息披露规则中简式和详式报告划分依据以及披露差异。

表 9 – 4　　我国上市公司权益变动信息披露要求

<table>
<tr><th>披露触发点</th><th>披露义务</th><th>披露内容</th></tr>
<tr><td colspan="3">股份达到 5% 及之后增持变动 5%</td></tr>
<tr><td>5%—20%（不含 20%）且非第一大股东</td><td>简式信息披露义务</td><td>• 披露义务人的身份
• 持股数量和比例
• 持股目的、是否拟继续增持股份
• 持股或者持股变化达到法定比例的时间及方式
• 增持股份的资金来源（新《收购办法》新增）
• 前 6 个月通过公开市场买卖股票的情况</td></tr>
<tr><td>5%—20%（不含 20%）的第一大股东；
20%—30%（含 30%）的非第一大股东</td><td>详式信息披露义务，但不需要聘请财务顾问进行核查</td><td rowspan="2">• 上述所有简式信息
• 控股股东和实际控制人及其股权控制关系图
• 避免同业竞争和保持公司经营独立性的安排
• 后续计划：未来 12 个月内对上市公司资产、业务、人员、组织结构、公司章程等进行调整的后续计划
• 前 24 个月内投资者及其一致行动人与上市公司之间的重大交易
• 收购人不存在禁止收购的情形
• 相关证明文件</td></tr>
<tr><td>20%—30%（含 30%）的第一大股东</td><td>详式信息披露义务，且聘请财务顾问进行核查</td></tr>
</table>

续表

披露触发点	披露义务	披露内容
30%以上	收购信息披露义务	收购报告书披露内容与详式权益变动报告书一致，但需要审批。这不是本书研究的范围，故省略
减持变动5%		
持股5%以上且减持变动5%	简式信息披露义务	同上简式要求

资料来源：笔者根据我国相关规则进行整理。

第四节 完善大额持股信息披露的重点问题

我国新《证券法》已经在提高披露频率、加大违规处罚力度等方面有所改进。通过比较境内外市场披露的核心内容，笔者认为在完善我国现有大额持股信息披露时，以下三个问题还可以进一步探讨：

一、怎样通过差异化披露提高披露与监管的效率

随着大额持股信息披露新问题的显现，现有规则可能会朝向披露更为频繁、披露内容更为详细的方向改进。但如果所有大额持股者不作区分，统一增加披露成本，既可能形成信息超载并加大监管负担，也可能降低投资者投资决策的有用性，因此，有必要考虑通过实行差异化披露，降低不以获取控制权为目的的被动投资者和机构投资者的披露成本。目前境外差异化披露主要针对两类主体：被动投资者和机构投资者。

（一）中、美“被动投资者”简化披露规则的差异

我国现行的差异化披露（即简式报告与详式报告）是以持股比例是否超过20%和是否第一大股东等客观指标自动划归报告类型，不区分大额持

股者的身份性质，也无须实质性判断持股目的。

持股比例低于 20% 的投资者也是美国可使用简化程序的“被动投资者”的基本认定标准之一，与我国的主要差异是：

第一，美国“被动投资者”的认定标准比我国更严格。除了持股 20% 以下外，美国证券交易委员会还规定了实质性判定条件：能证明其购买或持有行为没有控制、变更或影响股票发行人的意图，也没有发生任何潜在影响控制权的行动。

第二，严格限制“被动投资者”范围后，美国给予符合条件的“被动投资者”更宽松的披露条件，不但内容上简化，披露频率也大大降低。我国目前的简化披露仅体现在披露内容的简化和不需要财务顾问出具核查意见。

第三，美国建立了防范滥用简式报告的机制，如设置“冷静期”。此外，严格把控持股目的，如果发现持股人有与获取或影响公司控制权有关的行为，会发出问询函件，要求公司分析 13G 表格的适用性。若事后发现持股人违规使用 13G 表格也会给予惩罚。

那么我国是否有必要借鉴美国经验引入实质性判定标准识别“被动投资者”呢？本书认为在当前的《上市公司收购管理办法》披露规则下改进差异化披露的需求尚不十分迫切，但我国若要进一步提高大额持股信息披露的严格程度，如增加披露内容和提高披露频率，甚至降低首次披露触发点，那么为了提高市场效率，则有必要及时完善差异化披露，进一步从持股比例 20% 以下的大额持股者中，通过实质性判断识别出“被动投资者”，并适当简化这部分投资者披露频率和期限的要求。

（二）机构投资者特别报告制度

美、英、日等境外市场将专业机构投资者，包括证券公司、保险公司、信托银行等与一般投资者区分开来，简化不以获取控制权为目的且持股比例较低（如日、英为持股低于 10%）的机构投资者在披露频度、期限或内容等方面的要求。

简化机构投资者披露要求有以下两个优点：第一，机构投资者比一般投资者从事买卖证券的频率更高，并且较少以取得公司控制权为目的，但由于这些机构掌握着大量资金，其买卖行为较容易达到披露临界点，过度披露会影响市场效率，增加披露者负担。第二，市场其他投资者认同这些机构投资者的专业判断，了解其资金实力，机构投资者的投资行为受到市场高度关注。如果让机构投资者频繁披露，可能助长市场跟风炒作，也会影响机构投资者的研发积极性，难以贯彻长期投资理念。

但是引入机构投资者特别报告制度也有三个难点：第一，界定不具有改变控制权的意图比较困难，过于严格达不到预定目的，过于宽泛则又会使豁免被滥用。第二，集团内的机构投资者会利用其持股地位支持集团内其他部分的要约收购或者其他动议。第三，机构投资者会因豁免披露而丧失通过正常行使投票权影响公司管理的机会（比如更换不称职的董事），不利于鼓励机构投资者的积极主义行为以及发挥机构投资者在优化上市公司治理中的作用。

因此，我国是否引入机构投资者特别报告制度要进行更为深入的分析和论证。

二、是否应降低披露触发点

股权结构特征是各市场确定大额持股信息披露触发点时重要的考虑因素之一。图 9-5 是 2010—2016 年美国、英国、中国香港、中国内地四个市场第一大股东平均持股比例。从历史数据来看，我国 A 股上市公司股权最为集中，其次是我国香港和美国，英国最为分散（第一大股东持股比例明显低于其他市场，这也是英国率先降低首次披露触发点至 3% 的主要原因之一）。

随着股票市场发展，各市场股权结构也发生了变化。2010—2016 年这 7 年间，美国和中国香港上市公司第一大股东持股比例整体变化不大，英国上市公司股权趋向集中且变化幅度明显，而我国 A 股上市公司股权则明

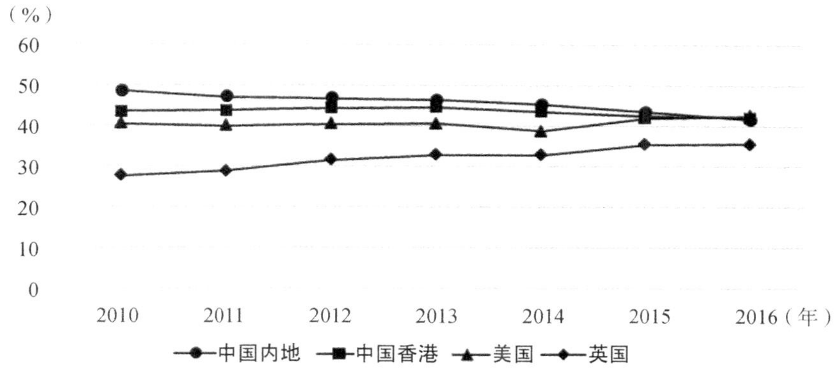

图9-5　2010—2016年主要市场第一大股东持股比重变动

显趋向分散，2016年底第一大股东持股比例平均值与美国和我国香港接近，均在40%左右（加权平均）①。虽仍不算低，但已经出现了股权较为分散的公司。

若在股权较为分散的上市公司，某股东成为控股股东或第一大股东，但持股比例未达到5%，是否需要及时对外披露持股比例？从重要性原则出发，若投资者成为目标上市公司第一大股东，即便其持股比例低于5%，也可能对公司产生重大影响，有必要及时向市场传递相关信息。

但该方案需要审慎对待。从实践来看，目前美、英等主要境外市场尚没有在法定触发点之外单独为第一大股东设定更低披露门槛的规定。低于5%的持股比例更容易达到，若投资者短暂地成为第一大股东而并非想获取控制权，可能会因过早披露而引发另一种炒作，抬高价格方便快进快出，而拥有真实收购意图的投资者也会被迫提高收购成本。

三、持股目的披露内容如何避免虚化

披露持股目的是为了区分以对公司未来决策产生重大影响为目的的持

① 按算术平均，中国A股上市公司第一大股东平均持股比例为33%，我国香港地区为40%，美、日不到20%。

股者与普通的投资型持股者。持股目的披露是否有效，主要就是看能否有利于投资者及时作出投资决策。

我国目前在披露持股目的的实践中遇到的主要问题就是内容虚化，缺乏信息含量。实践中，遇到的最大争议就是有些大额持股者认为在披露的时点，他们并没有明确后续是否继续增持以获取控制权，因此无法准确披露。

针对这一问题，可借鉴美国关于持股目的的披露要求，围绕“是否以获取控制权为目的”这一中心，引导信披义务人详细描述过去、现在已经和正在实施的行动、发生的重大事件以及未来拟采取的相关计划和方案，投资者基于信披义务人的描述来判定其获取公司控制权或对公司施加重大影响的可能性和进程。

第五节　改进大额持股信息披露制度的建议

基于上述分析，本部分针对大额持股信息披露规则提出以下几点建议：

一、简化被动投资者和特定机构投资者的披露要求

在大额持股信息披露规则趋严的背景下，有必要完善差异化披露体系，以提高披露效率、降低不以获取控制权为持股目的的投资者的披露成本。可以采取以下三个步骤：

（一）确定适用简化程序的投资者范围

1. 识别被动投资者（Passive Investors）

在目前适用简式信息披露的投资者中（即持股 20% 以下且非第一大股东或实际控制人），进一步通过实质性判断识别出不以获取控制权为持股

目的的被动投资者。实质性判断包括：第一，信披义务人声明购买或持有目标公司股票的行为没有控制、变更或影响目标公司控制权的目的；第二，信披义务人的行为、提案等不会产生与“控制、变更或影响目标公司控制权”有关的结果。监管部门有权根据信披义务人的行为，判定其简化披露资格是否有效。

2. 识别合格机构投资者（Qualified Institutional Investors）

借鉴日本的经验，适用特别报告的机构投资者应至少符合以下三个条件：一是不以获取目标公司控制权为持股目的，且不存在导致公司经营活动重大变更或产生重大影响的行为；二是有持股比例上限（如不能超过10%，当超过时不适用简化程序）；三是不能与其他一致行动人共同大额持股，防止集团内的机构投资者利用其持股地位支持集团内其他部分的要约收购或其他动议。

（二）切实简化被动投资者与符合条件的机构投资者的披露程序

允许被动投资者和符合条件的机构投资者享有与一般投资者相比差异较为明显的更低的披露要求，简化披露内容，尤其是降低披露频率。切实降低不以获取控制权为持股目的的被动投资者和机构投资者的披露成本，提高监管效率。

（三）建立防止违规使用简化披露程序的机制

一是在规则中列明持股人哪些行为对获取或影响控制权产生重大影响并使其可能丧失使用简式报告的资格；二是建立适用简化程序的投资者转为普通投资者的冷静期，若被动投资者和机构投资者因持股比例上升、从事与影响公司控制权相关的行动、主观持股目的变更等原因，不再适用简化披露程序，在及时转换为普通披露程序后，应限制其在短期内继续增持，使市场能及时反映信披义务人未来投资行为可能发生的变化；三是严惩违规使用简化披露程序的行为。

二、审慎考虑降低披露触发点

若将信披义务人的范围扩大至持股比例未达到5%但成为上市公司第一大股东或实际控制人的投资者，需考虑到扩大披露范围可能降低市场效率、增加以财务投资为目的的持股人的披露成本，应与第一点差异化披露的建议结合，对符合豁免条件的被动投资者或机构投资者在披露频率和期限上设置一定的缓和措施。比如效仿日本，要求特定基准日（如月末）披露：适用简化程序的信披义务人达到触发点时无须立刻披露，在特定披露基准日仍触发披露要求时才需披露；若基准日未达到披露触发点，即便在两个基准日之间曾出现过达到触发点的情况，也不需要披露。

三、切实提高披露的信息含量

第一，披露持股目的应避免虚化。一是要求对收购事项已有明确的行动和计划的信披义务人，及时披露收购意图，不能等到发出要约之时；二是若尚未有明确的持股目的，要引导信披义务人及时披露与获取或影响目标公司控制权相关的已经和正在发生的行动、事件以及拟实施的方案和计划，让投资者根据这些信息自行判断收购发生的可能性。

第二，披露资金来源应更为详尽：一是要详细披露第三方借款的借款方、还款方式或计划；二是资金来源要披露至最终的资金提供方。

第三，加强控制关系的披露，完善最终控制人信息及各层产权及控制链条的披露要求。

参考文献

一、外文文献

[1] Afuah A, Tucci C L. Internet business models and strategies: Text and cases [M]. New York: McGraw - Hill, 2003.

[2] Allee K D, DeAngelis M D. The structure of voluntary disclosure narratives: Evidence from tone dispersion [J]. Journal of Accounting Research, 2015, 53 (2): 241 - 274.

[3] Annalee S. Regional advantage: Culture and competition in Silicon Valley and Route 128 [J]. Cambridge, Mass, 1994.

[4] Barron O E, Kile C O, O'KEEFE T B. MD&A quality as measured by the SEC and analysts' earnings forecasts [J]. Contemporary Accounting Research, 1999, 16 (1): 75 - 109.

[5] Bebchuk L A, Jackson Jr R J. The law and economics of blockholder disclosure [J]. Harv. Bus. L. Rev., 2012, 2: 39.

[6] Bell T, Marrs F, Solomon I, et al. Auditing organizations through a strategic - systems lens [J]. 1997.

[7] Berglund H, Sandström C. Business model innovation from an open systems perspective: Structural challenges and managerial solutions [J]. International Journal of Product Development, 2013, 18 (3 - 4): 274 - 285.

[8] Bernoff J, Li C. Harnessing the power of the oh - so - social web

[J]. MIT Sloan management review, 2008, 49 (3): 36.

[9] Blankespoor E, Miller G S, White H D. The role of dissemination in market liquidity: Evidence from firms' use of Twitter™ [J]. The Accounting Review, 2014, 89 (1): 79 - 112.

[10] Bloch B. Information Overload: How It Hurts Investors [M]. 2011.

[11] Bowen R M, Davis A K, Matsumoto D A. Do conference calls affect analysts' forecasts? [J]. Accounting Review, 2002, 77 (2): 285 - 316.

[12] Bryan S H. Incremental information content of required disclosures contained in management discussion and analysis [J]. The Accounting Review, 1997: 285 - 301.

[13] Campaign P E. Federal Plain Language Guidelines [J]. Recuperado el, 2017, 21.

[14] Campaign P E. How to write in plain English [J]. Plain English Campaign, 2004.

[15] Chaminade C, Vang J. Globalisation of knowledge production and regional innovation policy: Supporting specialized hubs in the Bangalore software industry [J]. Research policy, 2008, 37 (10): 1684 - 1696.

[16] CICA. Management's discussion and analysis; guidance on preparation and disclosure [J]. 2002.

[17] Cole C J, Jones C L. The usefulness of MD&A disclosures in the retail industry [J]. Journal of Accounting, Auditing & Finance, 2004, 19 (4): 361 - 388.

[18] Congress U S. Plain Writing Act of 2010 (Public Law 111 - 274) [J]. Government Printing Office, Washington, D. C. , 2010.

[19] Council F R. Financial reporting review panel annual report 2011 [J]. 2011.

[20] Council F R. Louder than Words: Principles and actions for making corporate reports less complex and more relevant [J]. London: FRC, 2009.

[21] Council F R. Thinking about disclosures in a broader context [J]. Thinking, 2012.

[22] Deloitte. Hold the front pages surveying OFRs and narrative reporting in annual reports [R]. 2005.

[23] EFRAG (European Financial Reporting Advisory Group) . Towards a disclosure framework for the notes [J]. Discussion Paper, Resource Document, 2012.

[24] FASB. Business Reporting Research Project. Steering Committee. Improving business reporting: Insights into enhancing voluntary disclosures [M]. Financial Accounting Standards Board, 2001.

[25] FASB. Conceptual framework for financial reporting [J]. Statement of Financial Accounting Concepts No, 2010.

[26] FASB. Disclosure framework [J]. 2012.

[27] FASB. Financial statement disclosure effectiveness: Forum observations summary [J]. 2012.

[28] FASB. Qualitative characteristics of accounting information [J]. Statement of Financial Accounting Concepts No, 1980, 2.

[29] Gentzkow M, Shapiro J M . Ideological segregation online and offline [J]. The Quarterly Journal of Economics, 2011.

[30] Gentzkow M and Shapiro J M. Media bias and reputation [J]. Journal of Political Economy, 2006.

[31] Girdharry K, Simonova E, Lefebvre R. MD&A: Counterpart to or distraction from financial reporting [R]. Ottawa: Certified General Accountants Association of Canada, 2011.

[32] Grossman S J, Hart O D. Disclosure laws and takeover bids [J]. The Journal of Finance, 1980.

[33] Hamel G. Leading the revolution [J]. Strategy & Leadership, 2001.

[34] IASB. Management commentary: A framework for presentation

[M] //IFRS Practice Statement. London: International Accounting Standards Board, 2010: 32.

[35] ICGN. Corporate risk oversight guidelines [R]. 2010.

[36] ICGN. ICGN statement and guidance on non - financial business reporting [J]. 2008.

[37] IOSCO. General principles regarding disclosure of management's discussion and analysis of financial condition and results of operations [R]. 2003.

[38] Kamenica E, Gentzkow M. Bayesian persuasion [J]. The American economic review, 2011.

[39] Marshal A. Principles of economics [J]. London: Mcmillan, 1920.

[40] Miller G S, Skinner D J. The evolving disclosure landscape: How changes in technology, the media, and capital markets are affecting disclosure [J]. Journal of Accounting Research, 2015, 53 (2): 221 -239.

[41] Milgrom P, Weber R . Distributional strategies for games with incomplete information [J]. Mathematics of Operations Research, 1985.

[42] Mullainathan S, Shleifer A. The market for news [J]. American Economic Review, 2005, 95 (4): 1031 -1053.

[43] NZCA and ICAS. Losing the excess baggage - reducing disclosures in financial statements to what's important [J]. 2011.

[44] Osterwalder A. The business model ontology a proposition in a design science approach [D]. Université de Lausanne, Faculté des hautes études commerciales, 2004.

[45] PWC. 11 reporting Tips [R]. 2009.

[46] PWC. Business review: Has it made a difference [J]. A survey of the narrative reporting practices of the FTSE, 2007, 350.

[47] PWC. Corporate reporting. Is it what investment professionals expect? International survey of investors' and analysts' views on the information that companies provide [J]. 2007.

[48] PWC. What does your reporting say about you? [R]. 2010.

[49] Rogers R K, Grant J. Content analysis of information cited in reports of sell - side financial analysts [J]. Journal of Financial Statement Analysis, 1997, 3: 17 -31.

[50] SEC. Commission guidance on the use of company websites [J]. 2008.

[51] SEC. Final rule: Selective disclosure and insider trading [J]. Retrieved November, 2000, 4: 2013.

[52] SEC. Preliminary guidance for the Plain Writing Act of 2010 [M]. 2010.

[53] SEC. Report on review of disclosure requirements in regulation SK [R]. Tech. rep. , SEC, 2013.

[54] SEC. Use of electronic media for delivery purposes [J]. SEC Docket, 1995, 60 (8) .

[55] Sunder S V . Investor access to conference call disclosures: Impact of regulation fair disclosure on information asymmetry. SSRN, working paper, 2002.

[56] United States. SEC. Office of Investor Education. A plain English handbook: How to create clear SEC disclosure documents [M]. The Office, 1998.

[57] Upton W S. Business and financial reporting. Challenges from the new economy [C] //Financial Accounting Series (FASB) . Special report (219 - A), [Online], Available: http: //www. fasb. org/articles&reports/new_economy. shtml: 18. 2001.

[58] Zahra S A, Nambisan S. Entrepreneurship and strategic thinking in business ecosystems [J]. Business horizons, 2012, 55 (3): 219 -229.

二、中文文献

[1] [美] 艾博思，迈克尔·克鲁斯. 统一报告 [M]. 赵伟韬译. 上海：上海人民出版社，2010.

［2］［美］罗伯特 G. 伊克尼斯等. 价值报告革命——远离盈余游戏［M］. 叶鹏飞等译. 北京：中国财政经济出版社，2004.

［3］［美］熊彼特. 经济学［M］. 孔伟艳，朱攀峰，娄季芳译. 北京：北京出版社，2008.

［4］Louis Loss. 美国证券监管法基础［M］. 北京：法律出版社，2008.

［5］阿里巴巴、京东、FACEBOOK、TESLA 招股说明书、反馈意见及答复.

［6］财政部会计司编写组. 企业会计准则讲解 2010［M］. 北京：人民出版社，2010.

［7］蔡青，米海敏. 简明英语运动对商务英语简明化的启示［J］. 商场现代化，2007（16）：226—227.

［8］蔡奕等. 证券行政处罚案件统计分析报告（2007—2009）［R］. 深证综内字第 0060 号，2010.

［9］陈斌等. 境外创业板上市公司监管制度研究［R］. 深证综研字第 0175 号.

［10］陈华敏. Web2.0 时代的上市公司信息披露问题［R］. 深交所研究所研究简报：(64).

［11］陈华敏. 海外创业板市场信息披露监管的若干趋势及建议［R］. 深交所研究所研究简报：(39).

［12］陈华敏. 上市公司信息披露有效性问题研究［R］. 深证综内字第 0088 号，2012.

［13］陈华敏. 险资举牌引发的权益披露问题分析［J］. 证券市场导报，2017（03）：4—7＋34.

［14］陈政. 管理层讨论与分析框架、质量及其应用研究［R］. 深证综内字第 0111 号.

［15］楚天舒. 中外上市公司年报信息披露模式比较研究［R］. 深交所研究所 0131 号研究报告，2006.

［16］楚天舒. 中外上市公司年报信息披露模式比较研究［R］. 深证综研字第 0131 号.

［17］董新义. 韩国资本市场法［M］. 北京：知识产权出版社，2011.

［18］杜心鹤. 我国上市公司信息披露有效性问题分析［J］. 财经界（学术版），2008（01）：157—158.

［19］葛家澍，陈朝琳. 财务报告概念框架的新篇章——评美国 FASB 第 8 号概念公告（2010 年 9 月）［J］. 会计研究，2011（03）：3—8 +94.

［20］龚光明，伍骏鹏. 财务报表附注：国际比较与改进［J］. 财经理论与实践，2004（05）：62—65.

［21］谷天骄. 要约收购信息披露制度的比较研究［D］. 上海财经大学，2007.

［22］郭东，陈彬. 深交所 2010 年个人证券投资者状况调查报告［R］. 深证综内字第 0081 号，2011.

［23］何贤杰，王孝钰，赵海龙，陈信元. 上市公司网络新媒体信息披露研究：基于微博的实证分析［J］. 财经研究，2016，42（03）：16—27.

［24］贺建刚. 管理层讨论与分析：中国的研究与发现［J］. 南京财经大学学报，2012（02）：53—58.

［25］胡继晔. 美国养老金坐稳股市的中国启示［EB/OL］. 财新网：http：//opinion. caixin. com/2015 -02 -03/100781043. html，2015 -02 -03.

［26］胡军，王甄. 微博、特质性信息披露与股价同步性［J］. 金融研究，2015（11）：190—206.

［27］黄世忠. 黄世忠：五大理念推动的会计解释［J］. 新理财，2016（01）：46—47.

［28］黄世忠. 上市公司会计信息质量面临的挑战与思考［J］. 会计研究，2001（10）：6—11 +65.

［29］黄世忠. 移动互联网时代财务与会计的变革与创新［J］. 财务与会计，2015（21）：6—9.

［30］黄炜. 股票发行注册制的改革理念、责任配置与制度建构.［EB/OL］. 中国证监会：http：//www. csrc. gov. cn/pub/newsite，2015－06－26.

［31］黄晓韡，黄世忠. 财务报告概念框架修订热点问题综述［J］. 会计研究，2016（01）：25—30＋95.

［32］李常青，王毅辉，张凤展. 上市公司"管理层讨论与分析"披露质量影响因素研究［J］，经济管理，2008（04）：31—36.

［33］李芬芬. 上市公司 2015 年收购及权益变动有关问题探讨［J］. 证券市场导报，2016（11）：47—51＋56.

［34］李振涛. 我国上市公司大额持股变动的法律责任探析［J］. 法律适用，2016（01）：106—113.

［35］林桂平，魏炜，朱武祥. 透析盈利模式［M］. 北京：机械工业出版社，2016.

［36］林晓丹，管理层讨论与分析信息披露制度的跨国比较及其对我国的借鉴，厦门大学，2008.

［37］刘家松，王惠芳. 公司管理层讨论与分析信息披露的影响因素——基于深沪 223 家上市公司经验证据的探讨［J］. 重庆工商大学学报（西部经济），2006（02）.

［38］刘君. 美国证券公开发行如何做到"注册制"［N］. 中国证券报，2013－11－18（A17）.

［39］刘晓丹. 股灾＝压力测试注册制将是 A 股成人礼［EB/OL］. 网易财经：http：//money. 163. com/15/0725/12/AVCBO1BI00251LJU. html，2015－07－25.

［40］刘昱熙. 美国管理层讨论与分析的信息披露制度［J］. 财会通讯，2006（12）：88—90.

［41］刘昱熙. 中国上市公司"管理层讨论与分析"信息披露理论与实证研究［D］. 暨南大学，2007.

［42］刘仲文. 美国会计信息质量特征研究的思想发展演进过程［J］.

商业会计，2005（08）：14—17+10.

[43] 龙吟. 汉语表达与中文写作 [M]. 广州：暨南大学出版社，2012.

[44] 路易斯·罗思，乔尔·塞里格曼. 美国证券监管法基础 [M]. 张路等译. 北京：法律出版社，2008.

[45] 马骁. 上市公司并购重组监管制度解析 [M]. 北京：法律出版社，2009.

[46] 梅菀. 继续简化招股书或允许约20%超募 [EB/OL]. 证券时报网：http：// yq. stcn. com/2014/0305/11221126. shtml，2014-03-05.

[47] 美国SEC《S-X》《S-K》《Regulation C》规则.

[48] 苗华. 持股预警披露制度的比较研究 [J]. 福建金融管理干部学院学报，2007（05）：59—64.

[49] 潘妙丽，徐洋. 注册制下审什么？——以美国SEC及中国证监会发行审核反馈意见为例 [R]. 上海证券交易所：http：//www. sse. com. cn/，2015.

[50] 裴显生. 应用写作（第三版）[M]. 北京：高等教育出版社，2012.

[51] 乔尔·塞里格曼. 华尔街的变迁：证券交易委员会及现代公司融资制度演进 [M]. 北京：中国财政经济出版社，2009.

[52] 乔为国. 商业模式创新 [M]. 上海：上海远东出版社，2009.

[53] 邱晨. 谁更适合撰写招股书？[EB/OL]. 证券时报：http：// roll. sohu. com/ 20111130/n327390806. shtml，2011-11-30.

[54] 邱宣干. 我国上市公司会计信息披露问题研究 [M]. 江西：江西人民出版社，2003.

[55] 任泽平. 中美牛市比较：如何从快牛疯牛变成慢牛长牛 [EB/OL]. 上海证券报：http：//news. cnstock. com/news/sns _ zxk/201505/3436811. htm，2015-05-21.

[56] 上交所研究中心. 中国公司治理报告（2008）：上市公司透明度与信息披露 [EB/OL]. 上海证券交易所：http：//www. sse. com. cn/abou-

tus/research/special/c/ special20081120. pdf, 2008 - 11 - 12.

[57] 尚福林. 证券市场监管体制比较研究 [M]. 北京: 中国金融出版社, 2006.

[58] 深交所法律研究小组. 2010 年证券市场违法违规情况报告 [R]. 深证综内字第 0083 号, 2011.

[59] 深圳证券交易所创业企业培训中心. 上市公司并购重组问答 (第 2 版) [M]. 北京: 中国财政经济出版社, 2016.

[60] 沈春耀等. 证券违法行为处罚制度研究课题组. 证券违法行为处罚制度研究 [EB/OL]. 上海证券交易所: http: //www. sse. com. cn/aboutus/research/jointresearc - h/c/plan20021201i. pdf, 2002 - 12 - 09.

[61] 孙亮. 注册制下降低 IPO 信息披露成本的建议——以郑煤机 IPO 招股文件为例 [EB/OL]. 上交所资本市场研究所: http: //www. goingconcern. cn/article/7923, 2015 - 08 - 24.

[62] 汤欣. 公司治理与上市公司收购 [M]. 北京: 中国人民大学出版社, 2001.

[63] 汪毅, 余终隐. 100 个博元退市才能换回 1 个健康的注册制 [EB/OL]. 网易财经: http: //money. 163. com/15/0627/09/AT3T315700254TFQ. html, 2015 - 06 - 27.

[64] 王化成, 陈晋平. 上市公司收购的信息披露——披露哲学、监管思路和制度缺陷 [J]. 管理世界, 2002 (11): 113—123, 149—156.

[65] 王松年, 薛文君. 论财务报告的改进 [J]. 会计研究, 1999 (07).

[66] 王啸. 试析注册制改革: 基于问题导向的思辨与探索 [J]. 证券市场导报, 2013 (12): 4—13.

[67] 王啸. 我们需要什么样的注册制 [N]. 上海证券报, 2013 - 11 - 20 (A05).

[68] 王啸. 真正注册制无 IPO 泛滥之忧 [N]. 上海证券报, 2015 - 01 - 15 (A01).

［69］王啸．中国式注册制的修法重心［N］．上海证券报，2014－10－15（A01）．

［70］魏炜，朱武祥，林桂平．基于利益相关者交易结构的商业模式理论［J］．管理世界，2012（12）：125—131．

［71］魏炜，朱武祥，林桂平．商业模式的经济解释Ⅱ［M］．北京：机械工业出版社，2015．

［72］吴联生．投资者对上市公司会计信息需求的调查分析［J］．经济研究，2000（04）：41—48，78—79．

［73］香港交易所《上市规则》《指引信》《上市决策》《诠释信函》．

［74］谢清喜．我国上市公司信息披露有效性研究［M］．北京：中国农业大学出版社，2006．

［75］杨翼飞．会计信息质量特征研究［D］．厦门大学，2006．

［76］伊克利斯等著，叶鹏飞等译．价值报告革命——原理盈余游戏［M］．北京：中国财政经济出版社，2004．

［77］余终隐．注册制离我们还有多远［EB/OL］．每日经济新闻：http://www.nbd.com.cn/articles/2014－01－03/800177.html，2014－01－03．

［78］张子学．完善我国大额持股披露制度的若干问题［J］．证券法苑，2011，5（02）：418—465．

［79］张子学．证券市场信息披露执法三题［J］．证券法苑，2012，7（02）：469—485．

［80］张宗新．上市公司信息披露质量与投资者保护研究［M］．北京：中国金融出版社，2009．

［81］赵立新，黄燕铭等，构建以投资者需求为导向的上市公司信息披露体系［M］．北京：中国金融出版社，2013．

［82］赵亚明．2005年深市“管理层讨论与分析”的执行情况［N］．证券市场导报，2006（07）．

［83］郑彧．上市公司收购法律制度研究：历史、现状、问题及变革［J］．证券法苑，2013，9（02）：780—818．

[84] 郑彧. 证券市场有效监管的制度选择 [M]. 北京：法律出版社，2012.

[85] 中国证监会相关规章、规则，http：//www. csrc. gov. cn/pub/newsite/xxfw/fgwj/.

[86] 中国证券监督管理委员会组织编译. 德国证券法律汇编（中德文对照本）[M]. 北京：法律出版社，2016.

[87] 中国证券监督管理委员会组织编译. 美国《1934 年证券交易法》及相关证券交易委员会规则与规章（中英文对照本）（第二册）[M]. 北京：法律出版社，2015.

[88] 中国证券监督管理委员会组织编译. 欧盟证券监管法规汇编（中英文对照本）[M]. 北京：法律出版社，2013.

[89] 朱大明译. 日本金融商品交易法 [M]. 北京：法律出版社，2015.

[90] 庄玉友. 日本金融商品交易法信息披露制度研究 [M]. 北京：人民出版社，2010.

后　记

上市公司是资本市场的基石，资本市场在金融运行中具有牵一发而动全身的作用。提高上市公司质量是全面深化资本市场改革的重中之重，提升信息披露质量是提高上市公司质量的重要内容。根据《国务院关于进一步提高上市公司质量的意见》精神，以提升透明度为目标，优化规则体系，督促上市公司、股东及相关信息披露义务人真实、准确、完整、及时、公平披露信息。以投资者需求为导向，完善分行业信息披露标准，优化披露内容，增强信息披露的针对性和有效性，是信息披露制度建设和发展实践的方向。结合注册制以信息披露为核心的基本内涵，如何处理好政府与市场的关系，确保信息披露真实、准确、完整，并要求发行人充分披露投资者作出价值判断和投资决策所必需的信息，也是未来信息披露研究进一步致力完善的内容。

本书第一章、第三章、第五章、第七章、第八章由陈华敏撰写；第二章由廖涵平和陈政撰写；第四章由陈政撰写；第六章、第九章由孙烨撰写；田莉、郑巧参与了本书修订及第一章的编辑工作。

在本书写作过程中，得到了很多专家学者、领导和同事的大力支持，他们是：厦门国家会计学院黄世忠院长，深圳证券交易所彭明副总经理、唐瑞副总经理、李明钟副总经理，深交所研究所（金融创新实验室）何基报总监、郑南磊副总监、陈彬副总监、于忠泊高级经理，深交所上市公司管理一部杨俊总监、李芬芬执行经理等。在此一并表示感谢！

最后，由于作者水平有限，本书疏漏在所难免，希望读者批评指正，提出宝贵意见。

陈华敏　陈政　廖涵平　孙烨

2022 年 6 月